中国地质大学·地学文库丛书

经济管理学院科研成果汇编

JINGJI GUANLI XUEYUAN KEYAN CHENGGUO HUIBIAN

主　编　胡松琴
副主编　陈永佳　努尔夏提·居勒提

图书在版编目(CIP)数据

经济管理学院科研成果汇编/胡松琴主编.—武汉:中国地质大学出版社,2022.10
(地学文库丛书)
ISBN 978-7-5625-5313-7

Ⅰ.①经… Ⅱ.①胡… Ⅲ.①经济管理-文集 Ⅳ.①F2-53

中国版本图书馆 CIP 数据核字(2020)第 108381 号

经济管理学院科研成果汇编

胡松琴　主编

| 责任编辑:韩骑 | 选题策划:毕克成　张晓红　张旭　段勇　韩骑 | 责任校对:张咏梅 |

出版发行:中国地质大学出版社(武汉市洪山区鲁磨路388号)　　　　　　邮编:430074
电　　话:(027)67883511　　传　　真:(027)67883580　　E-mail:cbb@cug.edu.cn
经　　销:全国新华书店　　　　　　　　　　　　　　　　　　http://cugp.cug.edu.cn

开本:787 毫米×1 092 毫米　1/16　　　　　　　　　字数:334 千字　　印张:14.5
版次:2022 年 10 月第 1 版　　　　　　　　　　　　印次:2022 年 10 月第 1 次印刷
印刷:武汉精一佳印刷有限公司

ISBN 978-7-5625-5313-7　　　　　　　　　　　　　　　　　　　　　　定价:138.00 元

如有印装质量问题请与印刷厂联系调换

《经济管理学院科研成果汇编》编委会

主 编 单 位：中国地质大学（武汉）经济管理学院
主　　　　编：胡松琴
副　主　编：陈永佳　努尔夏提·居勒提
编委会委员：杨树旺　杨昌锐　程　胜
　　　　　　肖建忠　於世为　郭　锐
　　　　　　王广民　李少杰

序

七十年斗转星移，地大人筚路蓝缕、薪火相传，把论文写在祖国的大地上，科技报国、教育报国之心，山河可鉴。

早在建校之初的20世纪50年代，学校一大批专家学者就以地质科教之力投身国家重大项目建设当中。袁复礼教授担任了中苏联合长江三峡工程地质考察和鉴定组中方组长，还首次组织了服务国家重要工程——三门峡水库建设项目的多学科第四纪野外地质考察；马杏垣教授带领师生完成了我国第一幅较为正规的1∶20万"五台山区区域地质图"、出版了我国第一部区域地质构造专著——《五台山区地质构造基本特征》；冯景兰教授被聘为黄河规划委员会地质组组长，参与编写《黄河综合利用规划技术调查报告》；袁见齐教授主持完成了全国盐类矿床分布规律和矿床远景预测研究，编制完成了全国盐类矿床图；潘钟祥教授发表《中国西北部的陆相生油问题》，系统提出了"陆相地层生油"的观点……地大人科技报国、教育报国的情怀不仅与生俱来，更像矿物结晶体一般熔铸于一代代地大人的学脉传承之中。

新时代浪激潮涌，地大人踔厉奋斗、勇毅前行，追求卓越的脚步从未停歇，科技报国之路踏石留印。

党的十八大以来，地大围绕科技高水平自立自强的国家目标，针对自然资源和生态环境两大行业领域的"卡脖子"问题，以《美丽中国·宜居地球：迈向2030》战略规划为牵引，先后实施了"学术卓越计划""地学长江计划"等一系列重大专项，产出了一大批原创性、突破性科技成果。十年来，我们坚持突出学院的办学主体地位，以高水平人才引进和培育使高水平科研"基本盘"更加巩固，成为"地学文库"系列丛书的源头活水。十年来，我们坚持"绿水青山就是金山银山"，以地球系统科学学术创新服务美丽中国建设，形成以《中国战略性矿产资源安全的经济学分析》和《应急救援队伍优化调配与合作救援仿真》等为代表的"地大智库"系列成果。十年来，我们坚持"人与自然生命共同体"理念，让地球科学的研究发现走出"象牙塔"，让"道法自然"的生态文明思想飞入寻常百姓家，从而形成"地学科普"系列作品。

七秩荣光，闪耀环宇。地大人重整行装、接续奋斗，正在建设地球科学领域国际知名研究型大学的新征程上昂首阔步。

逐梦未来，高歌猛进。地大人不忘初心、牢记使命，实现"建成地球科学领域世界一流大学"地大梦的号角已然嘹亮。

值此建校70周年之际，"地学文库""地大智库""地学科普"系列作品正式出版。丛书当中积淀的是地大学者智慧，展现的是地大学科特色，揭示的则是扎根中国大地、创建世界一流大学的基本路径——只有与国同行才能自立图强，唯有与时俱进方可历久弥新。

是为序。

中国地质大学（武汉）校长
中国科学院院士

目 录

第一章　经济管理学院 ··· (1)
　　第一节　学院简介 ··· (2)
　　第二节　系室概况 ··· (3)
第二章　管理科学与工程系 ·· (9)
　　第一节　教师简介 ·· (10)
　　第二节　科研项目简介 ··· (19)
　　第三节　代表性论文简况 ·· (46)
第三章　工商管理系 ··· (81)
　　第一节　教师简介 ·· (82)
　　第二节　科研项目简介 ··· (84)
　　第三节　代表性论文简况 ·· (90)
第四章　经济学系 ·· (105)
　　第一节　教师简介 ·· (106)
　　第二节　科研项目简介 ··· (111)
　　第三节　代表性论文简况 ·· (117)
第五章　会计学系 ·· (141)
　　第一节　教师简介 ·· (142)
　　第二节　科研项目简介 ··· (142)
　　第三节　代表性论文简况 ·· (144)
第六章　金融与贸易系 ··· (151)
　　第一节　教师简介 ·· (152)
　　第二节　科研项目简介 ··· (154)
　　第三节　代表性论文简况 ·· (159)
第七章　旅游管理系 ··· (173)
　　第一节　教师简介 ·· (174)
　　第二节　科研项目简介 ··· (177)
　　第三节　代表性论文简况 ·· (180)
第八章　统计学系 ·· (201)
　　第一节　教师简介 ·· (202)
　　第二节　科研项目简介 ··· (204)
　　第三节　代表性论文简况 ·· (210)
第九章　展望 ·· (221)

第一章

经济管理学院

CHAPTER 1

第一节 学院简介

中国地质大学(武汉)经济管理学院的前身是 1985 年武汉地质学院成立的经济管理系。1991 年,经济管理系更名为人文与管理学院,1998 年拓展为人文与管理学院和人文与经济学院两个学院。2008 年,原人文与管理学院与经济学院合并组建经济管理学院。学院经过几十年的教学积淀和精神传承,已成为学校办学规模最大的学院之一,学科体系完备,设有管理科学与工程系、工商管理系、经济学系、会计系、金融与贸易系、旅游管理系、统计学系,拥有资源环境经济研究中心、区域经济与投资环境研究中心、产业经济研究所、经济研究所、旅游发展研究院、管理咨询研究所、电子商务国际合作中心、现代项目管理研究所等 8 个研究机构(表1-1)。学院的主要研究方向为能源经济、管理系统仿真、资源产业及区域发展、信息管理与信息系统、矿产资源战略与管理。

表 1-1　学院机构设置

	经济管理学院
管理机构	学院综合事务办公室
	本科生教育办公室
	德育工作组
	研究生教育办公室
	MBA、MPAcc 教育中心
	实验教学中心
教学机构	管理科学与工程系
	工商管理系
	经济学系
	会计系
	金融与贸易系
	旅游管理系
	统计学系

续表 1-1

	经济管理学院
研究机构	湖北省人文社科研究基地:资源环境经济研究中心
	区域经济与投资环境研究所
	产业经济研究所
	经济研究所
	旅游发展研究院
	管理咨询研究所
	电子商务国际合作研究中心
	现代项目管理研究所

学院师资力量雄厚,截至2021年12月有教职员工175人,其中教授、副教授105人,博士生导师32人;国家"万人计划"哲学社会科学领军人才1人、国家自然科学基金优秀青年基金项目获得者1人、国家"万人计划"青年拔尖人才1人、享受国务院政府津贴1人、教育部新世纪优秀人才支持计划入选者4人、楚天学者2人、湖北省教学名师1人;在读学生近3700人;1个博士后流动站、3个一级学科博士学位点、3个一级学科硕士学位授予权、4个专业硕士学位;9个本科专业分别被评为国家级、省级一流本科专业建设点。

学院在新时代秉承"艰苦朴素,求真务实"的校训精神和"宽信敏公、经国济民"的院训精神,以"传播思想道德文化的高地、推动经济发展的学术智库、促进管理变革的科技引擎、培育经国济民的社会栋梁、引领社会风气的鲜明旗帜"为使命,以"建设特色鲜明的高水平研究型学院"为愿景,积极构建"卓越、和谐、幸福"的院风,潜心营造道德升华、经济发展、管理变革、知识创新的育人沃土。学院致力于从"教学研究型"向"研究教学型"转变,肩负"地质资源环境工程领域经济管理国内一流、国际上有一定影响"的办学目标,大步向前迈进。

第二节 系室概况

一、管理科学与工程系概况

管理科学与工程学科源于我校1983年创办的工业管理工程本科专业,并陆续设立了信息管理与信息系统、工程管理两个本科专业;1995年获得管理科学与工程一级学科硕士学位授予权;2006年获批管理科学与工程一级学科博士学位授予权;2008年,管理科学与工程学科被授予湖北省重点学科;2008年获准设置湖北省"学者计划"人才引进岗位;2009年获得了博士后流动站资格;2013年再次获评湖北省重点学科。2018年至2021年,管理科学与工程系共承担课题80余项,其中国家自然科学/社会科学基金17项,教育部项目9项,自然资源部和国家能源局课题16项,其他部委和省级课题5项;发表学术论文150余篇,其中SCI/SSCI论文58篇(ESI高被引论文3篇),EI论文22篇,CSSCI/CSCD期刊67篇,出版专著6部;共培养97名硕士研究生和29名博士研究生。

定位与目标:立足于管理科学与工程的主流研究领域,推动信息管理、电子商务等传统学科方向的发展;在本学科的前沿领域重点发展系统仿真与决策、管理复杂性研究;结合本校在地质、资源与环境的学科优势,面向我国能源、矿产和环境相关行业的发展需求,为这些行业和相关管理部门输送人才,为我国资源和环境相关的各级政府部门、企事业单位提供理论和智力支持,并将管理科学与工程学科建设成为国内一流、在国际上有重要影响的高水平学科。

优势与特色:在管理科学与工程学科的传统领域——信息管理与电子商务方向取得了持续性的发展,同时在系统模拟与仿真、管理复杂性研究等理论研究方面取得了一系列创新性成果;依托本校在地质、能源、矿产、环境等相关学科和行业的优势,在能源、矿产等资源和环境的相关管理领域形成了资源、环境、管理相结合的专业特色。

人才培养目标:培养熟练运用管理科学与工程的理论与方法,掌握学科发展前沿,特别是在能源、矿产等自然资源和环境的相关管理领域,针对管理问题能够从事和开展创造性的管理实践工作,以及具备独立开展管理科学研究能力的创新型人才。

二、工商管理系概况

工商管理系成立于20世纪80年代初,开展工商管理学科建设、人才培养、科学研究和社会服务等工作,设有工商管理(双语)、市场营销两个本科专业,工商管理一级学科硕士点、工商管理硕士(MBA)专业学位点。1985年招收了第一届工业管理工程专业本科生,后根据教育部本科专业目录调整为工商管理;2001年至今工商管理专业实施全程双语教学;2007年"管理学"被评为国家级精品课程;2008年工商管理专业获批教育部"工商管理国际型人才培养创新实验区"。2010年工商管理全程双语教学团队被评为"湖北高校省级教学团队","管理学"成为国家级"双语示范课程","市场营销学""财务管理"成为"湖北省精品课程",工商管理专业被评为"湖北省高校品牌专业";2012、2016年"管理学"被评为"国家级精品资源共享课""国家来华留学英语授课品牌课程";2018年工商管理系获批湖北省普通本科高校"荆楚卓越经管人才协同育人计划"项目;2020年"管理学"获评国家一流本科课程;2021年工商管理(双语)获批为国家一流专业,市场营销获批为省级一流专业。截至2021年12月,工商管理系共承担教育部哲学社会科学研究重大课题攻关项目、国际自然科学基金项目、国家社科基金项目等60余项,发表SSCI、SCI等学术论文100余篇,出版专著10部,教材9部,培养了70余名硕士研究生,60余名本科留学生和20余名硕士留学生。

定位与目标:立足于工商领域,致力于企业竞争与竞争优势、组织演化与商业模式、社会网络与战略联盟、战略变革与转型、并购与国际化战略、创新创业管理、运营管理等方面的研究。同时，依托电子商务领域的国际合作平台，强化电子商务和营销的结合，探讨传统环境及电子商务背景下的营销管理理论、营销决策与商务智能、渠道整合与顾客价值、消费者行为、整合营销传播；突出战略品牌管理、网络营销、服务营销、珠宝营销、资源品营销与生态治理等内容。以突出前沿、联系实际为特色，注重务实精神与领导力、创造力的培养。

优势与特色：形成了"能力为本，创新实践，双语教学，国际视野"的人才培养特色。研究方面，注重与地质资源与地质工程、环境工程、安全工程等学科的交叉融合，在资源型企业战略规划和组织再造、管理模式、矿业权和企业可持续发展的评价、资源型企业市场风险及产品开发评价、资源型企业跨国并购风险评价等方面特色鲜明。

人才培养目标：适应新时代中国改革开放和国际商业变革的需要，培养热爱祖国、品德高尚、艰苦朴素、求真务实，具有宽广的国际视野、严谨的治学态度、坚实的学科基础理论和系统的专业知识，具有创新意识和企业家精神，具有国际交流及现代管理信息技术处理能力，善于发现、分析和解决工商管理学科领域、工商企业及经济管理部门问题的高层次研究与管理人才。

三、经济学系概况

1984年学校成立经济管理系，1998年成立人文经济学院，同时成立经济学系，设经济学本科专业。经济学系2005年获得应用经济学一级学科硕士学位授予权，2010年获资产评估专业硕士学位授予权，2011年获应用经济学一级学科博士学位授予权，2013年应用经济学科获湖北省重点学科。2019年，经济学专业入选国家一流本科专业建设点，经济学党支部入选全国第二批新时代高校党建工作样板支部，经济学系被评为湖北省高校优秀基层教学组织。截至2021年12月，经济学系共有教师26名，其中教授7人，副教授14人，在校本科生260余人，研究生200余人。

定位与目标：立足于经济学主流，积极推动大数据金融、低碳经济、新结构经济学等前沿学科的发展；坚持学以致用，强调知行合一，高度重视学生综合能力培养；依托我校在地质资源环境等领域的学科优势，面向我国相关行业和市场需求，为国家和社会培养高层次人才。

优势与特色：师资队伍强，拥有国家"万人计划"哲学社会科学领军人才和青年拔尖人才各1名，教育部新世纪优秀人才1名，湖北省青年拔尖人才1名；重视本科教学，强调宏微观、计量等基础课程教学，坚持课堂讲授和课外实践相结合，建立覆盖金融、能源、地产、软件等行业的产学研基地群；科研实力强，近年来承担各类科研课题100余项，其中国家社会科学基金重大项目3项，国家自然科学基金重大课题1项，国家社科基金、自科基金项目10余项；学术氛围浓厚，每年邀请多名国内外高水平大学知名学者、行业精英来学院开展学术讲座。

人才培养目标：培养系统掌握经济学基本理论与方法，熟悉学科发展前沿，在金融、能源、资源和环境等相关行业领域，针对社会经济发展中重大理论和现实问题，能够创造性地开展理论研究和管理实践工作，具有较强创新思维和批判精神的高素质专业人才。

四、会计学系概况

中国地质大学（武汉）的会计教学与科研起步于20世纪80年代。1996年开始招收会计学专业本科生;2003年获批会计学术型硕士点;2010年获得会计硕士专业学位(MPAcc)授予权;2021年获批省一流专业建设点。2018年至2021年,本学科共培养了会计专硕118人,会计学硕59人。

定位与目标:依托学校固有的学科优势,兼顾行业和地区特点,面向国家发展和社会需要,突出国土资源环境管理特色,以培养复合型、应用型会计专门人才为目标,积极开展教学科研活动,形成"入主流、有特色"的培养理念。

优势与特色:突出实践特色,强调理论与实践的结合;依托本校的行业特色,根据我校"为解决区域、行业乃至人类面临的资源环境问题提供高水平的人才和科技支撑"的基本思路,开设资源环境会计与审计的专业特色。

人才培养目标:培养热爱祖国,具有良好职业道德、艰苦朴素、求真务实、富有进取精神、创新意识、战略意识,具有较强的业务能力,能够熟练运用现代会计、财务、审计等相关领域专业知识解决实际问题,具有国际交流及现代管理信息技术处理能力,善于发现、分析和解决工商企业及经济管理部门财务问题的高素质、应用型会计专门人才。

五、金融与贸易系概况

金融与贸易系是我校应用经济学学科的重要支撑单位之一,最早源于1993年创办的贸易经济专科,1995年开始招收贸易经济本科,2003年正式成立国际经济与贸易系,2004年开始招收国际经济与贸易本科。该专业1997年开始招收经济学类硕士研究生;2005年获应用经济学一级学科硕士招生资格;2011年获应用经济学一级学科博士招生资格;2013年应用经济学获批湖北省重点学科;2015年通过应用经济学博士点合格评估。该专业目前拥有湖北省软科学研究基地、武汉城市圈创新合作战略研究中心等学科平台,作为重要参与单位参与教育部国别研究中心-约旦研究中心、中共湖北省委改革智库-湖北省生态文明研究中心的建设。

截至2021年12月,该专业现有教师16名,其中教授6人,副教授7人,特任副教授3人。2017至2021年,金融与贸易系共承担课题60余项,其中国家自然基金、国家社会科学基金4项,教育部项目5项,部委和省级课题10项;发表学术论文80余篇,出版专著11部;培养硕士研究生57名和博士研究生15名。

定位与目标:面向国际经济与贸易专业人才的市场需求,密切结合我国"一带一路"建设的推进,注重对学生国际经济与贸易专业理论和具体对外贸易技能的培养。强化人才培养过程中与外语、计算机、数学、经济学等学科技能的交叉与应用。在未来5~10年,力将本专业建设成国内一流、在国际上有重要影响的高水平专业。

优势与特色:立足于经济学学科,关注国际经济与贸易的传统方向的发展,充分利用学校优势和学科优势,坚持主流与特色并举,推动国际经济与贸易专业建设和应用经济学学科建设。打造"三大"特色:①以夯实经济学基础课程为基础,以提升经济学理论水平为目标,依托完整的学科体系,建成学生顺利进阶的育人新通道;②以国际经贸人才实践育人平台为基础,以扩大校企合作协同育人为手段,建成国际经济与贸易专业领域的创新创业人才培养新模式;③以学校学科优势为基础,以跨学科交叉培养为途径,确立行业特殊业务实操人才培养的新方向。

人才培养目标：培养熟练运用国际经济学的理论与方法，掌握学科发展前沿，能够创新性应对国际经济与贸易过程中遇到的各类问题的人才。特别是在矿产品贸易、环境贸易、国际矿业投资、海外油气投资环境、跨境电商等相关管理领域，所培养的学生能够从事和开展创新性的实践工作和科学研究。

六、旅游管理系概况

经济管理学院旅游管理学科领域的教学始于1993年，1998年旅游管理系开始招收本科生，设旅游管理1个本科专业，2003年获批旅游管理学术硕士点。旅游管理专业是国家一流专业建设点，旅游管理系党支部被评为全国党建工作样板支部，旅游管理系为省级优秀基层教学组织。旅游管理系注重学生综合能力培养，建有10余个实习基地，搭建了教学实习的平台。旅游管理系教学质量优良，注重课程创新，是国内最早开设"旅游地学""旅游地理信息系统"等特色课程的旅游专业之一；开设的线上通选课"文化遗产与自然遗产"获评国家级一流线上课程。截至2021年12月，旅游管理系现有专职教师14人，其中教授2人，副教授10人，讲师2人，形成了一支精干高效的师资队伍。2012年至2021年，旅游管理系共承担各类科研项目100余项，项目经费1300余万元，其中承担国家自然科学基金、国家社会科学基金、教育部人文社科基金三大基金项目12项。

定位与目标：立足于世界旅游管理的主流研究领域，在旅游企业技术、产品与服务创新、旅游产业竞争力与旅游合作、旅游体验与旅游心理、旅游规划与旅游可持续发展等研究方面进一步夯实基础；持续关注我国旅游发展研究的国家重大需求，在旅游业与其他产业的融合发展、旅游消费行为与接待服务创新、旅游管理体制改革与创新、区域旅游竞争与合作等方面进行深入探索；持续推进专业科研成果向教学资源的转化，为我国旅游事业发展输送高素质专业人才；科研、教学、社会服务并重，将我校旅游管理学科建设成为基础厚实、特色明显的国内一流的高水平学科。

优势与特色：本专业将旅游学与地学、资源学的相关理论有机结合，在旅游资源特别是自然旅游资源的成因、演化与发展研究方面具有优势，配合遥感技术和地理信息系统理论，在地质公园、矿山公园、世界遗产的管理、保护与发展研究方面形成了特色。本专业充分关注旅游业与其他行业的融合发展，在环城游憩带城乡融合发展、旅游扶贫与乡村旅游、文化遗产与旅游文创等方面研究成果突出。高度重视课程教学质量，70%以上专业课程的学生评教打分曾经位列学校或学院前10%，完善了课程实验、现场教学、北戴河旅游认知实习、综合实习、毕业实习系列实践教学环节，形成了"厚基础、强技能"人才培养特色。

人才培养目标：培养德智体全面发展，具有扎实的旅游管理专业理论知识和熟练的旅游业务操作能力，掌握学科发展前沿，能够从事旅游管理科学研究，或能够在旅游企业、旅游规划与科研机构、旅游行业管理部门及其他旅游相关组织从事行业管理、旅游企业经营管理、旅游规划与设计工作的高素质专业人才。

七、统计学系概况

统计学专业于2004年招收第一届本科生,随着统计学一级学科调整,2013年招收第一届统计学硕士研究生,2019年招收第一届应用统计学专业硕士。截至2021年12月,本专业主持过国家自然科学、社会科学基金项目的教师有6人,项目共11项;发表国际SCI、SSCI、EI论文教师有8人,T1论文12篇,ESI论文2篇,T3及以上近46篇;出版教材、专著8部。

定位与目标:立足应用统计专业,面向经济管理、金融保险、资源环境等领域,培养具有坚实的数理基础,较强的数据处理和分析能力的中高级统计专业人才。依托我校优势学科,依托管理科学与工程和应用经济学两个一级学科博士点和博士后流动站,充分利用我校大数据资源,把统计学专业建设成为具有鲜明资源、环境特色的统计学科。

优势与特色:我校地质、资源、环境等优势学科为统计学的发展提供了肥沃的土壤和广阔的空间,统计学与这些优势学科结合,在地质过程模拟、地质资源定量预测、环境评价与监测等领域取得了突出成果。统计学与经济管理学科广泛融合,在能源经济、资源环境经济等方向形成了鲜明特色。

专业培养目标:培养掌握统计学基本思想、基本方法,具有良好的运用计算机技术处理数据的能力,能在经济、金融、资源、环境等行业及政府部门从事统计分析、风险管理、数据挖掘等工作的应用型专业人才。

第二章

管理科学与工程系

CHAPTER 2

第一节　教师简介

程欣，特任副教授，硕士生导师。地大学者青年优秀人才。2018年，毕业于中国地质大学（武汉）管理科学与工程专业，获管理学博士学位；2016—2018年，受国家留学基金委（CSC）和澳大利亚麦考瑞大学联合资助，在麦考瑞大学完成博士联合培养；2020年获得麦考瑞大学授予的哲学博士学位。目前已发表论文20余篇，论文收录在 Land Use Policy，Land Degradation & Development，Agriculture Ecosystems & Environment，Environmental Development，Energy for Sustainable Development 等SCI/SSCI/EI国际期刊，以及《管理世界》《中国软科学》《数量经济技术经济研究》《中国人口·资源环境》《资源科学》《经济地理》等中文期刊。系列成果获得第十二届湖北省社会科学优秀成果奖二等奖(3/5)、第十届湖北省社会科学优秀成果三等奖(3/5)。主持国家自然科学基金-青年科学基金项目1项；作为骨干成员参与了国家社会科学基金重大项目——太阳能光伏扶贫运行机制的系统性评价与政策创新研究，以及多项国家自然科学基金面上项目。

主要研究方向：生态经济、环境与经济建模、农村可持续发展与绿色发展、资源环境经济与管理等。

主要社会与学术兼职：湖北省环境科学学会－绿色金融分会会员；任 Social Indicators Research，Journal of Environmental Informatics，Solar Energy Sustainable Cities and Society，Energy Sustainability and Society 等期刊审稿人。

主讲课程：项目管理（全英）、工程管理导论。

丁丽萍，副教授，硕士生导师。2012年毕业于华中科技大学管理科学与工程专业，获博士学位；2012年至今，在中国地质大学（武汉）经济管理学院管理科学与工程系任教；2016年中国地质大学管理科学与工程博士后出站；2017年在CSC资助下赴美国田纳西大学访学一年。2017－2018年度被评为学院优秀共产党员。

主要研究方向：新能源采纳机制与策略、建筑节能改造与管理等。

主讲课程：工程造价与管理、工程经济学、房地产营销策划等。

冯忠垒，讲师。2009年毕业于南京航空航天大学管理科学与工程专业，获博士学位；2009年至今，在中国地质大学（武汉）经济管理学院从事资源环境经济与管理领域的教学与科研工作。

主要研究方向：技术创新管理、资源管理工程。

主讲课程：国际工程承包、城市规划原理、房地产经营与策划、工程施工。

郭海湘，教授，博士生导师。教育部新世纪优秀人才（2013），中宣部宣传思想文化青年英才（2019），自然资源部科技领军人才（2021）。2008年毕业于中国地质大学（武汉）资源管理工程专业，获工学博士学位；2009—2011年在西安交通大学从事管理科学与工程专业博士后研究；2012—2013年在日本早稻田大学做访问学者；2014—2015年中南大学访问学者；2015—2016年在美国匹兹堡大学做访问学者；2005年至今在中国地质大学（武汉）经济管理学院从事应急管理系统仿真与决策领域的教学与科研工作。

主要研究方向：应急管理系统仿真与决策。

主要社会与学术兼职：政协湖北省第十二届委员会经济委员会应用型智库专家；武汉市人民政府第八届决策咨询委员会委员；中国自然资源学会大数据分会副秘书长；中国地质大学（武汉）学报社科版编委；中国灾害防御协会风险分析专业委员会委员；中国"双法"研究会能源经济与管理研究分会常务理事；中国管理现代化研究会管理与决策科学专业委员会委员；中国系统工程学会能源资源系统工程分会委员；湖北省系统工程学会常务理事；中国优选法统筹法与经济数学研究会高等教育管理分会常务理事；国家自然科学基金、国家社科基金和教育部人文社会科学基金通讯评审专家；《系统工程理论与实践》《系统管理学报》以及 *Natural Hazards*，*Resources Policy*，*Knowledge-Based Systems*，*Natural Resources Research*，*Ecological Indicators* 等期刊的审稿专家。

主讲课程：运筹学、Matlab程序设计。

郭明晶，副教授，博士生导师。2012年毕业于武汉大学信息资源管理专业，获管理学博士学位；2017年在美国阿贡国家实验室做访问学者；2003年至今，在中国地质大学（武汉）经济管理学院从事资源管理工程领域的教学与科研工作。

主要研究方向：能源安全、资源管理工程、数据科学。

主要社会与学术兼职：中国能源学会专家委员会委员。

主讲课程：信息资源管理、电子商务（全英）、信息系统与信息资源管理（MBA）。

郭聖煜,副教授,硕士生导师。2016年毕业于华中科技大学工程管理专业,获博士学位。主持国家自然科学基金-青年科学基金项目1项,围绕工程行为安全、风险智能管控等方向在 Accident Analysis and Prevention, ASCE Journal of Construction Engineering and Management, Physica A 等发表论文20余篇,作为指导老师带领学生参加多个国家级、省部级比赛并获奖。

主要研究方向:工程质量与安全管理、行为安全管理和安全风险管理。

主讲课程:工程管理导论、质量与安全管理、绿色建筑与环境保护。

何晨琛,特任副教授,硕士生导师。2018年毕业于华中科技大学工程管理专业,获博士学位;2015—2016年,在荷兰埃因霍温理工大学进行联合培养博士研究;2018年至今,在中国地质大学(武汉)经济管理学院从事管理科学与工程领域的教学与科研工作。

主要研究方向:节能行为、低碳市场、既有建筑改造。

主讲课程:建筑工程识图、建筑设备。

江毅,副教授,硕士生导师。管理科学与工程博士学位,美国佐治亚州立大学联合培养博士。

主要研究方向:电子(社交)商务、人机交互行为、数字化平台运营和基于IT应用的企业管理创新。

主讲课程:电子商务、ERP原理及应用、管理信息系统。

柯小玲,副教授,硕士生导师。2009年毕业于中国地质大学(武汉)管理学专业,获博士学位。2014年赴美国公派访学一年。

主要研究方向:能源经济与政策、生态安全评价与预警。

主要社会与学术兼职:中国自然资源学会资源大数据分会委员。

主讲课程:管理研究方法、房地产经济学、房地产估价、项目管理。

李龙锡，特任教授，博士生导师。地大学者青年拔尖人才。2017年毕业于大连理工大学能源与环境工程专业，获博士学位；2017年至今，在中国地质大学（武汉）经济管理学院从事能源经济与管理领域的教学与科研工作。目前已发表论文20余篇，主持国家自然科学基金、湖北省自然科学基金、中央高校基本科研项目各1项，参与国家自然科学基金国际合作研究项目（中巴）1项、国家自然科学基金项目3项、政府咨询项目7项，担任多个国内外学术期刊同行评议审稿人。在 Omega-International Journal of Management Science，Applied Energy，Energy，Energy and Buildings，International Journal of Electrical Power & Energy Systems，Energy Policy，Journal of Cleaner Production，Sustainable Cities and Society 等国际学术期刊上发表论文20余篇，获得了湖北省社会科学优秀成果三等奖（排名第三）。

主要研究方向：综合能源服务、综合资源规划、智慧能源管理、能源系统优化与决策。

主要社会与学术兼职：中国系统工程学会数据科学与知识系统工程专委会委员；中国"双法"研究会能源经济与管理研究分会理事。

主讲课程：运筹学。

刘保山，副教授，硕士生导师。2018年毕业于华中科技大学管理科学与工程专业，获博士学位；攻读博士期间2017年3月—2017年6月在马里兰大学做访问学者；2018年至今，在中国地质大学（武汉）经济管理学院从事管理科学与工程领域的教学与科研工作。

主要研究方向：供应链管理、契约设计、博弈论。

主要社会与学术兼职：Omega-International Journal of Management Science，European Journal of Operational Research，Annals of Operations Research 等期刊审稿人。

主讲课程：运筹学。

卢辉，副教授，硕士生导师。2019年毕业于华中科技大学人工智能与自动化学院，获工学博士学位；2019年至今，在中国地质大学（武汉）经济管理学院工作。

主要研究方向：工程管理、工厂化建造、工程供应链管理。

主要社会与学术兼职：IEEE Transactions on Engineering Management、Frontiers of Engineering Management、Automation in Construction 等期刊审稿人。

主讲课程：企业大数据管理与技术基础、JSP程序设计。

彭亚婷，特任副教授，硕士生导师。2019年6月毕业于华中科技大学管理学院，获管理学博士学位；2017年9月—2018年9月以访问学者身份，在马里兰大学从事研究与学习；2019年7月至今，在中国地质大学(武汉)经济管理学院工作，主要从事系统分析与建模和投资决策优化等方面的研究。

主要研究方向：系统分析与建模、投资决策优化、交通经济学。

主讲课程：决策支持系统、机器学习与数据挖掘。

帅传敏，二级教授，博士生导师。2003年毕业于华中科技大学管理科学与工程专业，获博士学位；2008—2009年，美国加州大学戴维斯校区富布赖特高级研究学者；2003年至今，在中国地质大学(武汉)经济管理学院从事扶贫项目管理与新能源经济管理领域的教学和科研工作。

主要研究方向：项目管理、扶贫项目评估、太阳能光伏扶贫、农村新能源采纳应用。

主要社会与学术兼职：中国(双法)项目管理研究委员会(PMRC)常务委员；中国软科学研究会理事。

主讲课程：工程项目评估(双语)、现代项目管理(全英)。

孙涵，副教授，博士生导师，管理科学与工程系书记，地大学者青年拔尖人才。2009年毕业于中国地质大学(武汉)管理科学与工程专业，获博士学位；2015—2016年丹麦奥尔堡大学高级访问学者。2017年获得中国地质大学优秀青年"摇篮计划"资助。先后主持或参与国家自然科学基金、国家社会科学基金、教育部人文社科基金、生态环境部、中国地质调查局和湖北省国土资源厅等各类项目10余项。在国内外著名学术期刊上发表论文30余篇，是国内外多个期刊的审稿人，出版专著3种。

主要研究方向：资源环境管理、系统模拟与决策和项目管理。

主要社会与学术兼职：中国自然资源学会资源经济研究专业委员会理事；中国优选法统筹法与经济数学研究会能源经济与管理研究分会理事。

主讲课程：管理研究方法论、房地产开发与经营。

舒克盛，特任教授，博士生导师。2015年毕业于德国汉堡大学和中国科学院地理科学与资源研究所人文地理学专业，获自然科学博士学位；2015—2017年留德从事博士后研究；2018年1月至6月在波兰国立土壤科学与作物栽培研究所任高级研究员；2018年9月入职中国地质大学（武汉）。曾作为访问学者在奥地利科学、技术与社会高等研究院访学，并在丹麦哥本哈根大学、丹麦技术大学、芬兰于韦斯屈莱大学、奥地利维也纳自然资源与生命科学大学短期学习。

主要研究方向：生物质能系统、气候变化及系统模拟与分析。

主要社会与学术兼职：任德国博世基金会博士后学院、可持续性大学研究中心、地球系统科学与可持续性研究中心、波兰国立土壤科学与作物栽培研究所合作研究员；波兰国家科学中心基金评审人；Journal of Agronomy Research 期刊编委；Applied Energy，Energies，Sustainability，Land Use Policy 等多种SCI、SSCI期刊审稿人。

主讲课程：绿色建筑与环境保护、Resource and Environmental Management & Renewable Energy Utilization。

王飞，讲师，硕士生导师。2019年12月毕业于中国地质大学（武汉）管理科学与工程专业，获管理学博士学位；2011年7月—2017年9月在北京金和股份软件有限公司武汉研发中心担任Java工程师；2017年10月—2019年1月在国家留学基金委的资助下前往加拿大英属哥伦比亚大学进行联合培养；2020年1月至今，在中国地质大学（武汉）经济管理学院任教。

主要研究方向：数字战略、数字创新、数字营销和区块链。

主讲课程：数据库原理、电子商务、区块链的商业应用。

王菁，讲师。2010年毕业于中国地质大学（武汉）工商管理专业，获硕士学位。1999年至今在经济管理学院任教。

主要研究方向：管理信息系统与电子商务。

主讲课程：管理信息系统、电子商务、计算机高级语言（VF）、信息系统与网络技术应用。

王广民,教授,博士生导师。2007年毕业于武汉大学系统工程研究所,获工学博士学位;2011—2012年在北京交通大学系统科学做博士后;2014—2015年在德克萨斯大学奥斯汀分校做访问学者。

主要研究方向:交通运输规划与管理、物流运输、最优化理论与算法及其应用。

主要社会与学术兼职:中国运筹学会理事;管理科学与工程学会理事;湖北运筹学会理事;湖北系统工程学会理事。

主讲课程:运筹学,决策支持系统,管理模型与方法,数据、模型与决策,管理科学与工程前沿。

王开明,教授,博士生导师。2001年毕业于武汉理工大学管理学院,获管理科学与工程专业博士学位;2001—2018年10月在中国地质大学(武汉)经济管理学院工作,历任讲师、副教授、教授,期间在美国阿尔弗雷德大学做过2年访问学者;2018年10月至今在中国地质大学(武汉)期刊社工作,任副社长。

主要研究方向:企业信息化战略。

主讲课程:工程经济学。

王小林,副教授,硕士生导师。2008年毕业于武汉大学水利水电学院水资源规划与管理专业,获工学博士学位;2015年,在中国地质大学(武汉)地质资源与工程博士后流动站做博士后;2015—2016年在挪威科技大学产业经济与技术系做访问学者。

主要研究方向:能源资源管理与建模仿真。

主讲课程:运筹学、管理系统模拟、管理模型方法、管理系统工程。

翁克瑞,副教授,硕士生导师。2007年毕业于华中科技大学管理科学与工程专业,获博士学位;2016—2017年在早稻田大学做访问学者;2007年至今,在中国地质大学(武汉)经济管理学院从事管理科学与工程领域的教学与科研工作。

主要研究方向:大数据分析、系统建模与决策优化。

主讲课程:运筹学、机器学习与数据挖掘、供应链与物流管理。

於世为，教授，博士生导师。2008年毕业于中国地质大学（武汉）资源管理工程专业（硕博连读），获工学博士学位；2013年于北京理工大学能源与环境政策研究中心博士后出站；2014—2015年在美国特拉华大学能源与环境政策研究中心做访问学者；2008年至今，在中国地质大学（武汉）经济管理学院从事能源（资源）环境、经济系统建模与政策的教学与科研工作。

主要研究方向：能源环境管理与决策研究。

主要社会与学术兼职：北京理工大学能源环境与政策研究中心兼职研究员；中国优选法统筹法与经济数学研究会能源经济与管理研究分会副秘书长；中国系统工程学能源资源系统工程分会常务理事；中国管理科学与工程学会理事。

主讲课程：模糊系统、运筹学、管理科学与工程前沿、数据模型与决策。

张先锋，讲师。2009年毕业于华中科技大学工程管理专业，获博士学位。2003年至今，在中国地质大学（武汉）经济管理学院从事项目管理领域的教学与科研工作。

主要研究方向：项目管理。

主讲课程：工程项目融资与保险、房地产金融。

朱镇，教授，博士生导师。2010年6月毕业于中国地质大学（武汉）管理科学与工程专业，获博士学位；2010年至今在中国地质大学（武汉）经济管理学院任职。主持国家自然科学基金2项，作为骨干成员参与4项国家自然科学基金面上项目。2015年入选中国地质大学（武汉）"摇篮计划"，2016年入选湖北省青年科技晨光计划。在 *IEEE Transactions on Engineering Management*，*Information & Management*，*International Journal of Information Management*，*Computers in Human Behavior* 以及《管理科学学报》《管理工程学报》《南开管理评论》《旅游学刊》等国内外权威期刊发表学术论文40多篇。曾获得信息经济学会2018年年会、国际信息系统协会中国分会2011年学术年会和2012年武汉电子商务国际会议的最佳论文奖，获湖北省社会科学优秀成果奖三等奖一项。

主要研究方向：电商平台生态系统、IT驱动的分销渠道创新管理。

主要社会与学术兼职：担任 *Electronic Commerce Research* 编委和副主编；武汉电子商务国际会议（AIS附属会议）程序委员会主席；湖北省电子商务学会副会长；中国信息经济学会理事和中国系统工程学会信息系统工程专委会理事；在信息系统国际会议（ICIS2021、ICIS2022）、欧洲信息系统国际会议（ECIS2012）、亚太信息系统国际会议（PACIS2019、

PACIS2016)担任分领域主编及副主编。

主讲课程：电子商务、信息系统战略与管理、管理信息系统、电子商务战略与运营管理（研究生）、信息系统理论与方法前沿（研究生）、E-commerce Management（留学生）、信息系统与信息资源管理（MBA）。

赵晶，教授，博士生导师。1977年毕业于华中工学院（现华中科技大学）自动控制系工业电气化自动化专业，获学士学位；1985年进入中国地质大学（武汉）工作；1997年至今在经济管理学院从事电子商务领域的教学与科研工作；2015年3月—2015年4月美国爱荷华州立大学高级研究学者。主持国家自然科学基金项目4项（其中3项被评估为优秀），主持完成3项国际合作项目，其中有联合国国际贸易中心（ITC）资助的国际合作项目。在 IEEE Transactions on Engineering Management、Information & Management、International Journal of Information Management 以及《管理科学学报》《管理工程学报》《南开管理评论》等国内外权威期刊发表学术论文50多篇。获得湖北省高等学校教学成果一等奖，湖北省第十三届自然科学优秀学术论文二等奖，首届武汉市自然科学优秀学术论文三等奖，湖北省社会科学优秀成果奖三等奖等。主编国家"十一五"规划教材《企业电子商务管理》。

主要研究方向：企业电子商务，数字战略和数字创新。

主要社会与学术兼职：担任国际期刊 Electronic Markets 编委和顾问委员会委员；Electronic Commerce Research 副主编；武汉电子商务国际会议（AIS附属会议）主席；国际信息系统学会中国分会（CNAIS）常务理事；中国信息经济学会常务理事；管理科学与工程学会大数据与商务分析研究会常务理事；担任 Information and Communication Technologies in Organizations and Society（ICTO 2016）程序委员会主席；欧洲信息系统国际会议（ECIS 2017）组委会中国大使和（ECIS2002）国际程序委员会委员；亚太信息系统国际会议（PACIS 2014）分领域主席。

主讲课程：电子商务、管理信息系统、企业电子商务管理（研究生）、电子商务战略与运营管理（研究生）、企业电子商务应用（MBA）、管理学前沿（博士生）。

第二节　科研项目简介

项目名称：基于多源数据的深度贫困地区多维贫困动态监测模型研究（国家自然科学基金-青年科学基金项目）

项目负责人：程欣

执行时间：2020—2022

主要内容、重要结果及社会影响力：

本研究自2020年1月开始，按照研究进度安排开展，具体内容如下。

(1) 深度贫困地区贫困问题的多维度关键影响因素和指标体系。在消除贫困和可持续发展背景下，项目提出概念设计和影响效果评价的总体框架，建立农村扶贫项目影响评价体系，运用面板回归方法评估影响中国农村贫困人口生计的主要因素，探讨土地利用政策对中国农村的影响。该研究为改进政策和决策、有效地减贫、可持续的农村发展和乡村振兴提出了建议（第一作者兼通讯作者，已发表至 Land Use Policy）。利用三峡库区（TGRR）25个县（区）2006—2017年的数据，基于交叉相关和回归系数的面板数据模型，探讨农业生态效率对多维贫困的影响。结果表明TGRR的农业生态效率存在显著的异质性，区域农业生态效率的提高可以加速贫困的缓解。该研究为提高农业生态效率和减贫效率提供了政策建议。基于小农所面临的重要的生计挑战，旨在找出加速小农脱贫、实现可持续发展的对策。研究采用定性和定量方法以及可持续生计方法的概念，揭示农民家庭能力的6个要素及其潜在关系，并将心理资本纳入小农可持续生计资产中，构建小农可持续生计的新框架。项目以TGRR 26个县的796户农户为样本，采用偏最小二乘法结构方程模型探究影响小农可持续生计的关键因素和关键路径。结果表明，心理资本能显著提高物质资本和人力资本的绩效，对可持续生计和减贫具有显著的直接和间接影响。该研究为小农扶贫和可持续生计提供了政策建议（第四作者，已发表至 Journal of International Development）。可持续发展目标的主要挑战之一是在全世界实现可持续减贫，研究综合考虑经济、社会、环境等因素，运用偏最小二乘结构方程模型估计法分析重庆市农业可持续发展和减贫影响因素。结果表明工业状况对农业可持续发展和减贫产生了负向影响，而化学物质用量、人口特征、交通基础设施、农林水支出均对农业可持续发展和减贫有显著的正向效应。该研究探索了多因素的影响，为促进农业可持续发展和减贫提供了参考（第三作者，已发表至《中国经贸导刊》）。

(2) 基于多源数据的多维贫困动态监测模型。多维贫困测度能够更合理地识别贫困个体,有助于实现贫困动态监测。合理利用现有数据选择合适的指标体系是多维贫困测度的一大挑战。研究从数据来源的角度,通过文献深度分析对现有多维贫困测度的指标体系和权重处理方法进行梳理。研究发现多维贫困评价指标体系应包括经济、健康、教育、生活水平、社会关系、自然环境等家庭和地区层面的维度;混合方法将信息损失降到最低,使加权结果尽可能接近实际结果;基于多源数据的多维贫困评价可以降低实地调查的难度和成本,增加可比性和方便性,更加客观可靠。研究提出的多维贫困动态监测模型,为多维贫困动态监测的指标和权重选择提供参考。采用 A-F 双界线法和二元 logistic 回归,对中国 7 个省的农户面板数据的多维贫困动态变化进行评价和对比,并对多维贫困的影响因素进行分析。拟通过面板数据对比,观察农户多维贫困随时间动态变化情况;从个人、家庭、自然方面分析致贫驱动因素的动态变化;重点关注在多维贫困个体中的贫困脆弱个体,寻找贫困脆弱个体致贫关键因素。

(3)多维贫困时空演化机理和内在运行规律。多维贫困时空演化的研究旨在从一个新视角进一步深入探讨贫困的演化机理和运行规律,为人口-环境关系探索开辟了新的可能性,为减贫政策实施找准方向。贫困加剧和环境恶化的恶性循环是贫困地区的社会和经济不可持续发展的重要原因,而环境的改善将有利于减轻多维贫困。从多维贫困的环境视角和空间分析角度,利用空间计量工具分析农业化学环境库兹涅茨曲线(EKC)的情况,采用面板回归和空间面板回归分析方法对 TGRR 的农药 EKC 进行研究,探讨农药投放影响下农业生态环境的演化,以及农药使用对农业区生态环境和多维贫困的影响。结果表明,TGRR 的农业生态状态亟待关注;众多影响因素中,耕地面积、城乡收入差距等控制变量对 EKC 拐点有影响,同时也影响了农业区生态环境和多维贫困状况。该研究也为缓解生态与减轻贫困提供了对策和建议(第二作者兼通讯作者,已发表至 *Environmental Science and Pollution Research*)。

(4)农村可持续发展、可持续减贫的策略与实践探索。能源也是多维贫困的重要方面,可靠和负担得起的能源供应是实现减贫和可持续发展目标的关键。在精准扶贫和可持续能源发展的新视角下,太阳能光伏扶贫的实践值得探索和分析。从文本挖掘的角度,采用主题建模方法和潜在 Dirichlet 模型,揭示当前可再生能源与贫困的研究热点。研究重点探讨了可再生能源生产的全球利益、主题和环境与贫困的关系,以及生态系统服务与扶贫之间的联系,从多个层面提供了可再生能源与扶贫之间的联系,进一步探究了可再生能源与扶贫、可持续发展目标的路径关系(第一作者兼通讯作者,已发表至 *Environmental Development*)。基于中国 8 个省份 52 个贫困的村庄的实地调研数据,采用主成分分析(PCA)、数据包络分析(DEA)和灰色关联分析(GRA),探讨太阳能光伏扶贫项目在改善中国农村经济、社会、生态、基础设施建设等方面的减贫效果,并分析制约扶贫效率的因素。结果表明增加光伏扶贫项目的投入对提升农村扶贫效率的作用较小,扶贫效率存在较大的区域差异,同时规模不足、投资布局不合理是制约扶贫效率的重要因素。该研究为促进农村发展、振兴可再生能源产业、减少农村贫困提供了新的思路(第三作者,已发表至 *Energy*)。进一步的研究基于太阳能光伏扶贫在减少农村贫困人口和碳排放强度的作用,借助中国 7 个省的 23 个光伏电站的数据,采用生命周期评价(LCA)和净能源分析(NEA)方法深入研究了太阳能光伏的能源效益和环境效益,揭示了太阳能光伏扶贫项目在中国的现状和影响。即使在太阳能辐射较差的地区,太阳能光伏仍具有良好的能源效益和环境效益;人为因素而产生的间接环境成本值得关注;与传统的燃煤发电相比,太阳能光伏发电可减少87.35%~94.9%的碳排放。该研究为促进光伏产业的推广和可持续发展提供了实践依据和政策建议(第二作者兼第一通讯作者,已发表至 *Energy for Sustainable Development*)。

项目名称:公众太阳能光伏发电的采纳机制与策略研究(国家自然科学基金-青年科学基金项目)

项目负责人:丁丽萍

执行时间:2016—2018

主要内容、重要结果及社会影响力:

1)基于 SEM 的公众太阳能光伏发电采纳意愿的影响路径分析

研究采用问卷调查与深度访谈相结合的形式来收集公众对于太阳能光伏发电采纳意愿的原始数据,根据可能的影响路径构建结构方程模型(SEM),基于 SEM 对公众光伏发电采纳意愿进行实证分析,探索政府政策、公众节能意识、公众认知、公众风险感知和公众支付倾向等因素对公众采纳意愿的相互影响关系和影响路径,构建的概念模型如图 2-1 所示。

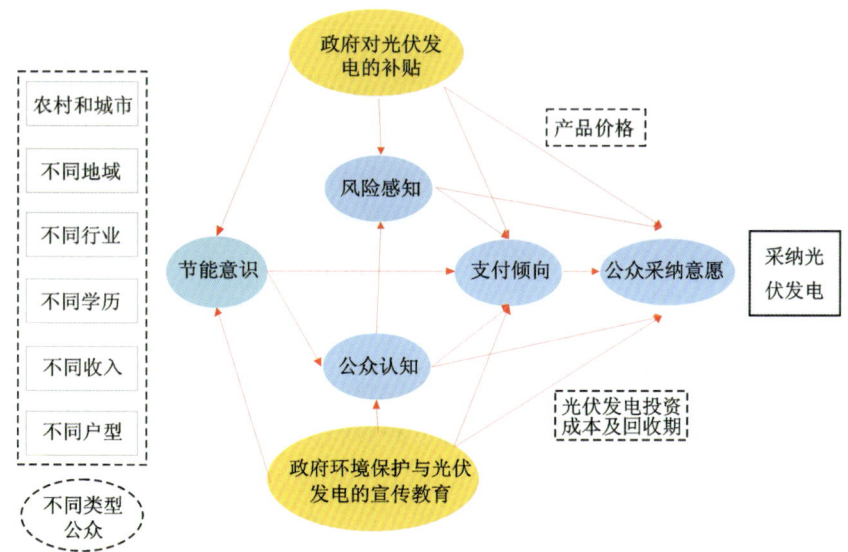

图 2-1　公众光伏发电采纳意愿的概念模型

2)基于 G-MNL 的公众太阳能光伏发电采纳影响因素的特征属性分析

研究采用问卷调查收集的原始数据来进行定量分析,具体运用离散选择模型对各个影响因素属性的参数选择进行分析,运用 G-MNL 模型对太阳能光伏发电采纳意愿的各个影响因素进行 logistic 回归,得到 G-MNL 模型估计结果,进而根据影响因素的不同属性对公众太阳能光伏发电采纳意愿影响程度的显著性,发现不同属性对公众太阳能光伏发电采纳意愿的影响程度。

3)基于博弈理论的政府与公众之间的利益均衡机制分析

研究采用 Shapley 博弈分析方法,对太阳能光伏发电的 3 个主要利益相关主体(即公众、地方政府和中央政府)之间的投资和收益的分摊问题进行理论分析,并构建兼顾三者利益的成本分摊模型,以期找出在我国当前经济社会环境下的三者之间的最优分摊比例,为政府有关部门提出调整和优化太阳能光伏发电补贴政策提供理论依据,进而为协调各种利益关系,促进太阳能光伏发电技术的采纳和为可持续性发展提供新思路和新方法。

在国内外期刊上发表相关论文7篇。

项目名称:基于复杂系统理论的我国天然气资源经济安全保障机制研究(教育部人文社会科学研究项目)

项目负责人:郭明晶

执行时间:2011—2017

主要内容、重要结果及社会影响力:

项目从学科交叉的角度,运用宏观经济管理、产业组织理论、资源管理工程、能源经济学和国际贸易等学科的理论与方法,采用复杂系统模拟仿真技术,在探析天然气资源经济安全系统各要素之间的协调过程与趋势的基础上,通过模型仿真揭示天然气资源经济安全系统的自适应、自组织和协同演化轨迹,结合国内外天然气资源市场的实证资料,寻求我国天然气经济安全的保障机制和措施,提出天然气管理的政策建议。

本项目的研究目标主要有3个:①构建基于天然气储运网络约束的市场出清机制,重点关注国内外天然气来源的多元化、储运布局的动态优化和调峰机制;②寻找防止天然气价格大幅波动的经济安全调控措施;③探求我国天然气供求均衡的保障机制与政策。

项目成果成功应用于中国石油化工股份有限公司(简称中国石化)华北分公司的生产和销售业务中,并同时获得了华北分公司的科研资助(衍生出3个横向合作课题)。项目成果主要解决了以下3个问题:①构建了大牛地气田(华北分公司天然气主生产区之一)产运销一体化的运行机制;②针对大牛地气田产销运行调度决策中的计划需求与实际需求之间的非线性关系,提出了人工神经网络非线性实时调度和预测模型,该模型在生产实践中取得了较好的预测效果,计划排产和实时调度都为公司节省了大量的人力、物力和财力;③利用复杂大系统分解方法构建了气田产销运行多级调峰体系,提出了相应的对策和建议,为保障大牛地气田产销平稳运行、保障季节性供气平衡和安全发挥了重大作用。

项目名称:石油储层识别中软计算与硬计算融合的理论与方法研究(国家自然科学基金-青年科学基金项目)

项目负责人:郭海湘

执行时间:2012—2014

主要内容、重要结果及社会影响力:

如何从众多测井数据和地震数据中挖掘出关键信息,最终获得对石油储层准确的认识,是石油勘探管理中的关键问题。地层下的数据和信息有两类:一类是硬计算,擅长处理精确和确定的数据和信息;另一类是软计算,擅长处理不精确和不确定的数据和信息。单独运用软计算或硬计算都不足以对石油储层进行准确识别。因此,本研究融合软计算和硬计算,基于数据-信息-知识的过程,对石油储层进行识别。项目以江汉油田为储层识别的目标区域,收集相关测井数据以及地震数据,将软计算和硬计算相融合,对储层进行纵向预测,得到储层岩性、含油性等相关信息;并在此基础上利用地震数据从各已知井出发,对储层进行横向预测,得到地层下远离井眼的储层特征信息;最后建立一套软、硬计算融合的分析自动化、识别智能化的石油储层识别系统。其成果可以直接减少石油勘探过程中的主观性,降低勘探风险,有助于制定更加合理的开发方案,而且能够在其他相关领域进行应用。

项目取得的重要结果为:①进行石油储层识别中的特征选择或者属性优化,提出一种基于模拟退火的参数自适应差分演化算法及基于 ESADE 的特征选择算法;②针对石油储层识别的模糊规则提取,提出一种基于差分演化算法的规则提取,并提出 BPSO - Adaboost - KNN 组合学习算法进行不均衡数据分类的石油储层识别研究;③提出了一种带有指导信息的 k - means 方法多支持向量机(SkSVM)进行储层含油性识别;④提出了一些新的差分策略及一种改进的自适应差分演化算法进行油层分类;⑤在评价指标优化选取的方法上,将硬计算和软计算两种方法相融合,基于相关分析创建 SVM - FCM 特征选择模型,优选出影响油田开采效益的关键指标——产量递减率。

项目按照任务的分配进行,已发表英文文章 15 篇,中文文章 23 篇,共被引用 252 次。其中 SCI 收录 9 篇次,EI 收录 18 篇次,ISTP 收录 2 篇次,CSSCI 收录 14 篇次,EI 收录的国内期刊《煤炭学报》1 篇,《系统工程理论与实践》2 篇,国家基金委管理科学部指定的成果期刊《系统管理学报》9 篇,国内核心期刊 10 篇,出版专著 4 部。获得国土资源科学技术奖二等奖 1 项,获得武汉市自然科学优秀学术论文三等奖 1 项,及湖北省优秀学士学位论文奖 1 项。

项目名称:灾害多级联动模式下城市群综合承灾能力的评价与仿真研究(国家自然科学基金-面上项目)

项目负责人:郭海湘

执行时间:2016—2019

主要内容、重要结果及社会影响力:

多种灾害联动发生日益呈现为一种常态,使得针对单一灾种的防灾减灾模式面临挑战,而综合承灾能力是衡量承灾体能否抵抗灾害频发、灾害联动的重要指标。因此,多种灾害联动模式的挖掘及综合承灾能力的评价是当前社会中的紧迫议题,也是本项目所要解决的科学问题。项目首先进行灾害多级联动模式的关联关系挖掘,确定易发的灾害联动模式及其发生概率;其次构建方法和时间二维集成的评价模型,实现综合承灾能力的动态评价;最后以此评价结果进行城市群及其所辖城市承灾能力的系统仿真,研究并设计承灾能力提升的策略。本项目的创新之处是基于关联关系挖掘揭示出各类灾害多级联动发生的内在规律,在此基础上构建城市综合承灾能力评价模型,并考虑城市群协同承灾。研究成果将为我国城市群及所辖城市的防灾减灾提供理论指导和决策支持。

项目取得的重要结果为:①针对网络新闻和社交媒体中的数据不均衡问题,研究了基于集成框架的自适应不均衡学习模型和灾害应急管理领域的情感分析模型;②针对社交媒体的文本特征,研究了从网络社交媒体中识别、抽取和分析灾害因果关系的方法框架;③针对韧性评估研究了基于集成多种多属性决策评价方法的城市灾害韧性评估模型。

本项目执行期间,共发表学术期刊论文30篇,其中SCI收录17篇,EI收录18篇,SSCI收录3篇,高被引论文2篇。国家自然科学基金委管理科学部指定A级重要期刊8篇,高被引论文1篇,总共引频次达到1144次。此外,在项目相关领域发表国内外会议论文10余篇,其中包括国际会议论文2篇,论文作者均参会并宣读论文,与国内外学者分享成果和交流经验。项目负责人主编国家"十三五"规划教材《MATLAB程序设计与智能决策应用案例》。该教材吸纳了本项目的部分成果,已作为国内高校数值计算与经济管理决策相关课程的教材予以使用,也用于本校研究生的相关课程。项目成果申请国家专利4项。针对灾害应急管理和疫情防控的建言献策6项。《关于应用区块链技术,助推疫情科学防控的建议》《关于进一步加强疫情救援物资管理的建议》《关于加强地下水管道巡检、精准消毒处理及水质监测工作的建议》和《关于高效汇集与共享疫情大数据,为我省分区分级精准复工复产提供决策支持的建议》4项报告被武汉市市长批示,并转呈相关部门;《有限空间作业事故何时休》和《高效动员精准调配,促进慈善组织有效参与疫情防治》2项报告被新华社政务智库报告选用。

项目的主要社会影响力如下。

(1)本项目在现有不均衡数据文献基础上,基于集成思想,构建了能够根据不同类别的数据选择最合适分类算法的自适应多分类器系统。成果突破了先前研究通过复杂算法探讨不均衡数据的研究范式,丰富了现有不均衡数据分类理论和方法体系,扩充了自适应不均衡数据的应用领域,为不同领域的应用提供了新的方法思路。

(2)针对领域敏感和数据不均衡问题,本项目提出了一种简单有效的融合通用和特定领域知识的情感分类模型,用于灾害微博的情感分析。通过标签传播方法来诱导语料库自适应情感词汇,并提出一种通过反转和模仿两种文本生成策略,直接生成人工文本的过采样方法来解决文本分类中情感极性分布存在的不均衡问题。该成果弥补了当前研究采用数值空间重采样方法忽视文本语义含义的局限性,将特定领域情感词典构建和不均衡集成分类器结合,为探索特定领域文本情感提供了全新的分析思路。

(3)本项目提出采用网络社交媒体数据定量分析灾害之间的多级联动规律,突破了以往从单一事件案例或仿真方法进行灾害多级联动分析的思路局限,为深入探索灾害关联关系研究提供了全新的分析框架。

(4)本项目根据社交媒体的信息特征,集成文本挖掘、机器学习、因果关系抽取、贝叶斯网络等多种方法,提出了一种具有通用性和可扩展性的从网络新闻中识别、抽取和分析因果关系的方法框架。该成果为灾害多级联动的研究乃至商业、工业和生态环境等领域的潜在因果关系研究提供了新的分析思路和方法体系。

(5)本项目结合现有灾害韧性研究基础,充分考虑灾害造成的多级联动等不确定性,将基础设施、经济和社会韧性作为城市承灾能力的核心维度,生态韧性作为城市承灾能力的基本维度,以此为基础项目构建了三峡库区灾害韧性评估指标体系。本研究既引入了城市灾害韧性的新理念,又弥补了现有韧性研究缺乏对灾害多级联动性的研究不足。

(6)本项目考虑了平均权重法、逐步等权法和熵权法三个客观赋权的方法来确定指标权重,将SAW、WP、TOPIS、PROMETHEE、ELECTRE、VIKOR 6种成熟的多属性决策评价方法用于韧性评价,最后使用 3 种集中排序方法(average method、borda method、copeland method)确定最后评价结果。这种集成的评价方法体系(框架)既考虑了不同权重可能对评价结果的影响,又考虑了方法的互补性,有效地避免了由于单一评价方法的不足带来的误差,为评价和分析灾害韧性提供了一种全面、客观的方法框架。

项目名称:基于数据驱动的滑坡地质灾害预测及其应急决策研究——以长江经济带三峡库区为例(国家自然科学基金-面上项目)

项目负责人:郭海湘

执行时间:2019—2022

主要内容、重要结果及社会影响力:

滑坡地质灾害预测及其应急决策一直是地质灾害领域的难点。本项目遵循"数据-信息-知识-决策"链,以长江经济带三峡库区为研究对象,以大数据和人工智能等技术为支撑,深入研究滑坡地质灾害的预测及其应急决策问题。首先,基于物理信息系统数据、科学观测数据和 Web 数据等多源异构数据,构建滑坡地质灾害数据融合与存储平台;其次,预测现有滑坡地质灾害隐患点的长期稳定性并确定灾害防治措施(工程治理、整体搬迁、监测预警),对仍需监测预警的坡体进行定期监测,识别短期临滑的坡体并实时监测,基于实时数据预测临滑时刻并实施预警;最后,综合预警信息,基于滑坡地质灾害多领域知识库,构建区域韧性动态评估的应急决策辅助系统。

项目取得的重要结果为:①提出一种基于滑坡地质灾害不均衡流数据的集成预测模型,对长江经济带三峡库区滑坡地质灾害信息进行融合存储、数据挖掘,构建较完整的滑坡地质灾害综合共享知识库;②提出的基于多源异构数据的滑坡地质灾害预测和基于预测预警信息的动态应急决策辅助系统,能够实现滑坡地质灾害应急方案的快速生成,并且根据情景变化和区域韧性评估,对应急方案进行动态调整,输出滑坡地质灾害应急决策方案,从而为大数据背景下的滑坡地质灾害预测提供新思路和方法,为长江经济带三峡库区及其他滑坡地质灾害易发区域的应急决策提供支持。

本项目执行期间,共发表学术期刊论文 41 篇,其中 SCI 收录 19 篇,EI 收录 15 篇,SSCI 收录 10 篇,国家自然科学基金委管理科学部指定 A 级重要期刊 3 篇。

项目的主要社会影响力如下。

(1)构建滑坡地质灾害长期预测模型,预测长江经济带三峡库区滑坡体的稳定性,确定相应的防治措施。根据关键因素预测滑坡体的稳定性,在此基础上,结合社会经济因素和专家经验提出各滑坡体的防治措施,为各区域如何加强防灾、减灾能力提供决策依据,也为滑坡地质灾害防治预案的制定提供科学依据。

(2)构建滑坡地质灾害临滑隐患点的识别模型和临滑预测模型,预测滑坡体的临滑时刻并进行预警。通过预测滑坡体变化规律和外界诱因可能造成的滑坡体短期内的活动情况,识别临滑隐患点并对其进行实时监测,基于实时监测获取的流数据,构建基于流数据的集成预测模型,预测滑坡体的临滑时刻并预警。同时,也对不均衡流数据的研究提出新的方法和思路。

（3）构建滑坡地质灾害共享知识库和应急决策方案自动生成系统，为滑坡地质灾害应急决策提供辅助支持。在建立滑坡地质灾害多领域知识库的基础上，构建基于区域韧性动态评估的滑坡地质灾害应急决策方案集成推理系统，系统的输出结果为动态生成的滑坡地质灾害应急决策方案，辅助决策人员进行应急决策，为长江经济带三峡库区滑坡地质灾害应急决策提供科学支持。

项目名称：大数据驱动下自然资源生态安全预测预警预案研究（国家自然科学基金-面上项目）

项目负责人：郭海湘

执行时间：2021—2024

主要内容、重要结果及社会影响力：

自然资源生态安全隐患日益突出，在造成巨大经济损失的同时也对环境产生了不可逆的影响，国家开始把生态安全提升到国家战略高度，印发了《"十三五"生态环境保护规划》《全国生态保护"十三五"规划纲要》《全国主体功能区规划》《生态保护红线划定指南》《全国土地整治规划（2016—2020年）》等政府文件。成立了自然资源部，加强自然资源的整体保护、系统修复和综合治理，生态安全已经成为各级政府部门的工作重点和重要行为准则。基于此背景，本项目通过对长江经济带自然资源生态安全隐患进行识别、评价、预测、预警和预案，以减少不必要的人员伤亡、财产损失和环境影响，从而提升长江经济带自然资源对生态安全问题的应对能力。本项目研究的长江经济带自然资源生态安全问题围绕自然资源生态安全数据融合与存储平台构建、区域差异化的自然资源生态安全评价、自然资源生态安全时空动态预测、自然资源生态安全预警分级和自然资源生态安全应急预案五部分展开。

项目取得的重要结果为：①基于生态安全的动态性、系统性和区域性的特征开展相关自然资源预测、预警和预案研究，分析其作用机制和理论基础，通过对现有算法的改进和组合，对现有评估方法的补充与发展，在系统论的背景上构建的多层次、系统性、全方位的区域生态安全应急预案体系；②通过构建长江经济带自然资源生态安全数据库，实现长江经济带自然资源生态安全评价差异化、预测动态化、预警智能化、预案自动化，助推长江经济带自然资源管理，为长江经济带自然资源永续发展提供理论支持体系；③通过数据挖掘技术探索关联因素，探索自然资源生态安全内在机理，为自然资源部信息中心、长江经济带发展领导小组办公室、长江经济带11个省（市）相关政府部门应急决策提供及时、准确的反馈调控信息和科学参考依据。

本项目执行期间，共发表学术期刊论文16篇，其中SCI收录11篇，EI收录9篇，SSCI收录4篇，国家自然科学基金委管理科学部指定A级重要期刊1篇，针对提高生态安全水平的建言献策3项。其中"面向'碳中和'湖北'聚锂'必争"，获得湖北省副省长批示；"加快推动汉欧班列高质量发展打造'一带一路'与长江经济带战略枢纽"，获时任武汉市委书记、市长、副市长批示；关于打造"武汉国际碳中和示范区"的建议，获时任湖北省省长和副省长批示。

项目的主要社会影响力如下。

(1) 开展自然资源生态安全相关理论及评价模型的研究，丰富自然资源生态安全的理论研究及评估模型研究，实现理论研究创新。开展自然资源生态安全的相关理论探索，分析其作用机制和理论基础，对自然资源生态安全进行系统评价。

(2) 构建区域自然资源生态安全实时预测模型。在长江经济带自然资源生态安全系统性指标体系建立的基础上，综合考虑自然资源指标的实时性、动态性等特征，通过机器学习等方法对自然资源生态安全情况进行监测和预测，提出基于指标流数据的自然资源生态安全预测理论，通过对现有算法的改进，构建基于改进后的算法，构建区域自然资源生态安全实时预测模型，弥补现有对于长江经济带自然资源生态安全实时预测模型较少的不足。

(3) 构建具有指导意义的区域自然资源生态安全预警分级体系。在综合考虑区域发展侧重点、区域优势资源、资源开发利用现状等基础上，运用机器学习法结合系统化方法、控制图方法、突变论方法和专家确定法，通过对指标值进行在线学习，综合选择具有科学性的分级方法并对预警等级进行自动划分，克服现有文献在综合预警体系研究上对预警等级划分的主观性较强的弊端，并形成了具有指导意义的区域自然资源生态安全预警体系，对区域内自然资源生态安全进行科学预警，对我国资源管理具有一定参考意义。

(4) 构建基于差异化的区域自然资源生态安全预案体系。基于系统论视角，综合考虑区域环境、经济、社会条件的差异性，运用案例分析、集成推理等方法，针对短期预警结果构建基于差异化的区域单种自然资源生态安全应急预案模型，针对长期预警结果构建区域综合生态安全预案模型。另外，面对突发典型事故的不确定性和时间紧迫性，构建基于多领域知识库的智能化应急预案生成模型。该体系不仅克服了现有文献没有综合各种自然资源生态安全问题构建应急预案的弊端，补充和完善了现有的生态安全应急预案理论体系，而且解决区域差异化造成的应急预案的适应力不强的问题。同时，构建的多层次、系统性、全方位的区域生态安全应急预案体系对自然资源生态安全应急管理工作具有一定的理论价值和参考意义。

项目名称：提高应对突发公共卫生事件能力研究（国家社会科学基金项目-重点项目）
项目负责人：郭海湘
执行时间：2021—2024
主要内容、重要结果及社会影响力：

依据《突发公共卫生事件应急条例》，本项目讨论的突发公共卫生事件是指，突然发生的、造成或者可能造成社会公众健康严重损害的重大传染病疫情，群体性不明原因疾病，重大食物中毒和职业中毒（因职业原因而发生的人数众多或伤亡较重的中毒事件），以及其他严重影响公众健康的突发事件。突发公共卫生事件，尤其是重大传染病疫情对人民群众生命健康和国家经济社会发展造成严重威胁，也是对国家治理能力和治理体系的重大考验。这些重大突发公共卫生事件的频频发生以及一次次造成的惨重代价使我们越来越深刻地意识到，推动卫生应急管理从事后的"应急"和"被动应对"转向全过程的"主动预防"和"风险防控"的极端重要性。因此，提升应对突发公共卫生事件的能力建设，既是国家安全治理必须面对的严峻挑战，又是当下学术界关注的热点与难点问题。如何根据突发公共卫生事件发展的全过程动态识别、研判、防范、化解突发公共卫生风险,提升突发公共卫生事件动态防控应对的能力,是我国未来突发公共卫生事件治理必须面对的巨大挑战。本项目围绕突发公共卫生事件风险精准识别与风险评估体系优化、突发公共卫生事件风险监测预警与防范能力提升、突发公共卫生事件多元主体协同共治能力提升研究3个部分展开。

项目取得的重要结果为:①从当前我国突发公共卫生事件防治体系的现状出发,根据突发公共卫生事件的分类和特点,对突发公共卫生事件的风险来源、风险形成机理进行研究,通过对风险影响要素的分析,建立分级分类的风险框架,探寻不同风险间的联动规律,推断不同风险间的耦合演化机理;②梳理国内外突发公共卫生事件监测、预警、应急预案体系和各国防控效果异同,总结经验以辅助我国突发公共卫生事件监测、预警及应急预案体系的建设;③提出有效的、及时的、动态的突发公共卫生事件专业应急队伍和物资保障策略;④根据我国突发公共卫生事件综合防控症结,结合韧性理论依据,基于韧性视角,从预防、应对、恢复、适应等4个角度提出我国突发公共卫生事件综合防控创新机制。

本项目执行期间,共发表学术论文16篇,其中SCI收录11篇,EI收录9篇,SSC1收录4篇,国家自然科学基金委管理科学部指定A级重要期刊1篇,针对提高公共卫生事件能力的建言献策5项。其中"我市应加快建立信息化灾害防治体系,切实增强强对流天气灾害应急处置能力"被中共武汉市委信息综合室《每日汇报》推送全市学习;"加快应急管理现代化建设,协同推进自然灾害综合治理的建议"获时任湖北省副省长批示;"关于应对新冠疫情挑战,助力湖北磷资源产业高质量发展"获时任湖北省省长批示;"关于应用区块链技术,助推疫情科学防控的建议"获时任武汉市市长批示,并转呈相关部门;"坍塌事故暴露城市公共安全监管重大隐患"报告被新华社政务智库报告选用。

项目的主要社会影响力如下。

(1) 通过等级全息、复杂网络、后果分析等方法对突发公共卫生事件联动机理进行研究,实现突发公共卫生风险的分析、风险联动规律和耦合机理和研究,对其进行动态的风险评估,为后续制定行之有效的断链策略和应急预案提供依据,提高突发公共卫生事件的风险评估能力,推进突发公共卫生事件治理体系和治理能力现代化,对我国突发公共卫生风险防控能力、全过程动态防控体系建设具有重大的现实意义。

(2) 以信息化为抓手,借助大数据、人工智能、机器学习等技术手段实现突发公共卫生事件精准监测、多点预警和高效应急预案生成,对推动"精准公共卫生"建设,提高突发公共卫生事件风险防范能力,提高突发公共卫生事件的应急处置效率具有重大的现实意义。

(3) 立足于满足突发公共卫生事件防控应对需求,以突发公共卫生事件的协同共治为切入点,优化现行公共卫生应急防控体系架构,构建多元主体协同共治的组织模式,结合区块链的技术特点,运用协同治理理论、不对称博弈理论和机制设计理论,设计基于区块链的多元主体信息协同机制,对提升突发公共卫生事件多元主体协作能力具有极为重要的理论价值。

(4) 从突发公共卫生事件的实际问题出发,提炼出专业应急队伍和物资调度的重难点,整合信息背景下的多源数据,构建专业应急队伍和物资配置、调度机制,形成突发公共卫生事件下科学的保障策略,为突发公共卫生事件实现多资源的统一指挥、多部门的协同合作提供科学方案,对于突发公共卫生事件背景下的专业应急队伍和物资调度具有重大的现实意义。

(5)立足于新时代中国突发公共卫生事件综合防控的现实需要,通过对国内外突发公共卫生事件综合防控模式的发展现状进行总结对比分析,探索我国突发公共卫生事件综合防控存在的问题,结合韧性理论构建韧性视角下的突发公共卫生事件综合防控理论框架,推动突发公共卫生事件综合防控理论突破,在前期研究基础上基于韧性视角重构突发公共卫生事件综合防控机制,并对突发公共卫生事件综合防控进行模拟仿真,寻找优化路径及提升政策,具有重大理论价值和应用价值。

项目名称:地下工程人员密集型违规行为的时空分布规律与实时控制方法研究(国家自然科学基金-青年科学基金项目)

项目负责人:郭聖煜

执行时间:2019—2021

主要内容、重要结果及社会影响力:

在工程不安全行为的规律分析中,从行为致险链的角度探究不安全行为对事故的影响,课题组在物理学交叉期刊 *Physica A*,工程管理国际顶级期刊 *Journal of Construction Engineering and Management* 以及国内期刊《工程管理学报》上发表文章;课题组内1名本科生以题为《复杂网络视角下房建工程事故行为致险链作用机理研究》获评校优秀本科毕业论文,1名研究生以题为《建设工程施工事故行为致险链网络构建和对比分析》的论文顺利毕业,答辩成绩优秀;结合研究思路,在2020年4月新华社的政务智库报告-突发事件管理月报中发表评论文章1篇;多次受邀在国内和国际会议上作报告。

在施工现场不安全行为控制上,提出了面向密集型违规行为改进的统计过程实时控制方法。该方法是在传统的统计过程控制方法基础上,集成智能视频监控的时间序列动态分析技术,以及风险矩阵法。该方法能够在密集型违规行为动态监控过程中及时发现行为异常变化征兆并实时预警,加强施工现场行为安全管理,减低事故发生概率。目前该部分的研究成果已应用于武汉地铁的1个车站深基坑项目和1个地铁盾构隧道项目上来控制关键的违规行为,应用结果良好,受到了武汉地铁集团、武汉市政等单位的关注。依托项目的研究成果,课题组在工程管理国际顶级期刊 *Journal of Civil Engineering and Management* 和国内期刊《安全科学学报》上发表文章。

项目名称:电商平台企业的数字化战略行动解构与时序效应研究(国家自然科学基金-青年科学基金项目)

项目负责人:江毅

执行时间:2018—2020

主要内容、重要结果及社会影响力:

电商平台企业的战略行动是多要素多层级交互作用的结果,数字化技术作为战略行动的核心技术要素,与其他商务要素之间的融合交互体现出互为因果变化的非线性关系,同时,这种组合关系还会随着企业间的动态竞争自我演化和向前推进。在完成数字化战略行动结构特征的理论分析后,项目主要开展了3项研究:①电商平台数字化战略行动的解构和组合规律;②数字化战略行动的多元化特征和作用效应;③基于迭代特征的数字化战略行动执行效果研究。

该项目拓展了以往IT战略研究中考虑以占有异质性资源和能力作为价值来源的基础,将数字化技术和伙伴资源所形成的优质资源组合作为电商平台企业构筑数字化壁垒、发起数字化战略行动的来源。项目成果弥补了当前IT驱动战略行动研究中将战略行动视为同质所造成难以追溯其资源优势来源的思路局限,为探索动态竞争情境中解构数字化战略行动提供了全新的优势资源识别和应用思路。

项目名称:煤矿区生态安全评价体系与预警模型研究(教育部人文社科研究项目)
项目负责人:柯小玲
执行时间:2013—2015
主要内容、重要结果及社会影响力:

以煤矿区生态安全为研究对象,研究煤矿区生态安全系统的构成,分析各个指标间相互作用关系及它们对系统生态安全的影响。在此基础上,设置科学客观的指标体系评价煤矿区的生态安全度,并采用模糊C均值聚类和支持向量机(FCM-SVM)相结合的方法构建预警决策支持模型,对煤矿区生态系统存在的不安全趋势进行预警,使之得以适时适度的调整,最终为资源开发决策提供参考依据。围绕这个项目,发表了4篇中文核心期刊论文及1篇EI国际期刊论文。

项目名称:重大工程工厂化建造的协同计划及其扰动应对研究(国家自然科学基金-青年科学基金项目)
项目负责人:卢辉
执行时间:2021—2023
主要内容、重要结果及社会影响力:

本项目以"制造-建造"集成与协同为切入点,对重大工程工厂化建造的协同计划方法以及扰动应对措施展开研究。针对"制造-建造"横向与纵向两个维度的协同问题,提出多工厂同步供应计划方法,以及工厂生产与装配施工协同计划方法;考虑不确定因素引发的扰动影响,研究集成"制造-建造"的时间缓冲配置策略,强化调度计划抗扰动能力;围绕强扰动下的恢复决策,分析受扰环节的计划调整在工厂生产与装配施工之间产生的关联影响,并构建集成"制造-建造"的重计划模型和方法,保障调度计划协同稳定。

项目目前已从"面向制造-建造的协同计划""集成制造-建造的缓冲配置"两个方面的研究内容进行推进。其中,围绕缓冲配置策略的研究取得了初步成果,具体提出了3种缓冲策略,即库存缓冲策略、时间缓冲策略和混合库存-时间缓冲策略。在这些策略下,我们分别提出了相应的数学模型和算法来确定库存和(或)时间缓冲区的大小,进而通过案例应用和数值分析来评估缓冲策略的性能，以及项目到期日和到达率等项目特性的影响。这种方式可以提取洞察力，以支持项目经理针对不同项目特征选择合适的缓冲策略的决定。

上述研究结果已经形成了两篇学术论文，分别投稿至 SCI 期刊 *Journal of Construction Engineering and Management* 和 *Journal of Management in Engineering*。

项目名称：不确定环境下微能源网群综合资源规划研究：能源共享视角（国家自然科学基金-青年科学基金项目）

项目负责人：李龙锡

执行时间：2020—2022

主要内容、重要结果及社会影响力：

本项目首先基于博弈理论，构建符合激励相容原理的能源共享机制，解决微能源网群资源协调配置及利益均衡分配问题。进而，基于能源共享机制，集成不确定规划、分层规划、合作博弈等理论，解决不确定环境下具有多能互补、多区域协同、多主体互动的微能源网综合资源规划问题。

城市能源互联网的建设离不开"中尺度""小尺度"微能源网的支撑。能源共享有助于推动微能源网从"个体化"向"群体化"发展，以实现不同供能单元和用能行为的时空互补。基于博弈理论，构建了不同类型的能源共享机制，并对共享机制下多系统的经济环境效益进行了分析，主要成果如下。

（1）合作博弈框架下的能源共享机制研究。基于消费者效用理论，考虑需求侧响应、供给侧结构性改革的不方便成本，构建了激励型需求响应背景下的区域多能源系统供需互动优化模型，促进了区域能源由单一的供给侧调度模式向供给侧与供给侧、供给侧与需求侧协调互动发展模式转变。应用合作博弈理论，考虑不同能源系统供给和需求行为的时空互补特性，针对多利益主体能源交互问题，构建了符合激励相容原理的能源共享机制，研究了考虑效率和公平指标的多主体收益分摊策略，解决了多能源系统资源协调配置及利益均衡分配问题。

（2）非合作博弈框架下的能源共享机制研究。基于合作博弈的能源共享机制可实现参与者整体福利最大化，但在面临复杂系统及用户隐私保护方面还存在一定的问题。为进一步解决隐私保护以及大规模多主体共享的问题，考虑国内能源市场监管环境以及需求侧的灵活性，构建了平台服务型的分层能源共享机制。共享机制涵盖了网络运营商、微电网和用户三层主体，在激励价格机制作用下，提出了"供供共享""供需互动"的运营理念，实现了区域内多主体广泛开放互联以及能源生产、转换、存储、消费、共享协同优化，解决了隐私保护背景下供给侧与供给侧、供给侧与需求侧的多方互动问题。

（3）环境约束对能源共享的影响分析。基于平台服务型共享机制，构建了多能源耦合的多系统共享优化模型，探讨了实现能源共享后的经济环境效益以及环境约束（碳税）对多主体能源共享的影响，分析了能源共享和环境约束对系统减排增效的作用机制以及异质性主体的最优策略变化形式，明确了高碳税对内部共享的限制效果。

综上所述，现有研究通过构建共享激励机制，提出了博弈框架下促进"供供共享"和"供需互动"的理论模型,有利于促进供给侧能源时空互补、优化需求侧用能行为、实现供储需协同优化、完善能源共享商业模式、缓解区域能源供需矛盾。上述成果可以为下一步规划微能源网提供理论和模型支撑。基于该项目,项目负责人以第一作者发表7篇论文。

项目名称:制造商入侵和零售商动态销售策略下的推拉式契约研究(国家自然科学基金-青年科学基金项目)

项目负责人:刘保山

执行时间:2020—2022

主要内容、重要结果及社会影响力:

本项目聚焦制造商入侵和零售商动态销售策略调整的新时代供应链结构,研究不确定市场中制造商的生产规划与供应链推拉式契约设计决策。首先,通过企业调研和实证研究,归纳总结市场不确定性风险的特点,揭示制造商入侵对于供应链推拉式契约设计以及企业运营决策的影响机制;在此基础上,构建制造商与零售商在需求信息实现前后的两阶段博弈模型,区分在制造商入侵情形下制造商努力与零售商努力对于合作批发价的影响,解析在不同条件下制造商与零售商的契约偏好,决策出企业在不确定信息实现前最优的生产战略以及不确定信息实现后的销售策略。在制造商入侵情形下设计更加柔性的双批发价契约,即联合的推拉式契约,以利用当前市场销售优势更好地指导与协调上游生产。研究成果可充实生产运作管理、市场营销和契约理论等学科交叉研究的理论体系,为企业正确认识制造商入侵和销售策略动态调整,优化设计推拉式契约与产销运营决策提供现实依据。

关于不对称信息环境以及下游多零售商竞争下的供应商入侵动机与影响的研究成果已经发表在运营管理领域国际顶级期刊 *Production and Operations Management* 上。研究结果可以很好地指导供应商与零售商在渠道运营上的协调,优化渠道管理。其中,关于不对称信息方面的研究文章"Inducing Supply Chain Transparency through Supplier Encroachment"自2020年发表以来,已有SCI他引21次。

项目名称:地铁投资策略和发展计划的动态优化及其对城市系统的影响研究(国家自然科学基金-青年科学基金项目)

项目负责人:彭亚婷

执行时间:2021—2023

主要内容、重要结果及社会影响力:

考虑地铁乘客需求和供给随时间和地铁建设进度变化而不断变化的特征,本项目拟从动态的角度出发,分析地铁需求与供给依据时间过程的相互作用机理。首先,考虑人口不确定下城市地铁投资策略的选择问题,运用实物期权理论与方法量化地铁投资的机会价值,改进传统净现值方法,揭示城市地铁投资项目中规模经济效应和风险水平的内在作用机理。其次,分析地铁网络的扩张过程,考虑城市地铁网络中各个项目基于时空的相关性以及这些相关性对城市地铁网络运营和投资进程的影响。最后,运用城市经济学的相关理论和方法,探究城市地铁投资、住房市场供给与需求、城市土地利用模式的相互作用机理,评价城市地铁投资对城市内各个主要主体行为和城市系统的影响。本项目构建了考虑城市居民出行、住宅选址行为和房地产市场供给与需求的城市系统均衡模型,能够刻画城市居民出行和选择住宅行为,揭示城市的土地供给、房地产开发商投资建设住宅以及居民住宅选择行为的内在机理。

项目名称:太阳能光伏扶贫运行机制的系统性评价与政策创新研究(国家社科基金-重大项目)

项目负责人:帅传敏

执行时间:2017—2018

主要内容、重要结果及社会影响力:

团队在全国开展了为期6个月的大范围实地调研(调研涉及湖北、河南、青海、宁夏、甘肃、山西、内蒙古、安徽8个省(自治区)的16个贫困县、49个贫困村、1251个贫困户以及县(区)扶贫办、发改委等各相关部门以及光伏扶贫电站承建和运维企业),开展了我国光伏扶贫的政策研究、农村居民太阳能光伏采纳意愿的影响因素研究、光伏扶贫与其他扶贫模式减贫效率的比较研究、光伏扶贫的能源与环境效益研究、光伏扶贫项目区农户用能行为研究和光伏扶贫项目的满意度研究。

1.政策建议

项目团队提交的3份政策建议,分别获党和国家领导人以及国务院扶贫办(2021年2月更名为国家乡村振兴局)、省委省政府主要领导同志的批示,并得到政府有关部门的采纳。

1)《光明日报》内参获党和国家领导人批示

2019年7月23日,课题组通过《光明日报》提交的两则内参"光伏扶贫电站减贫和环境效益弱化现象值得警惕——我国光伏扶贫电站可持续发展面临的挑战及对策(上)""多措并举提升光伏扶贫电站减贫和环境效益——我国光伏扶贫电站可持续发展面临的挑战及对策(下)",获党和国家领导人批示,供国务院扶贫办、国家能源局等部门阅研。

2)政策建议获国务院扶贫办领导批示

2018年12月,课题组提交的"关于出台光伏扶贫电站税收减免和突破471红线两个政策建议的请示",获时任国务院扶贫办主任、副主任、开发指导司司长的批示,并得到国务院扶贫办的采纳。

"关于出台光伏扶贫电站税收减免和突破471红线两个政策建议的请示"包括两部分内容:一是通过剖析红安县和长阳县光伏扶贫电站税收负担案例和测算全国光伏扶贫电站税收负担,提出相关建议,敦促国家税务部门尽快出台光伏扶贫电站的税收优惠政策;二是以湖北省红安县、长阳县和河南省上蔡县为例,系统回顾了在471个光伏扶贫工程重点实施县之外的贫困县兴建的光伏扶贫电站的实际运行绩效和扶贫效果,分析了在非471地区贫困县开展光伏扶贫的可行性,回答了"光伏扶贫能否突破471红线"的问题。

3)政策建议获湖北省主要领导批示

2019年3月19日,课题组提交的"关于促进我省光伏扶贫电站可持续发展的若干建议"获时任湖北省省委书记、省长、常务副省长、副省长等领导批示,并得到湖北省发改委、能源局、财政厅、扶贫办采纳。"关于促进我省光伏扶贫电站可持续发展的若干建议"对湖北省光伏扶贫电站当前所面临的债务风险、招投标程序不规范、电站产品质量不达标、竣工验收走过场、运维管理机制不到位、收益分配程序不完善等亟须解决的问题进行深度剖析,提出了促进我省光伏扶贫电站可持续发展的建议。

2.科研获奖

获奖1:系列论文成果"农村精准扶贫精准脱贫的理论与实证研究"获第十二届湖北省社会科学优秀成果二等奖。获奖人:帅传敏、帅竞、程欣、刘玥、李文静。

获奖2:研究报告成果"关于促进我省光伏扶贫电站可持续发展的若干建议"获2018—2019年度湖北省优秀调研成果三等奖。获奖人:帅传敏、帅竞、刘婧、黄赋斌、王梓涵。

3.发表论文

本项目在国际和国内期刊公开发表论文15篇,其中SCI(SSCI)检索国际期刊论文14篇(10篇发表在中科院SCI分区1区的TOP期刊、2篇发表在中国科学院分区2区的期刊上)、中文期刊论文1篇。

项目名称:基于计量经济学方法的联合国IFAD中国项目影响评估(境外科技合作项目)

项目负责人:帅传敏

执行时间:2014—2016

主要内容、重要结果及社会影响力:

2014—2015年,联合国国际农业发展基金会(IFAD)国际合作重点项目团队在新疆、内蒙古、甘肃、宁夏、山西、四川、重庆、河南、陕西全国9个省(自治区、直辖市)开展了大范围实地调研。在此基础上,项目采用准实验研究方法,设计了干预组和对照组及样本容量,构建了项目前后两个时点1356户的大样本面板数据;采用农户资产指数和农户贫困指数两个稳定的贫困代理指标,以过滤时间效应的测量误差;采用双差分、倾向匹配得分和面板回归等多种方法,定量分析了联合国IFAD项目对农村减贫的净贡献。

1.发表论文

本项目向联合国IFAD提交了英文版的研究报告(全文),并通过了联合国专家验收评估。同时,在国内管理学顶级期刊《管理世界》、CSSCI检索的期刊《中国软科学》《中国人口·资源环境》上发表论文3篇。

2.理论价值

(1)本项目采用准实验研究方法提高了联合国IFAD项目减贫效率测度的科学性。

(2)本项目以农户资产和农户贫困指数作为贫困代理指标保证了对贫困户生计状况多维测度的客观性和稳定性。

(3)本项目对联合国IFAD项目减贫效率的定量分析,揭示了IFAD项目对脱贫率的净贡献,也扩宽了我国农村反贫困的科学研究领域。

(4)本项目构建的减贫效率测度的理论框架和评价方法,具有科学性和严谨性,对科学评估农村扶贫项目的效率具有重要的理论价值。

3. 应用价值

本项目的应用价值,得到了国务院扶贫办全国扶贫宣传教育中心的充分肯定。

(1)研究方法对我国科学评估精准扶贫项目的实际脱贫效果具有重要的实践意义。

(2)研究成果对我国当前大力推行的精准扶贫和精准脱贫工作具有可贵的启示和借鉴作用。

项目名称:城市群雾霾污染对公共健康影响的空间效应和治理策略研究(国家社会科学基金项目)

项目负责人:孙涵

执行时间:2017—2020

主要内容、重要结果及社会影响力:

(1)以长江三角洲城市群为研究对象,分析该地区不同部门因能源消费而产生的典型污染物排放量,然后利用 LMDI 模型,对空气污染进行社会经济驱动因素分析。结果表明,该地区 CO_2、SO_2、PM2.5 与 PM10 等空气污染物排放量均呈现先快速增长后缓慢减少的趋势,排放的峰值多出现在 2013 年,而 NO_x 则一直保持增长的趋势。其中,电力与工业是空气污染物的主要来源,但对排放量贡献呈减少趋势,生活与交通污染物排放量则逐步增长,尤其是对 PM2.5 与 PM10 排放量的贡献不可忽视。人口与经济增长对污染物排放量起到了正向拉动作用,经济因素的驱动作用最为明显,其效应值呈现先小幅增加后大幅下降的趋势,对能源效率与能源结构有抑制作用,其对污染物排放的效应值仅次于经济因素,而能源结构变化的效应很小。

(2)选取 2001—2014 年中国广东省珠江三角洲 9 个城市作为样本,选择以 PM10 和 PM2.5 作为空气污染的代理指标,主要研究结果显示,空气污染对居民的公共健康带来了负面影响,即 PM10 和 PM2.5 每增加 1%,导致哮喘疾病等疾病人数相应上升,影响分别为 0.2236% 和 0.2272%。经济增长对公共健康均有显著的促进作用,影响最大;其他财政医疗支出、卫生技术人员和人口密度等要素对居民公共健康的影响较小。研究发现,由于空气污染的负外部性,区域之间空气污染的"溢出效应"对领域居民公共健康存在显著的影响,说明忽视空间自相关性的存在,会使得空气污染对公众健康的估计产生偏差。从长期看,空气污染对本地居民公共健康的直接效应都显著为正,PM2.5 间接效应显著为负,但 PM10 间接效应并不显著。

(3)基于 Grossman 中国宏观健康生产函数,运用 2004—2015 年中国公众健康与空气污染等方面的宏观面板数据与空间计量分析技术,综合分析了空气污染对公众健康的影响机理与空间交互效应,结果显示,空气污染的广延性和持久性使得公众健康存在显著的空间集聚效应,华北、华中以及东部沿海地区呈现高高集聚,西北、东北等地呈现低低集聚,区域公众健康呈现趋同效应;空气污染对公众健康的负外部性显著,与不考虑空间相关性的传统计量模型估计结果相比,PM2.5浓度对公众健康的负向效应较高,说明忽视空间自相关性的存在会使得空气污染对公众健康的估计产生偏误;从区域的角度来看,空气污染对公众健康的影响区域差异显著。

（4）近年来,严重的空气污染对居民的健康造成严重的影响,受到了人们的高度关注。目前,由于消费与生产之间的空间错配,省际贸易造成的PM2.5污染及其健康影响的转移,还未受到重视。本项目结合了投入产出模型、大气化学运输模型（GEOS-Chem）以及暴露响应模型,评估了2012年中国省级贸易导致的空气污染转移对中国公共健康的影响和其造成的居民健康和经济损失。因此,为了减轻中国省际贸易中的隐含PM2.5排放带来的健康风险,并促进中西部地区的协调发展,在制定减少中国空气污染对健康的负面影响的政策时,不仅需要考虑实际排放的生产端,还需要考虑各省在供应链中的PM2.5转移。

（5）雾霾污染对居民健康造成了严重威胁,深入探究雾霾污染与公共健康的关系具有重要意义。本项目构建环境健康空间计量模型,探讨2005—2018年长三角城市群26个城市的雾霾污染及其溢出效应对公共健康的影响方向、强度及区域间的时空异质性问题。研究发现:①PM2.5污染与公共健康水平均具有空间正相关性及空间集聚特征;②雾霾污染是居民公共健康水平的主要影响因素,有着显著的负效应,且"溢出效应"明显,城镇化率、卫生技术人员数、人均绿地面积对公共健康水平具有显著的正向效应;③雾霾污染等因素对公共健康的影响的时空异质性明显。东部区域城市PM2.5污染与公共健康的负相关程度高于其他城市;城镇化率及人均绿地面积对长三角东北部区域城市公共健康的正向影响较大;卫生技术人员数的提高对公共健康水平的提升效应在安徽省内城市强度更大。其中,在时间维度上,卫生技术人员数对公共健康的正效应在2005—2018年间增强力度达0.147,变化最大。本项目的研究结果为各城市政府制定针对性的政策提供一定支持。

（6）目前,对雾霾污染的影响研究主要为评估其造成的健康损失,对社会经济系统其他层面影响的研究还未受到足够重视。本项目选择从生产链和劳动者的视角出发,通过结合暴露-反应模型、疾病成本法和CGE模型研究了雾霾污染-健康风险-经济损失的传导效应,评估2015年北京市由雾霾对劳动力健康危害和其导致的直接健康损失以及对经济系统的间接经济影响。研究结果表明,在直接经济损失方面,共造成502.9亿元的直接经济损失,其中城市地区PM2.5污染造成的直接损失为436.66亿元,远远高于农村地区的66.24亿元;在间接经济损失方面,PM2.5污染给各部门带来的间接经济损失共计9.535亿元,除卫生服务业产出有所上升外,其余部门产出均为下降,其中其他服务业与工业部门损失最大超出了9.535亿元。情景分析研究发现,控制PM2.5污染使其达到不同的级别,所带来的直接和间接经济效益明显,其中以旅游等为主的第三产业比其他产业效益更显著。

（7）现阶段的PM2.5污染已经严重影响居民的健康,研究和降低PM2.5健康风险刻不容缓。本项目基于支付卡式条件价值评估法（CVM）进行问卷设计,首先研究了北京、上海等6市居民降低雾霾健康风险的认知水平和行为选择;然后采用单因素方差分析的Dunnett's T3检验方法,对不同性别、不同年龄、不同文化程度、不同收入水平和对雾霾的了解程度等方面对居民降低健康风险的支付意愿差异分别进行了检验,以期发现各样本组之间差异的显著性;最后,采用Logistic回归模型对降低PM2.5健康风险的影响因素进行分析。研究结果表明：①总体上不同城市居民对PM2.5的认知水平普遍较高，43%的居民对自己所住城市的空气质量满意程度较低，尤其是北京市居民满意程度低至77%，并且大部分居民认为雾霾已经给他们的健康带来了不同程度的影响，超八成的居民表现出对参与治理PM2.5行动的积极性；②居民对雾霾了解程度越高，对当地空气质量满意度越低，认为PM2.5对人们的健康影响越大；③在降低健康风险的行为选择方面，居民对影响到自身舒适性的行为及增加生活成本的行为抱有一定的消极态度，且不同类型城市居民在行为选择上具有显著差异；④不同类型城市居民对降低PM2.5健康风险的支付意愿具有显著差异，主要与当地的经济发展水平、雾霾污染程度、居民受教育程度、居民工作性质有关。

根据此研究，项目负责人指导的学生获得第三届全国大学生能源经济学术创意大赛一等奖，负责人被评为优秀指导老师；项目成果获得第四届全国能源经济学术创意大赛三等奖；2018年学校第二十八届学生科技论文报告会，负责人指导本科生组获得"特等奖"，荣获"优秀指导教师奖"称号；负责人参与中国系统工程学会能源资源系统工程分会，获得首届能源资源系统工程论文大奖赛（青年学者组）三等奖。

项目名称：可持续目标下集成土地利用的城市道路交通网络设计问题研究（国家自然科学基金-面上项目）

项目负责人：王广民

执行时间：2015—2018

主要内容、重要结果及社会影响力：

（1）构建了固定需求下离散城市道路网络设计和收费的组合模型。该模型同时确定道路收费水平和车道增加数量，并且将道路收费作为路段建设资金的一部分。将该双层规划模型转化为单层规划模型后，构造了松弛算法进行求解，并用数值试验研究了模型和算法的可行性。

（2）构建了固定需求下离散城市道路网络设计和离散电子路票收取水平的组合模型。将交通网络规划和需求管理两种手段结合起来缓解交通拥挤问题。在该混合整数非线性二层规划模型中，上层的交通管理者通过确定最优的车道增加数量和电子路票收取水平及其位置来最小化整个网络的总出行时间，下层的用户在给定的上层决策的情况下选择最优路径来最小化其出行成本。根据问题的特点，我们设计了遗传算法来求解该混合整数非线性二层规划模型，其中下层规划问题应用Frank-Wolfe方法计算，应用测试网络进行了数值试验。

（3）构建了可持续城市道路交通网络设计模型。为了权衡社会经济增长和环境保护这两个目标，我们提出了双目标二层规划模型来实现弹性需求下的可持续城市道路交通网络设计问题。在该模型中，我们将增加道路供给和降低交通需求两种手段结合起来实现这两个目标的权衡。上层决策者（政府）通过确定电子路票的收取和道路通行能力的扩充来实现的目标是最大化社会福利并最小化总交通污染排放，而下层决策者（用户）则通过选择出行路线以最小化其广义出行成本（出行时间和收取的电子路票价值之和）。然后，基于模型的一系列转化，我们提出了求解模型的松弛算法，用Sioux Falls网络进行了数值实验。

项目名称：企业异质资源对IT投资绩效的影响机理研究（国家自然科学基金-面上项目）

项目负责人：王开明

执行时间：2013—2016

主要内容、重要结果及社会影响力：

企业间IT投资绩效存在持续性差异，学术界对其根源的探讨大多集中于信息化建设中构筑的IT资源。本项目根据资源基础论推断，信息化建设前的异质资源是影响IT资源构筑及其基础上IT投资绩效的深层次因素，因此将探索其作用机理。项目具体内容包括异质资源在IT资源构筑中的作用及其影响；异质资源在IT资源与企业绩效相关性中的调节作用；异质资源对IT驱动的组织变革及其绩效的影响；IT资源与异质资源在产品创新中的互补性。研究样本来自国家信息化测评中心发布的中国信息化500强中的上市公司及没上榜的配对上市公司，数据来自公开的资料及问卷调查。研究结果证实异质资源不仅影响IT资源的构筑、IT资源与企业绩效的相关性，而且影响企业IT投资类型的选择及其基础上的创新绩效。本项目的研究拓展了IT投资绩效影响因素的研究视野，丰富中国情景下IT投资绩效的研究成果，完善资源基础论的逻辑框架，同时为企业的IT投资决策提供理论指导。

相关研究显示，信息化建设影响企业盈利水平的途径包括：开发可提高企业信息处理能力的IT资源；促进企业的组织变革、产品创新等创新性活动。在IT资源开发方面，项目组采用实证的方法证实组织资本是影响这一过程的关键要素。研究样本来自中国信息化500强排行榜中的上市服务企业及采用配对方法确定的没上榜的上市企业，变量值根据公开的二手数据计算得出。研究发现，组织资本对IT资源开发的直接效应是提升了IT架构的适配性，促进了IT技能的获取；间接效应是促进了企业的信息化建设，为IT资源的开发创造了机会。在促进创新方面，项目组发现IT能力和创新绩效的相关程度与企业可支配资源的关系呈倒"U"形，即可支配资源丰裕或贫瘠时信息化对创新的促进作用较弱，可支配资源适中时信息化对创新的促进作用最强；IT能力和创新绩效的相关性依赖企业的创新程度，渐进型创新中信息化对创新的促进作用弱于突变型创新中的作用。前期的研究大多集中于IT资源的构成及其对企业绩效的影响，强调信息化建设对企业创新活动的强化，本项目的研究则把焦点转向了IT资源的开发过程以及IT资源促进创新的机理和途径，拓展了IT投资绩效的研究视野。

项目名称：中国天然气管网空间溢出效应与资源配置路径优化研究（国家自然科学基金-面上项目）

项目负责人：王小林

执行时间：2019—2022

主要内容、重要结果及社会影响力：

行政垄断和一体化厂商垄断形成的两个市场边界割裂了中国天然气管网市场的完整性。这两个边界之间冲突的负外部性在管网空间溢出和传导，导致了市场配置扭曲和低效；而冲突难以协调，造成了中国天然气管网市场化改革步履维艰。为此，本项目将自然垄断产业可竞争理论和"中心－边缘"理论相结合，基于市场消费空间和管网结构特征及其演变趋势的分析，运用空间计量、边界效应模型识别并提取影响管网溢出效应的技术、市场、体制和机制等关键障碍;采用非线性互补理论,建立"三角"市场垄断竞争理论模型,数值模拟并解析市场主体"竞合"关系,揭示管网溢出效应的传导机理和边界冲突的内因;构建"企业-市场-政府"三位一体的空间均衡模型,情景模拟并评价管网改革政策设计的效果,探索消解市场边界的激励相容机制,寻求适合国情的管网改革最优路径和政策供给,夯实中国天然气管网改革理论基础,为管网改革提供科学参考,也为相似国家天然气市场改革提供中国方案。

研究重点聚焦于分析市场消费空间特征和管网结构演变特征,研究天然气管网规模效应和管网结构效应。研究识别并提取管网空间溢出效应关键影响因素、行政垄断的边界的关键影响因素、厂商垄断的市场边界的关键影响因素以及管网关键节点。研究成果如下。

(1)研究采用非空间面板模型和空间杜宾模型探讨了环境规制对天然气消费的影响机制和路径。结果显示环境规制和天然气消费之间存在一个倒"N"形曲线关系。环境规制影响天然气消费主要有3种途径,一是煤炭消费总量控制,二是降低工业部门煤炭消费,三是调整能源市场价格。第一条和第三条路径显著促进了天然气消费,而第二种路径则抑制了天然气消费。其次,环境规制的溢出效应促进了天然气消费。然而,一些地区有高调控-高天然气消耗强度(HH),而另一些地区有低调节-低耗气量(LL)。基于以上结论,我们给出了完善不同地区能源法规,促进发展区域天然气市场的建议。

(2)基于能源设备产能资本弹性-黏性特征,解构了产能投资、设备资产动态演变过程;建立了能源替代系统动力学模型,揭示了我国天然气消费替代带来的能源供应安全冲击和能源设备资产搁浅的形成机理;模拟分析了2019—2050年天然气替代下能源消费结构、供应安全和产能设备资产搁浅变化,提出了保障我国能源转型安全的能源结构优化路径。研究结果表明:①我国煤炭和石油产能资本存量过高,使市场形成了对传统化石能源消费的路径依赖,是天然气替代和能源清洁化转型的资本阻力,这也决定了采用天然气替代实现能源结构转型将是一个长期、渐进过程。②维持现有碳价(50元/t)和天然气溢价(-11472元/TOE*)不变,到2050年我国天然气消费占比12%左右,以煤炭和石油消费为主的能源结构未得到根本性改观。③提高碳价、降低天然气溢价可以加大天然气对煤炭和石油的替代,强化电力等清洁能源消费的市场导向,但这是以降低能源供应安全和传统化石能源资产搁浅为代价的。④天然气替代的政策应该遵循能源产能资本弹性-黏性对能源结构优化路径的资本成本约束。为有效降低传统化石能源资产搁浅程度,且提高能源供应安全水平,我国可采取3种优化方案,即天然气溢价降低60%;天然气溢价降低从20%逐步增至60%;碳价从100元/t逐渐提高到600元/t,同时天然气溢价降低从20%逐步至60%。到2050年,这3种方案均可提高天然气消费占比到20%左右,降低煤炭和石油消费占比至60%以下。⑤保障我国能源转型安全需要加大碳市场和天然气市场改革与建设力度,充分发挥价格机制对能源消费和产能设备投资的市场调节作用;加强政府对能源市场投资的宏观调控,逐步减少煤炭和石油产能投资,增加天然气和电力等清洁能源产能投资。

(3)天然气持续有效供给是保障经济体系高效有序运行的重要条件。随着中国天然气上游供应市场改革加速,如何在提高天然气资源市场配置效率的同时促进供给稳定与可持续性利用,已经成为保障国家能源安全、实现经济高质量发展的内在要求。鉴于此,本项目立足国

---

* 1TOE=1111m³ 天然气

内外31个供应主体,从 Nash-Cournot 竞争模型和资源跨期分配理论出发,构建中国天然气供应安全动态均衡模型,并基于市场配置、企业行为与政府调控激励相容的系统框架,对中国天然气供应安全水平进行了评价与模拟,进而提出了相应的促进策略。本项目的研究结果表明:①中国需要加大勘探开发天然气,年新增3000亿 m^3 可采储量能够加快市场化改革进程,但存在资源耗竭的风险;年新增2000亿 m^3 的可采储量与增加进口能够形成良好互补,一方面稳定在合理的40%对外依存度,避免中断风险,另一方面也能适应天然气资源禀赋并保证国内长期可持续的勘探供给,进而满足当前和未来的市场化的资源改革的底线需求。②在市场化改革推进中,选择吐哈、胜利等整装气田作为战略储备,以应对2030年之后国内资源急剧衰竭,实现可持续发展和应对未来不确定性冲击。③资源税和贴现率的调整尽管不能从根本上解决供应安全的供给问题,但会增加可供性计算时间,延长"供应曲线"。研究结果为政府提高市场长期的社会福利、规避企业资产搁浅风险提供了参考和启示。推进市场化改革、增强天然气企业勘探开发投资决策的市场化转型,将是增强中国天然气供给安全的战略选择。

(4)液化天然气(liquefied natural gas,LNG)进口风险的不确定性,将会使我国能源安全产生重大影响。本文结合当前中国LNG海运运输网络及全球LNG供需格局建立了多主体博弈模型,评估了在全球治理模式下中国面临的LNG供应风险,并针对海运、政治可能出现的极端事件探寻中国LNG最优进口策略。同时,本项目研究了后疫情时代及未来时期,在多极化供需格局视角下我国能源进口的演变路径。研究结果表明:我国目前LNG进口一半以上来自澳大利亚、卡塔尔等国,为实现多元化进口策略,降低LNG进口风险,需增加从东南亚地区、俄罗斯、美洲、非洲LNG进口份额。预计到2035年,未来LNG市场将出现供大于求的态势,预计美国将成为全球LNG第一供应国,中国主要从美国、澳大利亚、卡塔尔以及俄罗斯进口大量的天然气,需要减少对非洲、中东地区的依赖,以降低供应风险。从进口市场竞争方面考虑,本项目提出的新的分析模型为探寻液化天然气进口最优策略提供了有效工具。

项目名称:节能减排系统建模及政策研究(国家自然科学基金-优秀青年科学基金项目)
项目负责人:於世为
执行时间:2019—2021
主要内容、重要结果及社会影响力:

将节能减排与产业结构、就业人口以及企业生产流程等因素相关联,基于"源头控制-过程管理-末端治理"全过程管控的系统思想,研究了中国"行业-区域-企业"不同维度的节能减排潜力、节能减排目标实现路径、节能减排投资优化决策以及精细化节能减排政策制定等科学问题。在理论方法层面,率先将智能优化算法用于节能减排政策建模中相关模型参数的确定,弥补了现有研究模型参数人为设定的主观性和不确定性的不足,提高了经济-能源-环境系统建模的精确度,更利于刻画系统的复杂性特征,便于揭示相关因素对节能减排效果强弱的作用机理;在实证研究中,注重结合行业和企业发展的阶段异质性和决策需求,在对行业或企业节能减排系统模拟仿真、揭示机理的基础上,建立同时考虑经济效益与环境效益的决策模型,满足政府和企业的决策需求,并为有效实施节能减排提供可靠的依据。研究的系统结构如图2-2所示。

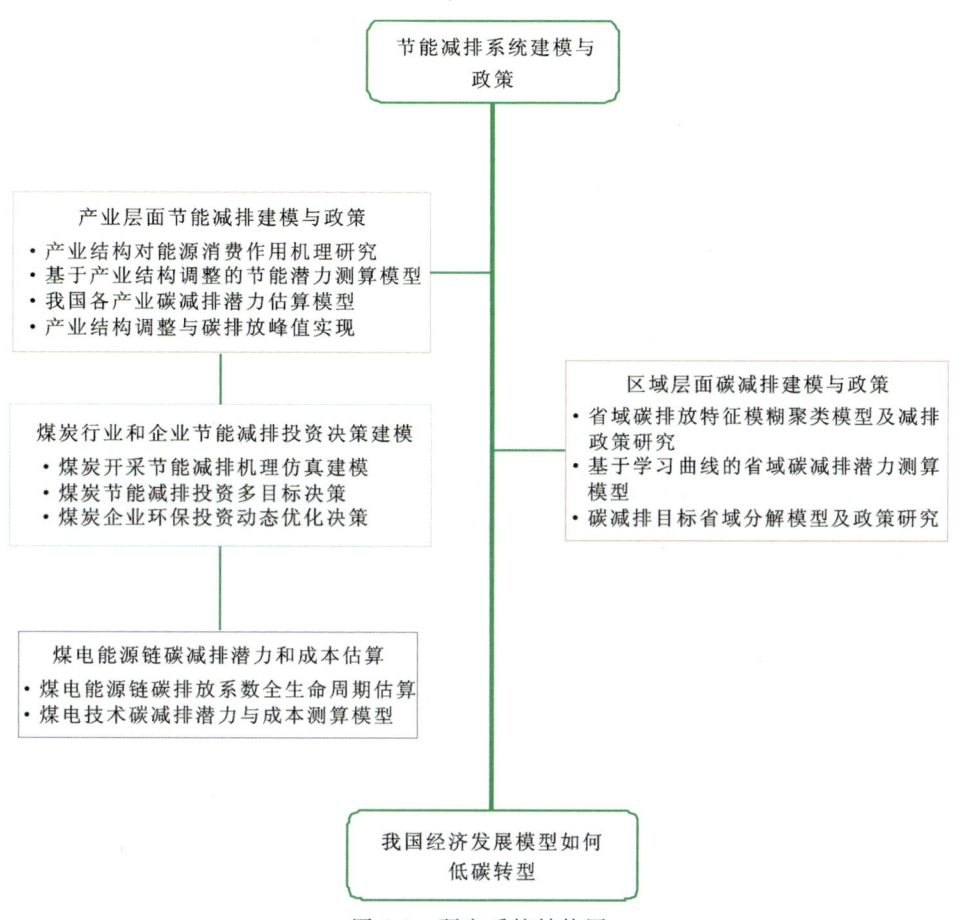

图 2-2 研究系统结构图

项目取得的成果如下。

1)针对行业的节能减排潜力问题,测度了产业结构调整对能源节约的效应强度,厘清了各行业的节能减排空间,为制定精细化的行业节能减排政策提供了决策参考。

(1)产业结构对能源消费作用机理研究。能源需求量可以看作是 GDP、产业结构、人口能源结构和生活方式等众多变量的复杂函数,各变量之间关系复杂。为此,采用通径系数分析(path-coefficient analysis)模型,揭示了相关因素,特别是产业结构对能源消费量的直接或间接影响。在此基础上,进一步建立产业结构与能源消费的系统动力学(SD)仿真模型,模拟了较长时间内产业结构演进与能耗变化的运动轨迹。主要创新:较为精确地测度了产业结构变化对能源消费的直接和间接效应强度,弥补了一般研究中仅定性描述、缺乏数据支撑且忽视间接效应的短板。研究发现,工业占 GDP 比重对能源消费增长的直接正效应为 0.535(仅次于 GDP 和人口),而间接正效应为 0.398(仅次于人口),间接负效应主要通过城镇化率来产生。

(2)基于产业结构调整的节能潜力测算模型。产业结构的调整所带来的节能潜力,并不是简单地通过限制高耗能高排放产业,大力发展低耗能低排放产业来测度,而需要在深入探究产业结构调整的节能减排机理的基础上,综合考虑经济增长、就业保障、节能减排等多个目标。为此,项目建立了一个以GDP与就业人数最大、能源消费最小为目标,考虑部门动态投入产出平衡、劳动力、能源供应、产能等约束的产业结构动态多目标优化的测算模型。主要创新:考虑产业间动态投入产出平衡约束,突破了现有研究仅考虑能耗差异的结构调整而忽视经济活动的系统性和产业间动态关联性的局限,避免了单一产业结构调整对经济系统稳定性的冲击。优化结果找出了中国最优产业结构动态调整的方向和幅度,为国家制定产业政策和相关企业、机构等制定投资计划提供决策参考。

(3)中国各行业碳减排潜力估算模型及政策研究。由于行业生产过程、投入要素和产出产品的差异,不同行业碳减排潜力也存在一定的差异,准确厘清这种潜力差异是分行业制定减排政策的首要前提。为此,在传统学习曲线的基础上,项目引入了碳强度学习曲线的概念,选取部门人均增加值、能源强度、能源结构作为自变量,建立了多因素碳强度学习曲线,系统地测算了中国43个经济部门减排潜力。主要创新:弥补了现有研究仅对个别或少数几个部门进行测算而忽视整个经济系统各部门动态关联的不足。研究结果厘清了中国各行业2012—2020年的碳减排空间,比较了各行业潜力差异,发现了影响各行业减排空间大小的敏感因素。

(4)产业结构调整与碳排放峰值实现优化建模。调整以重化工业为主的产业结构不仅是转变中国经济增长方式的主要途径,更是实现其碳排放峰值的重要政策着力点。在应对气候变化的背景下,产业结构调整需考虑经济增长、碳排放和就业保障等多个目标。为此,项目建立了一个"经济-碳排放-就业"多目标优化模型,科学回答了通过产业结构调整来实现中国碳排放峰值问题。主要创新:从产业结构调整多目标优化的视角,获得了碳排放峰值实现前提下,产业结构调整的具体路径。研究结果显示中国碳排放峰值将于2020—2025年期间出现,最大峰值可能于2023年出现,峰值在10.89～11.67Gt之间。在碳达峰前提下,研究结果为产业结构调整提供了精准性、指向性的政策建议。

2) 针对节能减排重点企业——煤炭开采企业,研究了源头控制、过程管理、末端治理等途径对节能减排效果的影响和相关投资决策问题,为企业有效实施节能减排决策提供了理论和实证依据。

(1)煤炭开采节能减排机理仿真建模。煤炭企业生产过程对生态环境的破坏具有一定的不可逆性,生产活动与能耗、污染物排放的机理,难以用实验重演的方式来实现,只能通过建模仿真来达到。为此,项目建立了典型煤矿企业节能减排系统和全国煤炭生产-环境污染量两个遗传算法(GA)-系统动力学(SD)仿真模型,识别出在保证经济效益的同时,影响煤炭企业节能减排效果的关键因素,并预测了中国未来的煤炭需求量。主要创新:首次将遗传算法引入系统动力学模型参数的确定,避免了现有研究模型参数人为设定的主观性和不确定性,提高了经济-能源-环境系统模拟的精确度。研究发现,降低煤炭能源强度(过程管理)比降低吨煤污染产生量(源头控制)、增加污染治理与利用的投资(末端治理)能更有效地降低污染量,该发现为矿区有效实行节能减排提供了决策依据。

(2)煤炭行业节能减排投资多目标决策。根据国家相关环保法律法规,煤矿企业能耗和污染排放必须达到政府规定的标准,否则将承担罚款或关停整顿。如何进行节能减排投资,在有限的资金下保证煤矿企业经济效益,是决策者需考虑的重要问题。为此,项目建立了混合整数多目标模型,并提出了一种PSO-NSGA Ⅱ多目标智能求解算法,解决了煤炭行业节能减排投资混合整数规划多目标决策问题。主要创新：从煤炭生产全过程来研究企业节能减排实施的多目标决策问题，弥补了现有研究仅从单个生产工序或单个目标来开展研究而忽视全过程节能减排协同效应及其基础上的整体决策最优的缺陷。研究结果获得效益增长、节能与污染物减排多目标下的最佳 Pareto 折衷解，为企业基于全生产过程实施节能减排提供了重要的决策支持。

（3）煤炭企业环保投资多阶段动态优化决策。煤炭企业必须投资相应的环保设施以处理开采过程产生的污染物，否则相关环保部门将对其罚款甚至关停。因此，如何在有限资源的情形下进行环保投资，使得排放达标且成本最小（包括罚没成本和设施空置成本）是一个典型的决策问题。为此，建立了一个离散动态规划模型来解决这一决策问题。主要创新：从多阶段的角度，将复杂的投资决策问题转化为一系列相互关联的子问题，实现了动态全局最优决策；弥补了现有项目投资决策 NPV 法和 IRR 法静态决策的不足。研究以郑州煤业（集团）老君堂煤矿污染治理项目投资决策为案例，验证了模型在决策支持上的有效性。

3）针对煤电能源链碳减排问题，测算了中国煤电能源链全生命周期的碳排放和煤电碳减排成本，为煤电业节能减排决策提供了重要的基础数据。

（1）煤电能源链碳排放系数全生命周期估算。以煤为主的能源消费结构决定了准确计量中国煤电能源链的碳排放系数在碳排放总量核算的地位。以全生命周期（LCA）模型为基础，根据中国现阶段煤炭开采（掘进、回采、井下运输与提升）、选煤与洗煤、煤炭运输和燃煤电厂平均发电技术的能耗水平，科学地计量了煤电能源链碳排放系数。主要创新：从全生命周期的角度测算了煤电能源链上煤炭开采、洗选、运输和燃烧等各环节的碳排放，弥补了当前研究仅计算燃烧碳排放而忽视整条能源链上其他环节排放的不足。计量结果为编制煤电能源碳排放清单提供了科学而具体的基础数据，识别了降低该链碳排放系数的最有效途径。

（2）煤电技术碳减排潜力和成本测算模型。准确估算不同煤电减排技术的碳减排潜力和减排成本，为燃煤电厂合理选择发电机组或减排技术提供了决策依据。为此，结合煤电行业的能耗标准来构建一个技术减排成本估算模型，估算出中国当前主要煤电技术在使用年限内的总减排潜力和成本。主要创新：采用国家能耗标准，而非选择参考技术测算发电技术与配套减排技术的节能减排潜力及成本，成功解决了参考技术的多样性所导致的测算不确定性问题。测算结果为煤电厂实施节能减排投资决策提供了依据。

4）针对中国区域节能减排问题，研究了省域碳排放空间类别特征、减排潜力和目标分担，为精细化制定省域减排目标和政策提供决策支持。

（1）省域碳排放特征模糊聚类模型及减排政策研究。在制定减排政策时，一方面，需充分考虑省际间由经济发展水平、资源禀赋所决定的排放特征差异；另一方面，具有相同碳排放特征的省份应履行较为一致的减排义务。为此，构建了基于粒子群优化的模糊 C—均值聚类法（PSO-FCM），对中国 30 个省份历史碳排放进行了特征聚类研究，揭示了空间类别特征及其产生的原因。主要创新：首次应用模糊软聚类法自动优化碳排放特征的最佳类别数，突破了传统以地域固定划为 3 类（如中、东、西部）或 7 类（东北、华北、华东、华中、华南、西北、西南），而忽视跨地域省份具有相似排放特征的局限。研究结果为制定区域"共同但有区别"的减排政策提供重要支撑。

（2）基于学习曲线的省域碳减排潜力测算模型。科学测算中国各省碳减排潜力、厘清各省减排空间,是合理分配中国整体碳强度减排目标的重要前提和基础。在区域碳排放特征和前期碳强度学习曲线的基础上,进一步建立了以人均GDP、产业结构等为自变量,基于粒子群-遗传算法(PSO-GA)优化的多因素碳强度学习曲线,测算了中国2012—2020年的碳减排潜力。主要创新:率先引用PSO-GA优化学习曲线参数,弥补了前期研究中采用OLS估计曲线参数效果不佳的不足,提高了减排潜力测算的准确性。研究发现,提高服务业占GDP比重要比提高人均GDP所带来的潜力要大,因此,调整产业结构是实现中国碳减排目标的重要着力点。

(3)碳减排目标省域分解模型及政策研究。在中国现行体制下,根据省级行政区域的划分更能有效地对中国2020年碳强度减排目标进行分配、实施、监管和考核。为此,项目将碳排放总量划分为生存排放、发展排放与预留排放3部分,构建了一种基于PSO-FCM-Shapley的分解模型,对全国整体碳减排目标进行了省际分解。主要创新:发现不同类别省份碳排放增长关键因素的差异,找到了各省根据关键因素实现分解目标的可行方法,弥补了现有研究仅强调公平性、效率性而忽视分解目标实现可行性的不足。研究结果为科学设置省际间减排目标提供可靠依据。

项目名称:电商生态系统中平台与入驻企业的动态适应机制:复杂适应视角的研究"(国家自然科学基金-面上项目)

项目负责人:朱镇

执行时间:2017—2020

主要内容、重要结果及社会影响力:

依据复杂适应理论的3种动态适应表现,分析电商平台与入驻企业间的吸引、响应和演化发展3种作用机制,进而解释电商平台与入驻企业间动态适应过程中的平台质量治理效应、创业感知与组织转型、创新演化与生态治理之间的复杂作用关系。项目主要取得了3项成果:第一,以电商平台作为分析对象,分析平台集中式治理产生的质量信号对在线销售的刺激作用,描述平台生态吸引力;第二,以入驻企业为分析对象,描述了线下企业入驻平台涌现现象的规律,包括创业机遇识别和流程优化的适应性调整过程;第三,以平台与入驻企业协同演化视角,研究产品创新和生态演化之间的关系。本项目为平台和入驻企业的动态适应形成提供了新的理论解释,对于完善电子商务平台治理、推进电子商务市场的健康发展具有重要的科学意义。在 *International Journal of Information Management*,*Computers in Human Behavior*,《旅游学刊》以及信息系统顶级会议 *International Conference on Information systems*(ICIS2020)等发表论文11篇。

项目名称:合作情境中的电子商务价值创造:敏捷重构视角的实证研究(国家自然科学基金-青年科学基金项目,后评估为优)

项目负责人:朱镇

执行时间：2013—2015

主要内容、重要结果及社会影响力：

从管理变革与环境适应相融合的视角，通过战略敏捷调整、运营能力重构以及流程弹性设计3个关键的协调管理活动，描述合作情境中电子商务价值的实现路径和作用关系。在考虑运作和产业两类不确定环境的干扰作用基础上，重点阐述以3种敏捷重构效应为核心的组织协调和环境适应两种作用机理。研究的理论贡献在于提出并论证敏捷重构在电子商务价值创造中的作用，对于推动网络环境下的销售管理变革以及战略调整具有重要的实践意义。

本项目取得如下成果：①在战略敏捷调整层面，研究了传统企业的电子商务机遇识别过程，揭示了在跨组织合作的情境中，创业者个人的战略感知、规划集体的决策行为以及组织推进的战略启动中所体现出的多层次行为机理；②在运营能力重构层面，提出了支持企业间电子商务链接的平台架构和合作目标一致性对于建立敏捷重构效应的驱动机理，揭示了中国独有的制度特征以及市场竞争态势对于电子商务价值创造的调节效应，发现了价值驱动过程所蕴含的技术变革、运营能力重构以及制度与环境的适配3种作用机制；③在流程弹性设计层面，提取了电子商务流程的技术、关系和商务3个组件，提出了使用数字化平台弹性、伙伴参与以及电子商务流程能力表征上述3种组件，进而阐述了单个流程的平台技术弹性与伙伴参与的组合效应，多流程中电子商务运作能力的中介效应以及跨流程的交互效应。在 *Information & Management* 以及《南开管理评论》《管理评论》等主流期刊以及信息系统顶级会议ICIS2015等发表论文10篇。

项目名称：企业数字化商务战略的动态演化规律：组织遗传学视角的研究（国家自然科学基金-青年科学基金项目）

项目负责人：王飞

执行时间：2022—2024

主要内容、重要结果及社会影响力：

本项目立足中国企业数字化商务战略实践，以信息系统领域学者提出的组织遗传学为研究视角，构建数字化商务战略多层级结构，并界定战略基础构成要素数字化组件的复用与变换共同形成的战略宏观与微观演化特征，进而发现驱动组件复用和变换的影响因素共同引起演化特征动态变化的机制。本项目综合采用多种生物遗传学分析方法大规模追踪组件复用与变换过程和定量计算战略演化特征，并结合计量经济学实证研究战略的动态演化机制。本项目将有助于深入理解数字化商务战略的动态演化规律，在研究视角和研究方法上共同推进现有研究，为数字时代企业提升战略管理能力提供实践指导。

第三节 代表性论文简况

代表性论文 1

论文标题：The impact of rural land consolidation on household poverty alleviation: The moderating effects of human capital endowment

发表期刊：Land Use Policy, 2021

作者简介：程欣（第一作者、通讯作者），中国地质大学（武汉）经济管理学院特任副教授。

论文简介及创新点：消除贫困是追求世界公平和可持续发展的首要目标。农村土地整理旨在实现土地利用的可持续性，同时促进扶贫工作。本文利用贫困户调查数据，基于双重差分方法检验了农村土地整理实施后对家庭创收和脱贫的影响。此外，本文还强调了人力资本在农村土地整理实施中的作用。我们发现：①农村土地整理对改善中国贫困人口的生计产生了积极而显著的影响；②人力资本禀赋（外出务工、劳动力和教育，如图2-3所示）对农村土地整理的实施具有正向调节作用，其中教育调节作用最为显著。我们建议，中国政府需要对教育、劳动力能力、可持续减贫、可持续土地利用和可持续农村发展保持持续关注，同时重新调整其干预策略并及时进行评估。本文结果还有助于改进政策和决策，以实现有效减贫、可持续农村发展和乡村振兴的目标。

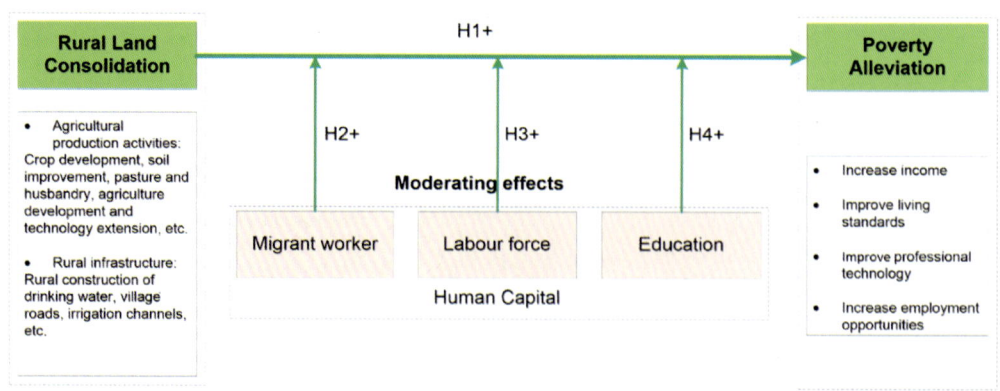

图 2-3　农村土地整理的减贫概念模型

代表性论文 2

论文标题:Building a sustainable development model for China's poverty-stricken reservoir regions based on system dynamics

发表期刊:Journal of Cleaner Production,2018

作者简介:程欣(第一作者),中国地质大学(武汉)经济管理学院特任副教授;帅传敏(通讯作者),中国地质大学(武汉)经济管理学院教授。

论文简介及创新点:消除贫困和可持续发展是人类的共同使命,也是中国政府的首要任务。然而,水库移民的贫困往往与生态环境、地质灾害等因素交织在一起,使扶贫工作成为中国农村最具挑战性的任务。在此背景下,本文运用系统动力模型(SDM)探究生态环境、地质灾害和移民贫困的互动机制(图2-4),使决策者了解不同投资战略对中国贫困库区(CPRR)关键变量和可持续发展的影响。本文利用1998—2014年的数据对万州库区进行了模拟,具体来说,本文设计了4个政策方案,用以模拟2015—2020年污水处理投资、灾害控制投资、水土流失控制投资和扶贫基金等主要变量的变化。研究发现:①中国贫困库区采取协调发展战略,更加重视灾害管理,有助于提升2020年脱贫目标实现的可能性;②协调发展情景不仅可以减少贫困、污水排放、疾病发生率、地质灾害和水土流失,还可以系统增加森林覆盖率和耕地面积。SDM方法对于CPRR的动态发展分析是可靠的。本文的研究结果可为决策者提供政策建议,并为可持续发展提供最佳实践方法。

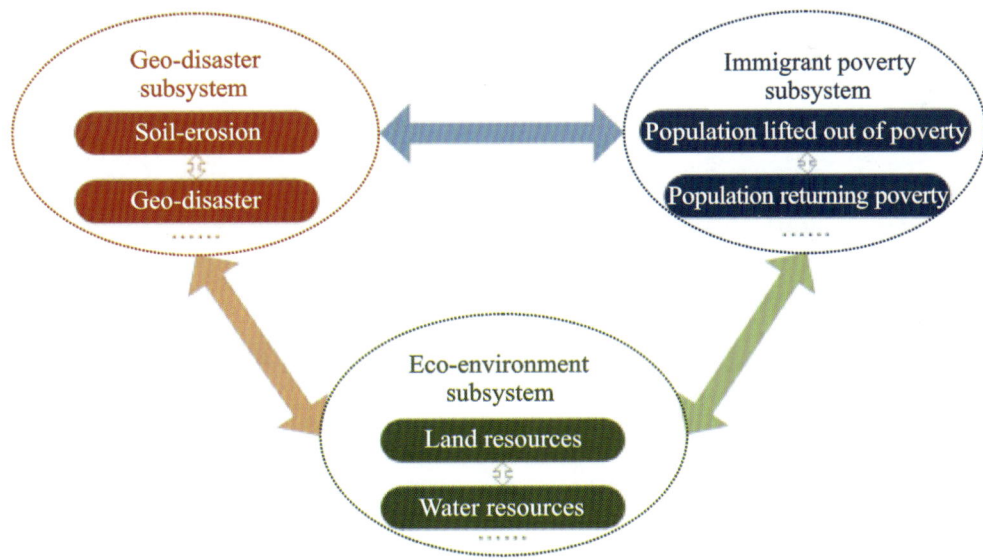

图 2-4 库区环保-减灾-减贫-可持续发展子系统结构

代表性论文 3

论文标题：How does satisfaction of solar PV users enhance their trust in the power grid? – Evidence from PPAPs in rural China

发表期刊：Energy,Sustainability and Society,2021

作者简介：丁丽萍(第一作者),中国地质大学(武汉)经济学院副教授。

论文简介及创新点：光伏扶贫项目(PPAPs)自 2014 年起在中国农村实施。作为新能源政策,PPAPs 在缓解农村贫困方面发挥了重要作用。然而,从光伏用户的角度来看,太阳能光伏的采用面临着多重障碍。因此,本研究旨在探讨和分析影响光伏用户对国家电网的满意度和信任度的因素,促进太阳能光伏的采用。本研究基于综合美国顾客满意度指数(ACSI)模型和技术接受与使用统一理论(UTAUT)模型,利用结构方程模型(SEM)揭示光伏用户如何增强对国家电网的信任(图 2-5)。数据来自对中国农村地区 928 名 PPAPs 光伏用户的分层和随机抽样调查。结果证实,本研究中的环境感知对光伏用户的满意度有积极影响。感知质量对光伏用户的满意度和信任度也有正向影响,但社会影响对光伏用户的满意度有负面影响;行为预期可以直接提升光伏用户的满意。本研究从光伏用户的角度构建了综合客户满意度模型,并提出了相关措施,以促进太阳能光伏的采用,可应用于全球其他发展中国家的减贫项目。

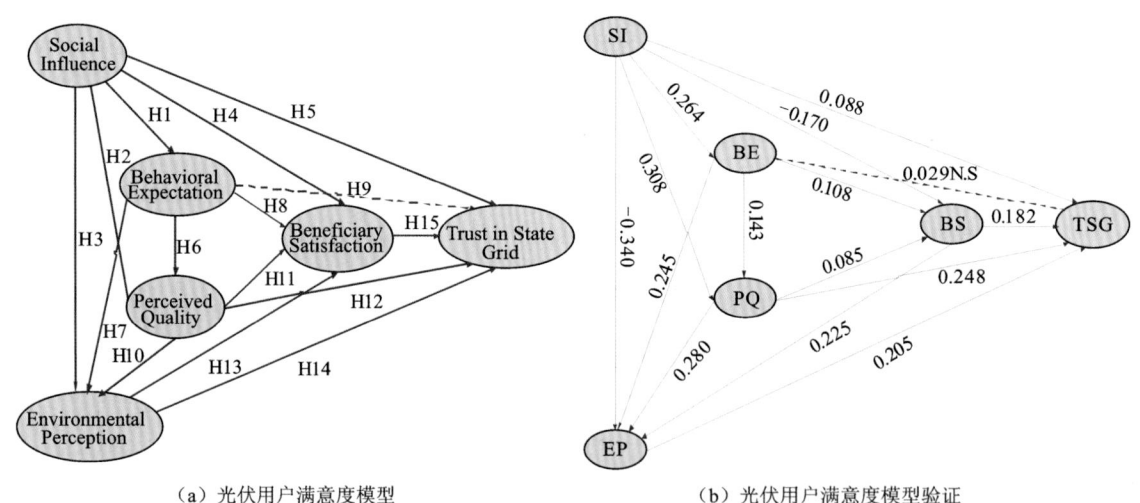

(a)光伏用户满意度模型　　(b)光伏用户满意度模型验证

图 2-5　客户满意度模型

代表性论文 4

论文标题：专业虚拟社区情境下的绿色技术扩散网络研究

发表期刊：科技管理研究,2018

作者简介：冯忠垒（第一作者），中国地质大学（武汉）经济学院讲师。

论文简介及创新点：

缺乏知识是绿色技术应用的关键障碍之一，而信息传播和积极的沟通是应对的重要策略，因此扩散参与主体之间信息交流和沟通的媒介、渠道、过程以及信息传播的内容与结构都值得分析和探讨。随着信息技术的迅猛发展，互联网新媒体作为一种新兴传播形式，具有传统媒介无法比拟的优势，体现在传播的多元化、个性化、交互性、快速性、广泛性、全球性、开放性、丰富性等。本文以网络新媒体中的媒介——专业虚拟社区为研究对象，分析由社区成员间信息交流和互动形成的绿色技术扩散网络的结构和功能。专业虚拟社区是企业或者个人为了创造、共享和应用知识所采用的一种互动机制。社区为具有相同专业知识背景的专业人士提供互动空间，个人的专业知识或经验知识可以自由地在专业虚拟社区中共享与表达。在总体上，专业虚拟社区成员间的信息交流和互动形成了一个社会网络，即社会行动者及相互间关系的集合。这样一种社会网络形态构成了绿色技术扩散的一种新情境。

本文通过对环保论坛这一专业虚拟社区内主题帖的提取和归类后形成发帖、回帖的 0-1 矩阵，结合描述性统计和整体网络图、网络节点间关联性、网络中心性以及凝聚子群的分析，考察并探讨了社区内绿色技术扩散网络的整体状况、网络中的技术信息流动及其受控情况以及信息交流中出现的小群体。研究结论如下：①社区内不同类型绿色技术的扩散网络发展不均衡，其中末端治理技术和清洁工艺的扩散网络各自已经形成一定规模和整体性，而绿色产品扩散网络还比较简单和离散；②社区内绿色技术扩散的整体水平偏低，扩散不充分；③社区成员间绿色技术信息的传递和交流比较顺畅，但技术信息传递者联系的接受者数量有限，信息传递不够发散；④少数核心成员在末端治理技术与绿色产品的扩散中占据主导地位，与此同时社区成员间的信息交流较少受到发挥中介作用的少数成员控制；⑤社区成员在参与绿色技术交流过程中存在显著的群体分化现象。

代表性论文 5

论文标题：Learning from class-imbalanced data: Review of methods and applications

发表期刊：Expert Systems With Applications，2017

作者简介：郭海湘（第一作者、通讯作者），中国地质大学（武汉）经济管理学院教授。

论文简介及创新点：罕见的事件，尤其是那些可能对社会产生负面影响的事件，往往需要人类做出决策。在数据挖掘和机器学习领域，罕见事件的检测可以看作是一项预测任务。由于这些事件在日常生活中很少被观察到，预测任务缺乏平衡的数据。本文从不平衡学习的角度，对罕见事件预防进行了深入的研究。在过去的十年中，共收集了517篇相关论文。最初的统计数据表明，从管理科学到工程学的广泛研究领域都在关注罕见事件检测和不平衡学习。我们从技术和实践的角度对所收集的论文进行了回顾。讨论的建模方法包括数据预处理、分类算法和模型评估等技术。对于应用程序，我们首先提供了不平衡学习的现有应用程序领域的一个全面分类,然后详细介绍了每个类别的应用程序。最后,结合本文的研究经验和判断,提出一些建议,为不平衡学习和罕见事件检测领域提供进一步的研究方向。

本研究构建了一个两级关键字树,提供了一套完整的搜索词集,用于捕获关于罕见事件和非国际性学习的技术和应用文章。图 2-6 为本研究的搜索词。第一层的搜索阶段仅限于不平衡/不平衡/倾斜数据,重点是不平衡数据的分类。第二级搜索词分为两部分,包括技术和实用文章。

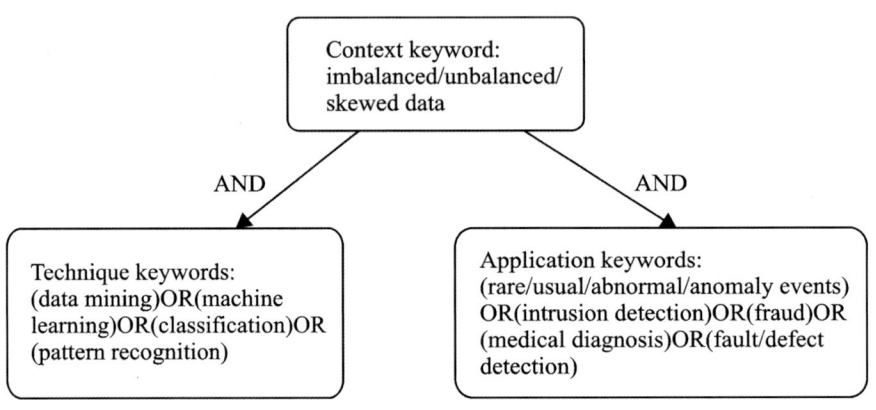

图 2-6　两级关键字树结构图

代表性论文 6

论文标题:BPSO-Adaboost-KNN ensemble learning algorithm for multi-class imbalanced data classification

发表期刊:Engineering Applications of Artificial Intelligence,2015

作者简介:郭海湘(第一作者、通讯作者),中国地质大学(武汉)经济学院教授。

论文简介及创新点:针对多类不平衡数据分类问题,我们提出了一种基于集成特征选择和 boosting 算法的处理多分类不均衡数据的 BPSO-Adaboost-KNN 集成算法,此外,本文采用了一种 AUCarea 的新评价指标评价分类准确度。在模型中,我们把 BPSO 作为特征选择算法,将 AUC 区域选择为特征(图 2-7)。对于分类,我们生成了一个 boosting 分类器,其中 KNN 被选为基本分类器。为了验证方法的有效性,我们在实验中使用了 19 个基准数据集进行测试。结果表明,在进行特征选择后,该算法提高了 boosting 算法的稳定性和准确性,并且该算法的性能与其他先进算法相当。在统计分析中,我们使用Bland-Altman分析来显示 AUCarea 与其他流行指标(如平均 G -均值、平均 F -值等)之间的一致性。此外,我们还使用线性回归来寻找 AUCarea 与其他指标之间的更深层次的相关性,以说明 AUCarea 在这一问题上表现良好的原因。我们还进行了一系列的统计研究,以分析在采用特征选择和增强后是否存在显著的改进。最后,我们将该算法应用于储层含油气性识别中。江汉油田 oilsk81-oilsk85

测井资料的分类精度高达99％,比KNN分类器高20％。特别是在区分油层和其他层时,该算法具有明显的优越性。

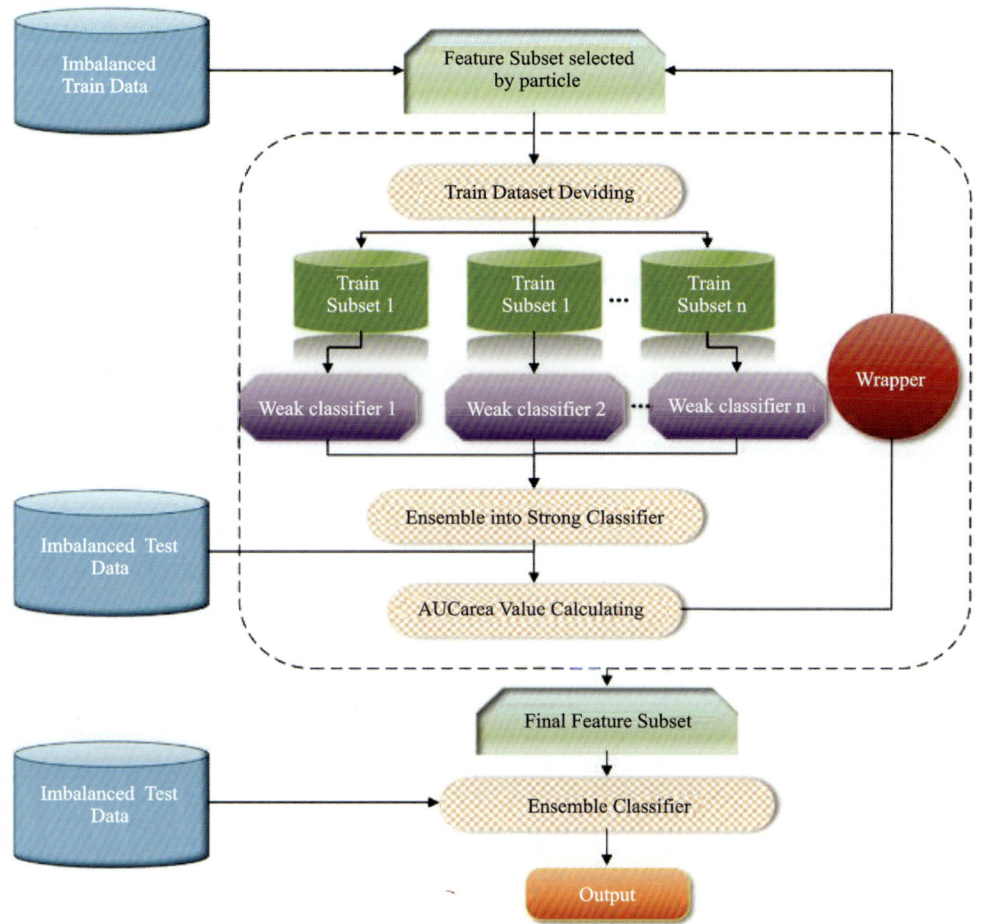

图 2-7　BPSO-Adaboost-KNN集成算法流程图

代表性论文 7

论文标题：Assessment of natural gas security and its impact factors in China
发表期刊：Resource ence,2018
作者简介：郭明晶(第一作者),中国地质大学(武汉)经济管理学院副教授。
论文简介及创新点：本文研究了中国天然气安全状况,分析其影响因素并找出系统性的应对策略,研究结果对于保障中国能源安全、促进中国经济社会可持续发展具有重要意义。本文基于生态文明建设和能源转型的时代背景,从供应安全、储运安全、市场安全和环境安全4个维度,构建了中国天然气安全评价指标体系。运用组合赋权法对指标赋权,从总体、区域和省域3个层面对中国天然气安全状况进行了评价。总体评价结果表明,全国天然气安全均值为0.546,2006—2015年间虽然天然气安全水平在上升,但是总体安全状况一般,主要原因在于中国天然气产量低,对外依存度较大;天然气管道建设滞后,调峰能力不足;天然气市场价格机制不完善;环境治理压力较大。区域评价结果表明,全国四大区域天然气综合安全的均值为东部(0.582)＞中部(0.571)＞西部(0.516)＞东北(0.515),呈现出东部最好,中部次之,西部和东北偏低的特征。分析得出,天然气安全的影响因素在东部地区主要集中体现于市场安全,在中部地区主要集中于供应安全,在西部地区主要集中于市场安全和环境安全,在东北地区主要集中于供应安全和储运安全。省域评价结果表明,各省域天然气安全水平差异较大,其中7个省份的天然气安全水平处于上升趋势,5个省份天然气安全水平处于下降趋势,8个省份的天然气安全水平波动较大,10个省份的天然气安全水平趋于平稳;各省域在供应安全、储运安全、市场安全和环境安全具有明显的空间集聚效应。最后,分别从国家层面、区域层面和省域层面提出了保障中国天然气安全的对策建议。

代表性论文8

论文标题：Hybrid recommendation approach for behavior modification in the Chinese construction industry

发表期刊：Journal of Construction Engineering and Management,2019

作者简介：郭聖煜(第一作者),中国地质大学(武汉)经济管理学院副教授。

论文简介及创新点：针对目前研究工人行为矫正存在不安全行为场景数据获取不全、矫正效果难持续等问题。本研究提出了基于泛场景数据的施工工人行为个性化矫正(图2-8),采用大数据相关技术采集和分析工人不安全行为场景图像数据,用于工人行为矫正。首先,利用图像矢量解析方法从现场施工场景中提取大量反映工人不安全行为的图像数据,分别利用摄像头行为分析技术和向量空间模型的方法矢量解析监控视频和现场照片;然后,以采集的图像数据为基础,通过大数据的个性化推荐技术,建立工人行为矫正内容个性化精准推送模型。最终实现契合现场施工规律,针对不同工人特点的行为个性化矫正。

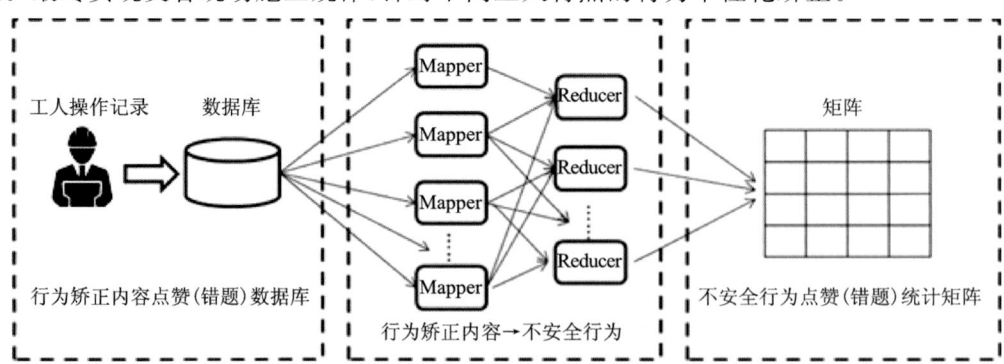

图2-8 施工工人不安全行为点赞(错题)统计矩阵生成流程图

代表性论文 9

论文标题：Developer's willingness to construct green dwelling in China: factors and stimulation policies

发表期刊：Journal of Civil Engineering and Management，2018

作者简介：何晨琛（第一作者、通讯作者），中国地质大学（武汉）经济管理学院特任副教授。

论文简介及创新点：绿色住宅是减缓建筑业对环境压力并为居民提供更好居住条件的有效方法。但当前中国绿色住宅的数量还比较小，其在总体建筑面积中占比不到0.4%。这主要是由开发商的供给意愿不足造成的。本文通过结构方程模型分析了开发商绿色住宅的开发行为影响因素，并进一步计算了不同激励政策对开发商意愿的影响。结果表明（图2-9），对绿色住宅开发意愿影响最大的是开发能力和市场发展情况，其次是政府激励政策和开发商的社会责任感。在激励政策方面，容积率奖励是影响最大的政策，其次是强制性的绿色建筑开发要求和利率优惠。从具体政策类型上看，强制性的措施比鼓励性措施影响更大。此外，中国开发商对于经济型激励比非经济型激励更敏感。

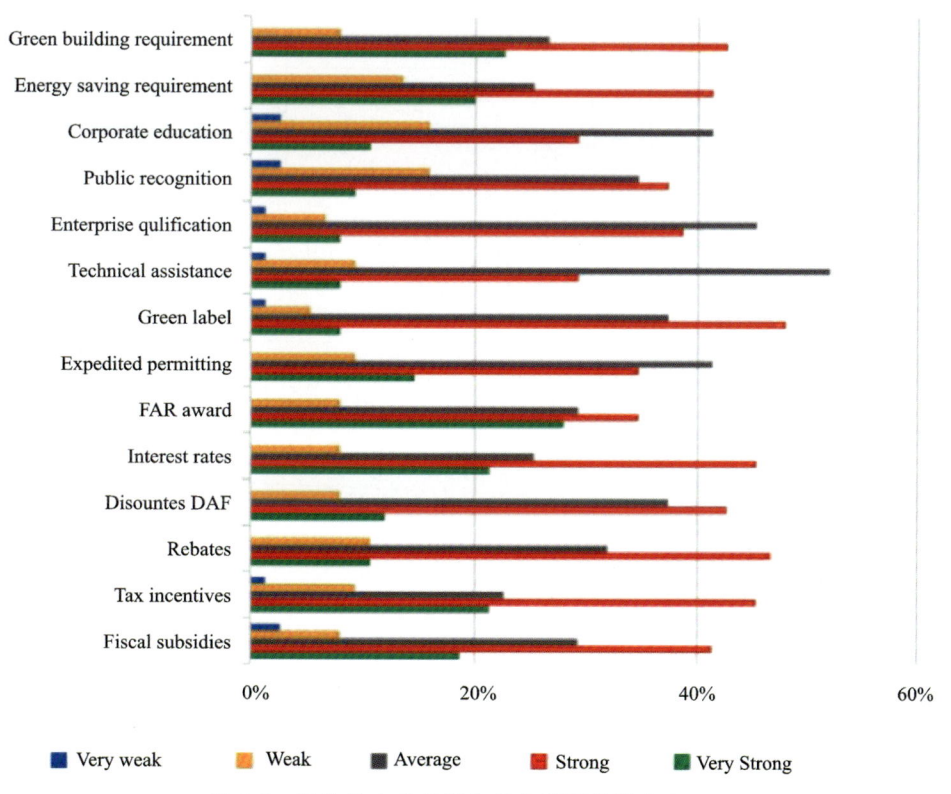

图 2-9　绿色住宅开发行为的各项因素影响力

代表性论文 10

论文标题：Co-creating business value of information technology

发表期刊：Industrial Management & Data Systems,2014

作者简介：江毅（第一作者），中国地质大学（武汉）经济管理学院副教授；赵晶（通讯作者），中国地质大学（武汉）经济管理学院教授。

论文简介及创新点：基于 IT 的供应链（图 2-10）绩效是通过组织间业务流程共同创造的。本文旨在探讨供应链中 IT 的商业价值如何在下游流程中创造，并探讨在合作过程中零售商和客户的关系资源可能产生的互补效应。本文基于中国 128 家制造企业的调查数据，使用偏最小二乘法对研究模型进行验证，研究证实了组织间资源交互、电子供应链能力和流程绩效之间的因果关系，并发现电子供应链能力在客户关系管理流程中的中介作用更为显著，同时发现了在客户关系管理过程中关系资源与内部资源之间存在交互作用。

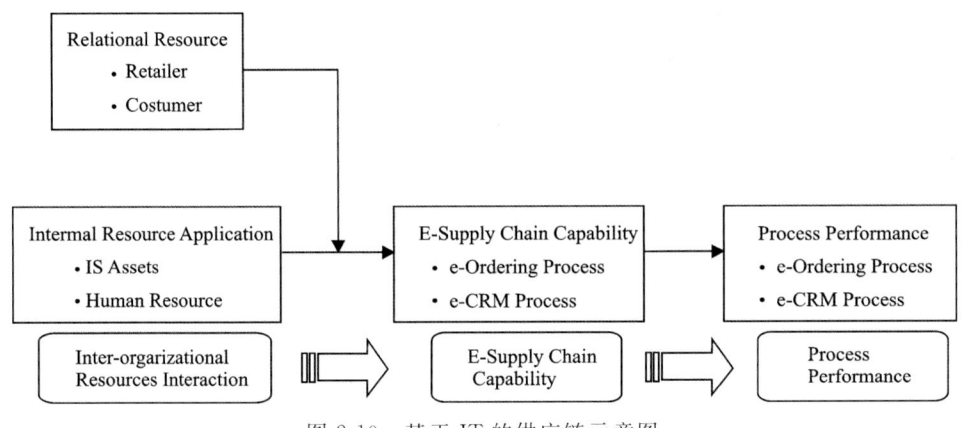

图 2-10　基于 IT 的供应链示意图

代表性论文 11

论文标题：基于系统动力学的武汉市生态安全预警仿真研究

发表期刊：管理评论,2020

作者简介：柯小玲（第一作者），中国地质大学（武汉）经济学院副教授。

论文简介及创新点：城市生态系统是一个人口高度集中的复合生态系统，它的生态安全性更加脆弱。本文采用系统动力学理论与方法进行城市生态安全预警研究，首先采用 PSR 概念模型建立城市生态安全预警指标体系，然后基于系统动力学构建城市生态系统安全仿真模型，并以武汉市为样本，通过系统流图、方程及其仿真揭示该市 2004—2020 年的生态安全演化趋势，并进行预警分析。结果表明：2004—2020 年武汉市生态系统呈现逐年好转的趋势，大致经历了先下降再波动回升最后稳步提升 3 个发展阶段，是生态安全压力、生态安全状态和生态安全响应 3 个层面不同要素共同作用的结果。

代表性论文 11

论文标题：Coordination between smart distribution networks and multi-microgrids considering demand side management：A trilevel framework

发表期刊：Omega-The International Journal of Management Science，2021

作者简介：李龙锡（第一作者、通讯作者），中国地质大学（武汉）经济学院特任教授。

论文简介及创新点：本文在 3 层框架下，解决了智能配电网、微电网和拥有需求响应资源的客户 3 种利益相关者之间的协调困境。作为利益主体，这些利益相关者之间的相互作用导致了一个复杂的能源产生、储存、交易和消费问题。基于用户对领导者信号总是提供最佳响应的假设，将 3 层问题转化为 2 层问题，用最优性条件代替最底层问题。本文制订了两种协调方案，分析了智能配电网与具有需求响应资源的微电网之间的交互作用。第一种方案是全协同协调框架（图 2-11）；第二种方案是平台服务型框架（图 2-12），即智能配电网作为一个服务主体，平衡电网的供需，并对传输服务收取管理费用。第二种方案能够以分布式的方式实现快速收敛，并且保护了参与者的隐私。每种方案都形成了详细的数学模型和求解方法。通过实例说明了方案的可行性和适用性，为政府在智能配电网、微电网和用户之间的协调问题上的决策提供了参考。

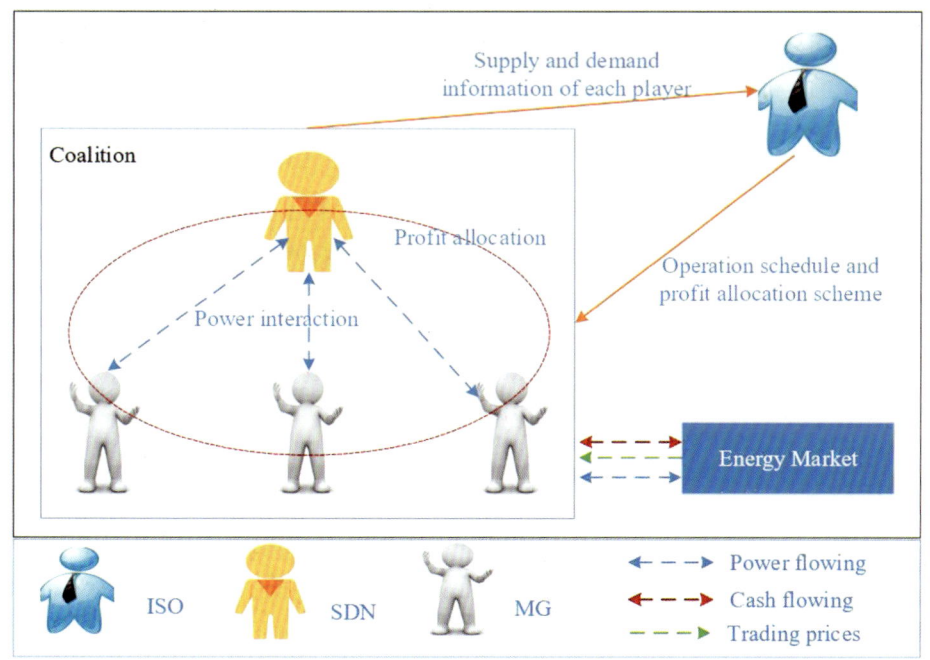

图 2-11　全协同协调框架

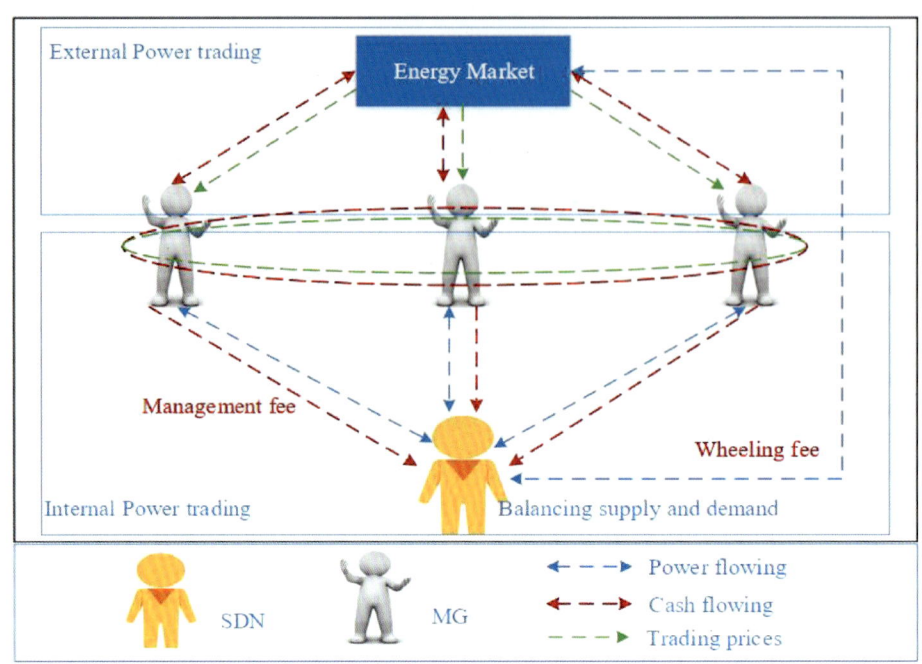

图 2-12　平台服务型框架

代表性论文 12

论文标题：Comprehensive effectiveness assessment of energy storage incentive mechanisms for PV-ESS projects based on compound real options

发表期刊：Energy，2021

作者简介：李龙锡（第一作者、通讯作者），中国地质大学（武汉）经济学院特任教授。

论文简介及创新点：光储项目投资过程中的多重不确定性、缺乏对储能激励机制的深入研究等问题都阻碍了我国光伏储能项目的大规模发展。因此，如何找到合适的投资评估方法克服不确定因素对光储项目投资决策的影响，如何探索合理的储能激励机制，都需要进行深入的研究。本文基于光储项目投资过程中的延迟投资期权与扩张投资期权，建立了复合实物期权模型，分析光储项目在 2021—2035 年间的最优投资决策（图 2-13）。通过将社会福利的变化当作评估指标，探讨了碳排放交易市场、辅助服务市场、不同的储能激励政策及其组合对光储项目投资的影响。根据所得结果，本文提出几点政策建议。首先，当财力资源不受限时，决策者应选取储能激励政策组合，以促进光储项目发展，同时可以提高社会福利；当财政支出有限时，建议政府前期实施储能电价补贴政策，中后期采取储能投资成本补贴或税收优惠政策。其次，政府可以实施光储联合补贴套餐，在缓解财政压力的同时，提高光伏企业安装储能系统的积极性。再次，逐步完善碳排放权交易市场与辅助服务市场，早日实现光储项目的多元化收益。最后，引入不同的商业模式来吸引光储项目投资，如公私合作、共享储能模式等。

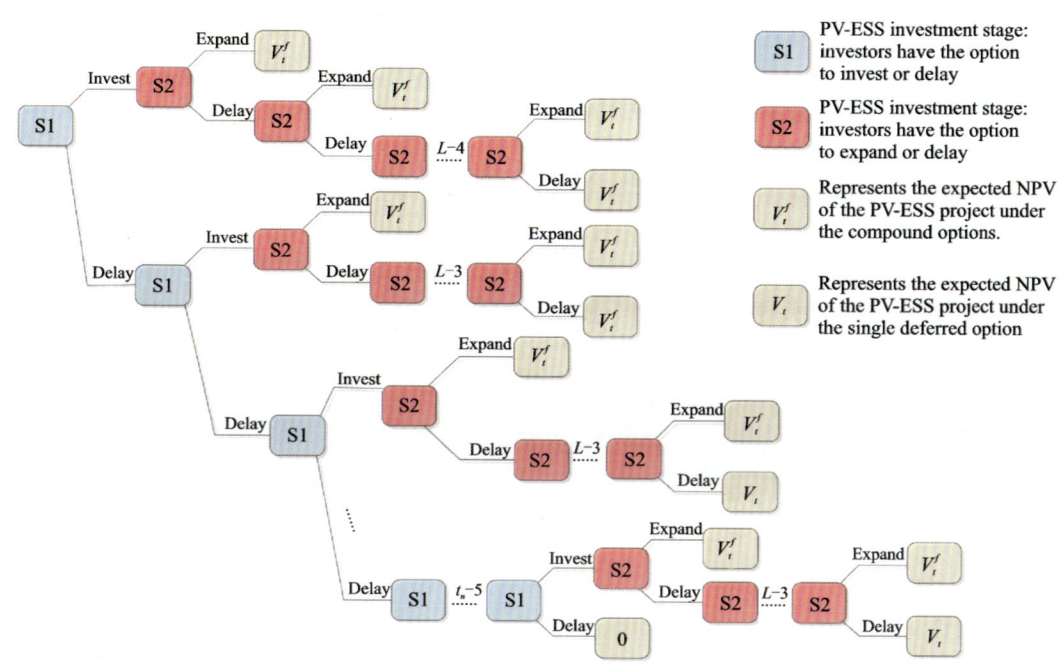

图 2-13　光储项目投资决策过程

代表性论文 13

论文标题：Supplier Encroachment with Multiple Retailers

发表期刊：Production and Operations Management，2021

作者简介：刘保山（第一作者），中国地质大学（武汉）经济管理学院副教授。

论文简介及创新点：本文探究供应商通过多个零售商分销产品时，入侵零售市场的决策。研究表明，下游零售商的数量影响着供应商的入侵动机以及供应链成员的收益（图 2-14）。只有当零售商的数量低于一定的数值时，入侵针对供应商与零售商的好处才会出现。然而当数量超过一定的数值时，下游加剧的竞争将会削弱批发价降低效应以及损害零售商的收益。并且，随着数量的增加，供应商即使不会真正地在直销渠道销售产品但其拥有的入侵权利会对自身产生损害。我们进一步讨论了供应商开通直销渠道与寻找一个新的零售商的优劣，并证明了当直销与零售不完全替代以及零售商不对称时的结论的鲁棒性。

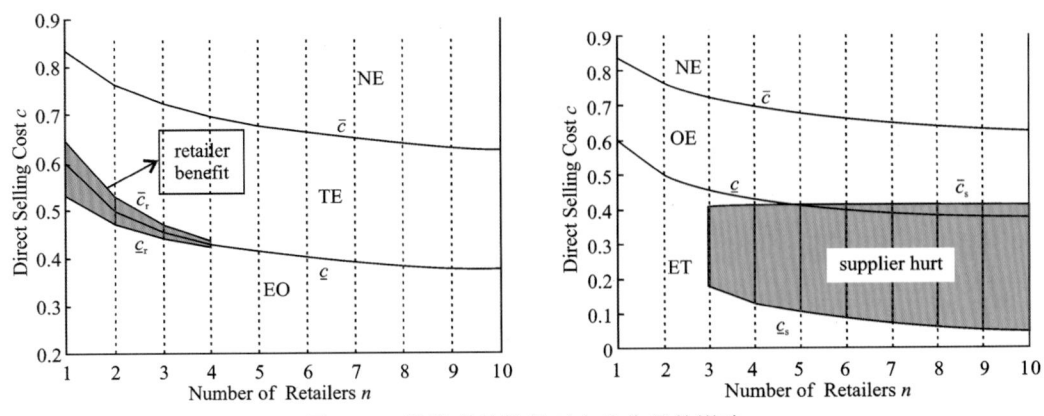

图 2-14　零售商的数量对企业收益的影响

代表性论文 14

论文标题：Reconciling food and bioenergy feedstock supply in emerging economies: Evidence from Jiangsu Province in China

发表期刊：International Journal of Green Energy，2017

作者简介：舒克盛（第一作者、通讯作者），中国地质大学（武汉）经济管理学院特任教授。

论文简介及创新点：论文系统梳理了生物质能产业发展在新兴经济体中所呈现出的不同于发达国家和欠发达国家的特点，并以我国江苏省为例，剖析了实现生物质能可持续开发利用的可行性路径。该研究不仅丰富了生物质能发展的实证研究，同时也促进了现代生物质能利用方式从发达国家向最不发达国家的技术和市场转移。

对新兴经济体，如中国、印度、印尼、巴西和菲律宾，他们的人均耕地面积相对较低，保障粮食安全是一个巨大的挑战，同时随着经济的高速发展，其能源需求量也在迅速增长；而其生物质能产业的发展正处于传统用能与现代化用能方式并存的转折期，同时他们的农业生产带有明显的以小型农户为主导的特征。

针对这些特点，论文作者通过实地考察江苏省的生物质能产业发展实践，指出纤维素生物质，即来源于种植于耕地上的粮食作物的秸秆和种植在围垦滩涂上的能源作物是解决粮食安全与生物质原料供应冲突的关键。为保障纤维素生物质的供应，构建一个完整的包括小型农户、运输业者和生物质加工厂管理者在内的生物质能供应链是必须的。为实现该供应链的可持续性管理，"多个农户"对应"一个生物质加工厂"是一种可行的方式，因为这种方式有助于形成生物质原料生产者和消费者之间稳定的长期合作关系，并方便能源作物的引种。

代表性论文 15

论文标题：Optimizing the bioenergy industry infrastructure transportation networks and bioenergy plant locations

发表期刊：Applied Energy，2017。

作者简介：舒克盛（第一作者、通讯作者），中国地质大学（武汉）经济管理学院特任教授。

论文简介及创新点：本论文搭建了首个用于新兴经济体的生物质能产业基础设施优化代理基动态模型（图 2-15）。该模型考察了生物质直燃发电和利用木质纤维素制备生物乙醇等两种现代主流的生物质能转化路线及与之相配套的运输布局，并对运筹学中经典的设施选址问题从生物质能产业发展的角度给予了回答。

雄心勃勃的生物质能发展规划对新兴经济体提出了巨大的挑战，如对生物质能产品需求的爆炸性增长可能会导致生物质能产业基础设施超负荷运转。虽然现阶段针对生物质能产业基础设施的优化已经有了大量的研究，但这些研究没能充分考虑行业中居于主导地位的利益相关者之间的相互作用。为弥补这一研究缺陷，论文作者从生物质加工厂管理者角度出发，构建了首个应用于新兴经济体的生物质能产业基础设施优化代理基动态模型。该模型模拟了如何协调生物质直燃发电和利用木质纤维素制备生物乙醇等两条生物质能利用路径，并预测了与之相匹配的运输网络。

模型结果告诉我们，生物质加工厂应该布局在生物质原料的产地附近，而不是靠近生物质能产品的消费地。这一结论从生物质能产业发展的角度清晰地回答了运筹学中经典的设施选址问题。同时，模拟结果表明对于较小的区域而言，为了减少生物质原料运输成本而引入的生物质成型技术在经济上是不可行的。一个成功的生物质能产业基础设施需要把小型农户的利益也考虑在内。

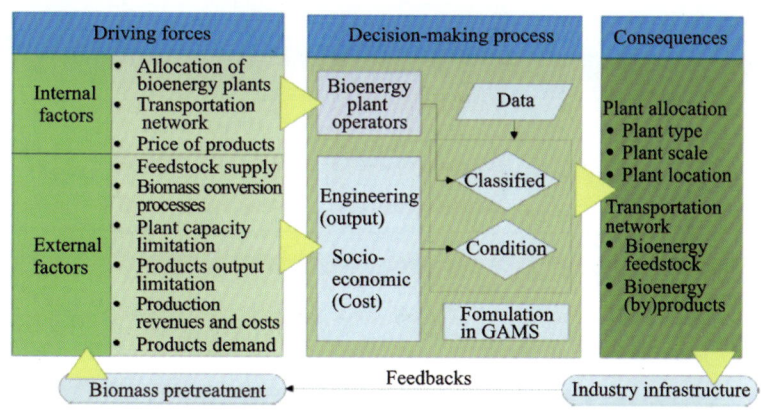

图 2-15　生物质能产业基础设施优化代理基动态模型框架图

代表性论文 16

论文标题：Of job, skills, and values: Exploring rural household energy use and solar photovoltaics in poverty alleviation areas in China

发表期刊：Energy Research & Social Science，2020

作者简介：黄赋斌（第一作者），中国地质大学（武汉）经济管理学院博士研究生；帅传敏

(通讯作者),中国地质大学(武汉)经济管理学院教授。

论文简介及创新点:光伏扶贫作为中国扶贫政策的一项创新干预措施,旨在扶贫、节能减排,它作为产业扶贫项目的重要组成部分蓬勃发展。然而,很少有人研究光伏扶贫对家庭层面的影响,特别是对家庭能源使用行为的影响。本研究旨在探讨光伏认知是否能显著影响农村地区的家庭能源选择和节能行为。为了实现这一目标,本文构建了一个混合模型(图2-16),以探讨中国实际情况下内部心理因素和外部社会因素对家庭能源行为的影响。

在本研究中,我们使用了从中国光伏扶贫地区8个省份9个县的1251户家庭收集的调查数据。主要研究问题包括:①农村能源选择现状如何;②家庭生态价值观和太阳能光伏发电的感知行为控制如何影响家庭能源选择和节能行为;③光伏扶贫地区的社会因素如何影响家庭能源选择和节能行为;④光伏扶贫对改善家庭能源使用行为有何影响。

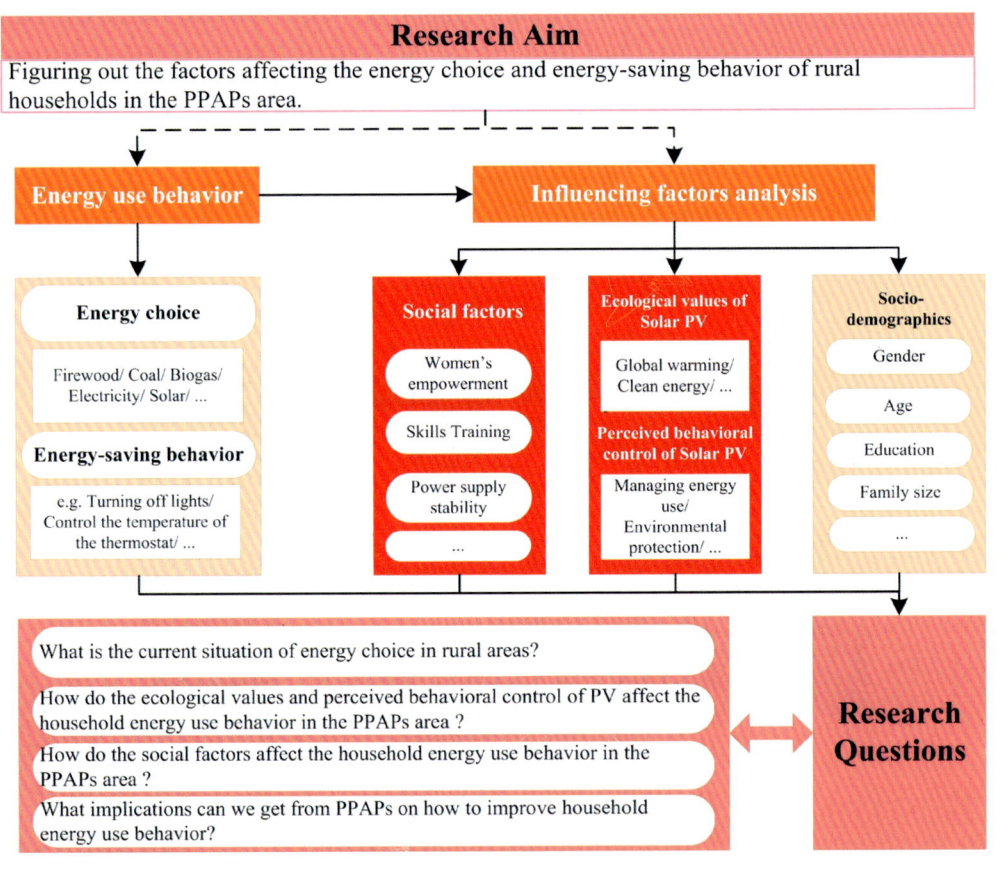

图 2-16 本文的研究框架

本文提出的3个研究假设包括:①人口统计学变量对家庭能源行为的影响存在显著差异,家庭能源行为因性别、年龄和教育背景而异;家庭能源行为因家庭规模和非农业就业而异;②光伏扶贫地区太阳能光伏发电的生态价值和感知行为控制对家庭能源行为有显著的积极影响;③社会因素的改善对家庭能源行为有显著的积极影响。

本文试图分析太阳能光伏发电的生态价值和感知行为控制以及社会因素对光伏扶贫地区能源行为的影响。结论包括:①非农就业是影响家庭能源选择的最重要的人口因素,非农业就业的改善有助于减少传统化石燃料(如木柴和煤炭)的使用,并增加使用清洁能源(如天然气或液化石油气)和太阳能的可能性;②太阳能光伏发电的生态价值和感知行为控制对太阳能的使用没有显著影响,但对节能行为有显著的积极影响;③在社会因素中,生活技能或识字培训以及农民合作社的发展有利于促进太阳能的使用,家庭参与民主决策和电力供应稳定将促进沼气、天然气、液化石油气和太阳能等清洁能源的使用,同时减少对木柴和煤炭等固体能源的使用。

这项研究强调,公众对太阳能光伏系统的态度可以促使人们做出某些环保行为。从心理干预的角度来看,正确的概念指导和教育是鼓励贫困群体产生环保行为的重要组成部分。农村能源转型进程不可能一蹴而就,我们建议更多家庭参与社会决策和互动,积极充分利用合作社或其他组织带来的外部信息,而不是被动接受某项拟议政策。同时,妇女在农村家庭中应该被赋予更多的选择权利,因为她们在家庭生活中发挥着重要作用,对家庭能源转变有着重大影响。

代表性论文 17

论文标题:联合国 IFAD 中国项目减贫效率测度——基于 7 省份 1356 农户的面板数据
发表期刊:管理世界,2016
作者简介:帅传敏(第一作者、通讯作者),中国地质大学(武汉)经济管理学院教授。
论文简介及创新点:联合国国际农业发展基金(IFAD)是一个致力于全球农村减贫使命的联合国专门机构。IFAD 从 1981 年开始与中国政府开展了长达 34 年的合作,积极参与到中国农村的减贫事业并做出了重要贡献。截至 2014 年初,IFAD 共向中国批准了 27 个项目,投资总额达 7.751 亿美元,加上政府的配套资金,这些项目的总投资达到 19.3 亿美元。IFAD 项目惠及中国西北、西南和中部 20 多个省市自治区的农村贫困地区。IFAD 中国项目实施的绩效如何?一直备受关注。中国项目区究竟有多少贫困人口由于 IFAD 项目的实施而脱贫致富?又有多少贫困人口由 IFAD 项目实施带来了经济条件的改善?在中国经济快速发展和贫困人口大幅度下降的大环境下,IFAD 项目对于项目区贫困人口减贫、粮食安全和农业生产率、弱势群体赋权、抵御自然灾害和风险的能力方面的实际贡献到底有多大?迄今为止,也没有任何第三方独立的评估机构和科学研究成果,能够回答这些问题。

本文采用双差分(DiD)、倾向匹配得分(PSM)和面板回归(panel regression)等多种方法,定量分析了联合国 IFAD 项目对农村减贫的净贡献,主要结论如下。

1)IFAD 项目对中国农村贫困人口摆脱贫困的作用是显著的

研究表明,IFAD 项目对项目区的减贫效果十分明显。2005—2013 年间,按照农户资产指数和农户贫困指数两个贫困代理综合标准测算结果,本次评估涉及的中国 9 个省(自治区、直辖市)IFAD 项目区项目直接受益人脱贫人口 387 646 人。本文基于两个贫困代理指标对 IFAD 项目对项目区农户脱贫的净贡献进行了测度。贫困代理的选取和构建可以有效过滤时间效应和通胀因素,并减少回忆偏差,提高了数据分析的可信度。

2)IFAD 项目的干预对样本农户的农户总资产和农户贫困指数的提高产生了显著的积极

影响

平均处理效应分析结果表明,IFAD项目干预对农户的贫困计分卡(ATET＞0,P＜0.01)和农户总资产(ATET＞0,P＜0.01)均表现出显著的正向效应。与此同时,回归分析结果显示:(1)当户主的年龄、劳动力中女性占比、户主的学历、家庭成员数、家庭劳动力个数、项目收益大小、外出务工收入和去市场最短耗时这些变量保持不变时,农户项目受益时间每增加一个月,能帮助农户总资产增长294元左右,同样的情况下能帮助农户贫困指数增加约0.15。(2)当户主的年龄、劳动力中女性占比、户主的学历、家庭成员数、家庭劳动力个数、项目受益时间、外出务工收入和去市场最短耗时这些变量保持不变时,农户项目收益每增加一元能帮助农户总资产增加2.3元,同样的情况下对农户贫困指数的提高影响较为微弱。

3. IFAD项目对项目区农户提高贫困人口赋权和妇女地位、粮食安全和农业生产率、自然资源、环境和风险抵御能力都具有显著的积极影响

IFAD项目涉及作物发展、土地改良、林业及操场畜牧和自然资源的养护等活动,对提高粮食安全、农业生产及自然环境的改善都具有重要推动作用;对教学设施、技能培训等的投入,有助于提高贫困人口的社会资本水平,并通过妇女协会和妇女信贷等提升妇女赋权。从7省(市、区)总体情况来看,IFAD项目对人力与社会资本指标改善程度的贡献为10.04%,对农民专业合作社能力提升的贡献为7.26%,对贫困人口话语权与妇女地位提升程度的贡献为6.96%,对粮食安全与农业生产改善程度的贡献为4.10%,对自然资源、环境与抵御风险能力改善程度的贡献为6.96%,且均达统计学上的显著性水平。

代表性论文 18

论文标题:基于熵权TOPSIS法的中国区域能源安全评价及差异分析

发表期刊:资源科学,2017

作者简介:孙涵(第一作者),中国地质大学(武汉)经济管理学院副教授。

论文简介及创新点:近年来,中国多个地区相继出现了能源"四荒"问题,说明区域能源安全仍然是中国发展中面临的一个重要的问题。本文从能源供应、使用、经济与环境安全4个方面,构建了相应的指标体系,利用熵值法确定指标权重,克服了传统赋权法的主观性,与TOPSIS法相结合,对中国区域能源安全进行评价(图2-17)。结果表明:中国区域能源安全性普遍处于中低水平。能源安全值高于全国平均水平的只有山西、新疆、内蒙古等9个省级行政区,仅占研究区域的30%,其余21个省级行政区普遍低于全国能源安全平均值。中国能源安全性大致呈现由西北向东南逐渐降低的特

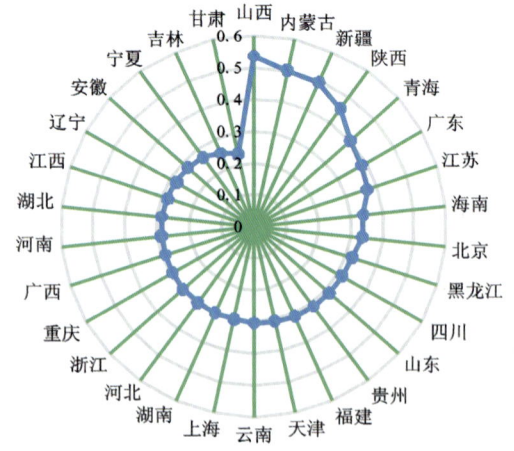

图2-17 中国区域能源安全值雷达图

化、供应安全和资产搁浅3个维度,分析并综合评价能源转型安全,提出适合我国天然气替代的市场和政策激励优化方案,以期为我国能源结构优化和转型安全提供理论、方法借鉴和政策支持。

从天然气消费占比、传统化石能源设备资产搁浅和能源系统供应安全(4种能源安全供应临界值之和)3个维度,利用三元相图,综合评价市场和政策驱动效应引发的能源转型安全,如图2-20所示。图2-20中3个轴的坐标值均表示相对BAU方案的消费占比、资产搁浅和安全供应量的增长或减少百分比。需要说明的是,供应量约接近BAU方案的安全供应临界值,能源系统相对供应安全水平越高,反之越低。

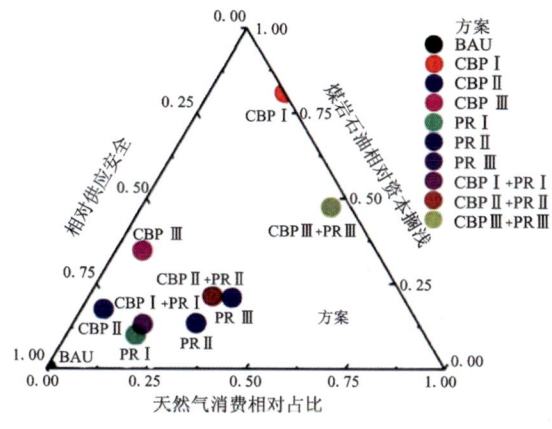

图2-20 市场和政策激励方案效应综合比较

相较于BAU,方案CBPⅡ和CBPⅢ相对煤炭、石油资产搁浅增量小于38.5%,供应安全水平维持在62.5%以上,但是天然气消费占比增量低于12.5%;方案CBPⅠ和CBPⅡ+PRⅢ将导致煤炭、石油资本显著搁浅超过50%,而且供应安全水平低于50%;方案PRⅠ和CBPⅠ+PRⅠ将产生相同效应,即维持较高供应安全水平和较低煤炭、石油资本相对搁浅程度,而天然气消费占比相对增量仍然低于25%;方案PRⅡ、PRⅢ以及CBPⅡ+PRⅡ将增加天然气相对占比40%左右,天然气消费占比达到20%左右且能维持较低的资产搁浅程度、保持较高的能源系统供应安全。

总体而言,在市场和政府激励的情景下,提高天然气消费占比,加快了煤炭石油向电力等再生能源转换,但是,我国将面临化石能源资产搁浅程度加深和能源供应安全水平下降的困境。综合考虑天然气替代下对能源系统安全和传动化石能源资产搁浅的影响,渐进式政策激励(PRⅡ),强政策激励(PRⅢ)以及渐进式的市场和政策激励(CBPⅡ+PRⅡ)方案在推动我国能源结构优化的同时,能有效控制传统化石能源搁浅风险、维持较高的能源系统供应安全水平。

代表性论文23

论文标题:Does Environmental Regulation Affect Natural Gas Consumption? Evidence from China with Spatial Insights

发表期刊：Sustainability，2020

作者简介：王小林（第一作者），中国地质大学（武汉）经济学院副教授。

论文简介及创新点：环境规制如何影响中国天然气消费，是实现天然气资源优化配置必须解决的紧迫问题。本文应用面板固定效应模型和空间杜宾模型探讨了环境规制对天然气消费的影响机制。结果表明，环境规制强度与天然气消费量之间存在非线性的"N"形曲线关系（图2-21）。研究进一步识别了环境规制影响天然气消费的3个主要机制（或路径）：控制能源结构中的煤炭总量、降低工业煤炭消费和调整能源市场价格。第一路径和第三路径对天然气消费起到了积极影响，而第二路径则抑制了天然气消费增加。在空间视角下，环境规划的溢出效应促进了天然气消费的增长和天然气市场一体化。聚焦到区域层面，部分地区规制力度较高且呈现高消费（HH），部分地区规制力度较低，天然气消费也较低（LL）。基于上述结论，我们提出了完善不同区域能源监管的建议，以促进区域天然气市场的发展。

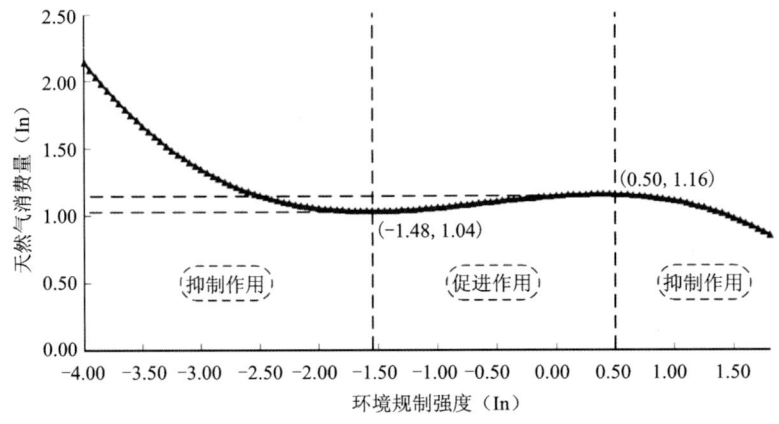

图2-21　环境规制强度与天然气消费的"N"形曲线关系

代表性论文24

论文标题：TPE-XGBOOST与LassoLars组合下PM2.5浓度分解集成预测模型研究

发表期刊：系统工程理论与实践，2020

作者简介：翁克瑞（第一作者），中国地质大学（武汉）经济管理学院副教授

论文简介及创新点：在我国当前大气重污染的环境下，PM2.5浓度值的预警预报工作显得尤为重要。由于PM2.5浓度时间序列具有高度复杂性与随机性等特点，且传统的PM2.5浓度分解集成预测方法没有考虑空气质量因素与气象因素的信息，仅靠PM2.5浓度的历史值难以准确对其精准预测。本文在对历史数据的分解下，在高频数据中引入TPE-XGBOOST模型，在低频数据中引入LassoLars模型（图2-22），结合空气质量因素与气象因素反映分解特征的变化趋势，对PM2.5浓度时间序列展开预测研究。通过实验，该模型显示出了良好的预测效果，且相对于单一分解集成预测模型有较大的预测精度提升。

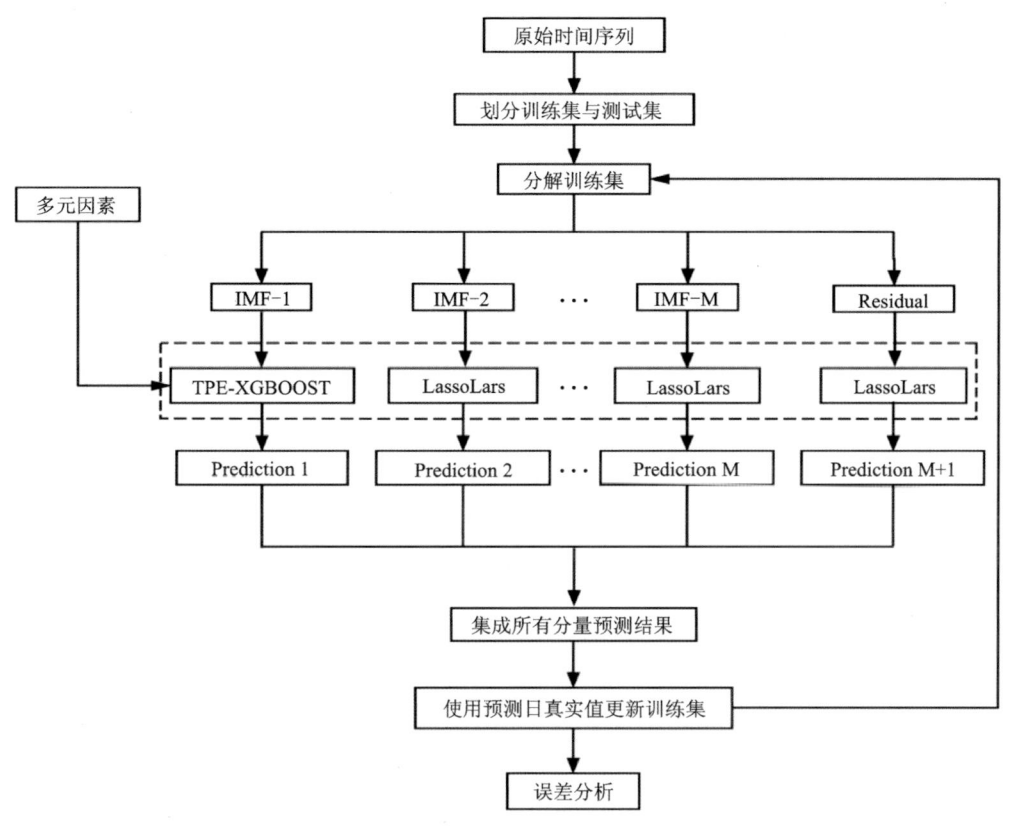

图 2-22 模型流程图

代表性论文 25

论文标题：非退市条件下更新产品扩散的投放时间与种子优化研究

发表期刊：系统工程理论与实践，2021

作者简介：翁克瑞（第一作者、通讯作者），中国地质大学（武汉）经济管理学院副教授。

论文简介及创新点：本文研究非退市条件下更新产品扩散的投放时机和种子优化（launching time and seed selection optimization of updated product，LTSSOUP）问题：在一个已存在旧产品的社会网络 $G(N,E)$ 中，新旧产品同时扩散，节点被某种产品激活需满足两个条件（一是收到已激活邻居的影响力不少于确定阈值；二是收到此产品影响力与阈值的差额大于收到另一种产品影响力与阈值的差额），激活节点影响自己的邻居，但未有新节点时停止扩散，并考虑如何选择投放阶段 t 和 p 个新产品的种子使得新旧产品利润之和最大化。考虑更新产品的投放时机后，扩散模型将面临确定阈值和动态种子选择问题，传统贪婪算法无法高效求解，尚不能处理大规模复杂网络，如 5 万个节点以上的网络。

本文研究贡献如下：①建立了非退市条件下 LTSSOUP 问题整数规划模型，模型从投放时机和投放种子两个方面考虑了内部竞争下两种产品的总体扩散最大化问题,改进了现有竞争影响力最大化模型只关注外部竞争和一种产品扩散最大化的缺陷。②对大规模 LTS-SOUP 问题设计了多阶段贪婪算法(MSDG 算法),该方法避免了重新计算扩散仿真,能够高效率地更新边际影响力并获取最优投放时机。实验显示,相比传统贪婪算法,该算法具有更高的求解效率;相比度数下降法(DD)、随机算法(RA),该算法能够得到更好的求解质量。MSDG 算法时间复杂度较低,在计算时间上比 DG 算法提高了 11%,具有较高的求解效率;MSDG 算法能够使用更少的种子激活取得更多的激活数量,目标函数值比 DD 算法提高了 0.5%,比 RA 算法提高了 53%,具有较好的求解质量。③通过在一个真实网络中进行扩散模拟,我们发现,考虑社会网络的种子优化后,更新产品种子数量多、计划阶段限制大时,延期投放容易使厂商获得更高的利润和市场效果。

代表性论文 26

论文标题:China can peak its energy-related carbon emissions before 2025:Evidence from industry restructuring

发表期刊:Energy Economics,2018

作者简介:於世为(第一作者、通讯作者),中国地质大学(武汉)经济管理学院教授。

论文简介及创新点:中国要在 2030 年达到碳排放峰值,必须采取有效的减排措施。由于中国工业产出结构不合理这一根本原因,通过规模效应和技术效应降低中国碳排放收效甚微。同时,对 GDP 的追求使大量投资向高耗能产业聚集,这些经济结构的变化与中国减少碳排放的目标相冲突。因此,合理调整中国产业结构,充分挖掘结构调整产生的碳排放潜力,是中国实现碳排放峰值的关键战略。

减少碳排放并不是产业调整的唯一目标,对于世界上人口最多的国家来说,经济发展和就业保障也是非常重要的目标。此外,调整不仅是寻求减少高排放部门的产出,增加低排放部门的产出,而且在调整过程中,必须遵循社会经济系统的投入产出平衡规律。综合考虑各部门的产出能力、可用总能源供应、可用劳动力供应等制约因素,实现各部门之间的协调。显然,产业结构调整是一个多目标优化问题。为此,本文提出一种新的经济-碳排放-就业多目标优化模型,探讨如何通过产业结构调整实现中国能源相关碳排放峰值。本文研究了 32 个经济部门的产出结构变化对经济增长的影响,明确了部门产出结构变化的方向。

如图 2-23 所示,通过产业结构调整,中国的碳排放峰值将在 2022—2025 年间实现,二氧化碳排放峰值将在 $(11.21\sim11.56)\times10^8$ t 之间。产业结构(IS)是驱动碳排放总量下降的最重要因素。

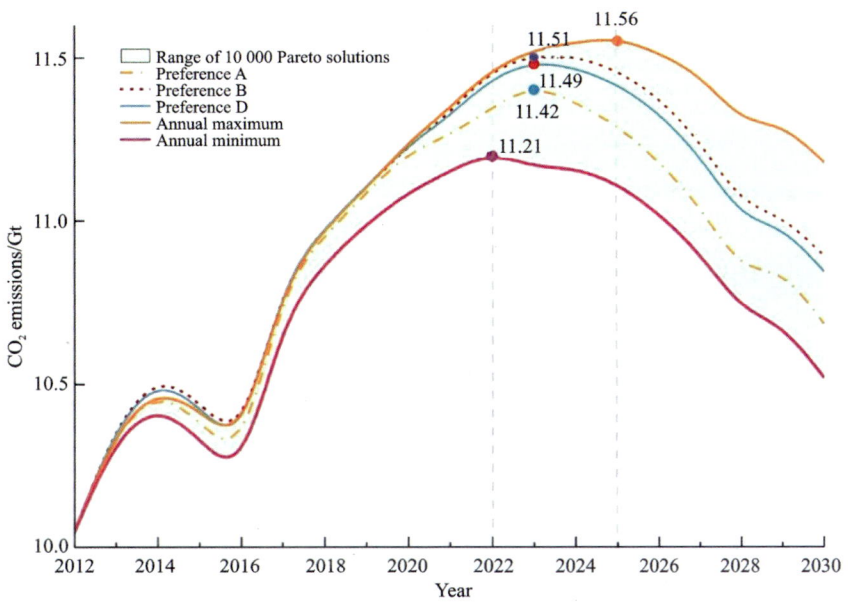

图 2-23　能源相关的碳排放轨迹

中国的主导产业由第二产业向第三产业转变(图 2-24)。第二产业的增加值从 2012 年的 45.5% 降至峰值年的 42.3%,并于 2030 年进一步降至 34.8%;第三产业的增加值从 2012 年的 44.8% 上升至峰值年的约 49.2%,随后到 2030 年超过 56.0%。第三产业的增加值增长率,2013—2022 年间为 7.6%,而 2023—2030 年则维持在 7.5% 的较高水平。

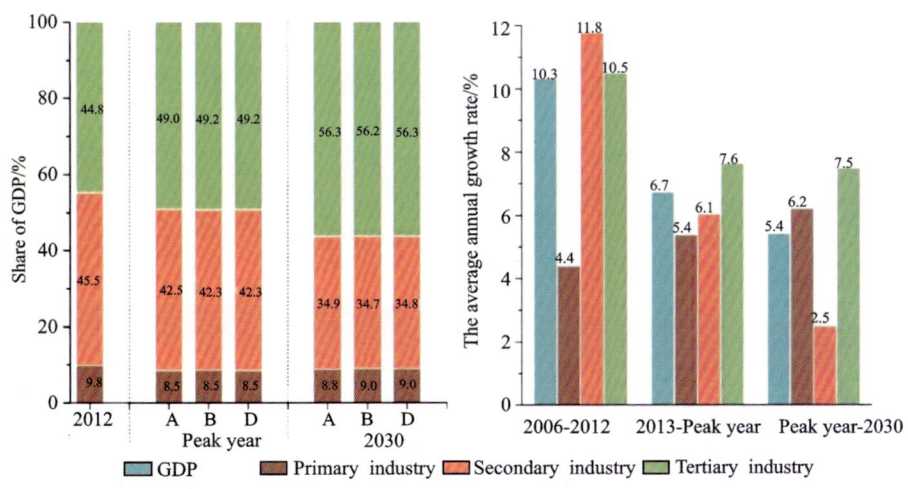

图 2-24　3 个行业的增加值和年增长率构成

中国产业结构调整后(图 2-25),2012—2030 年,第二产业大部分行业碳排放量出现不同程度的下降,第三产业碳排放量普遍上升。此外,各行业的碳排放量增长及其增长幅度在达到峰值之后比未达峰值之前要小。来自第三产业的 5 个行业,其碳排放量增加了,平均比例为 58.1%。同时,第二产业和服务业中的 14 个行业碳排放量下降,平均比例为 22.4%。

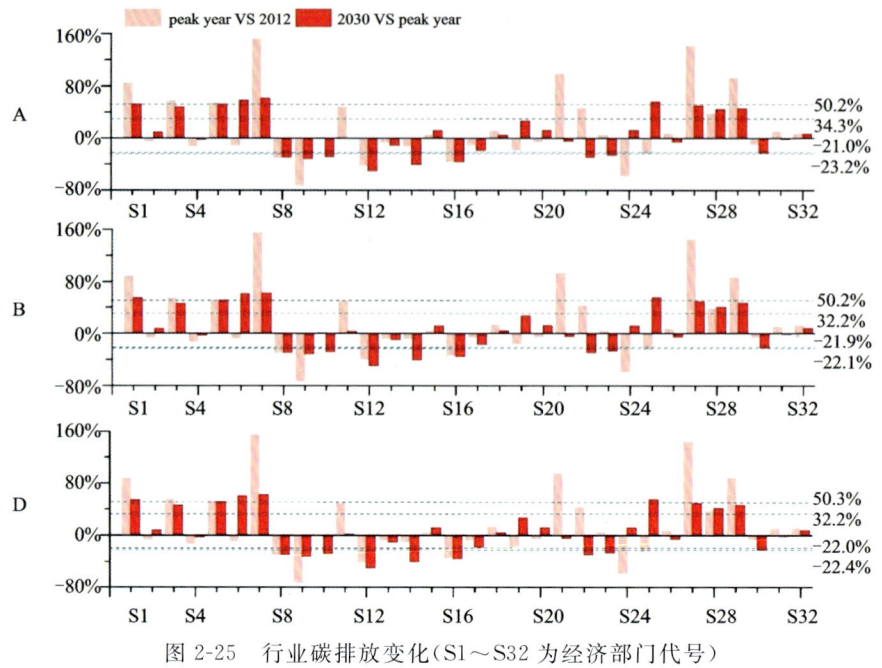

图 2-25 行业碳排放变化（S1～S32 为经济部门代号）

根据图 2-25 中偏好情景 A、B 和 D，中国 32 个经济部门的能源消耗分别在 2025 年、2026 年和 2026 年达到峰值，分别为 5.42×10^8 t、5.52×10^8 t 和 5.50×10^8 t 标准煤（图 2-26）。除 2017 年出现回弹之外，中国的煤炭消费量在 2013 年达到峰值。从 2022 年起，中国煤炭消费量将继续稳步下滑。3 个偏好情境下石油消费量将于 2023—2025 年之间达到峰值。在峰值之前，石油消费量仍然以每年 2.9% 的速度增长。

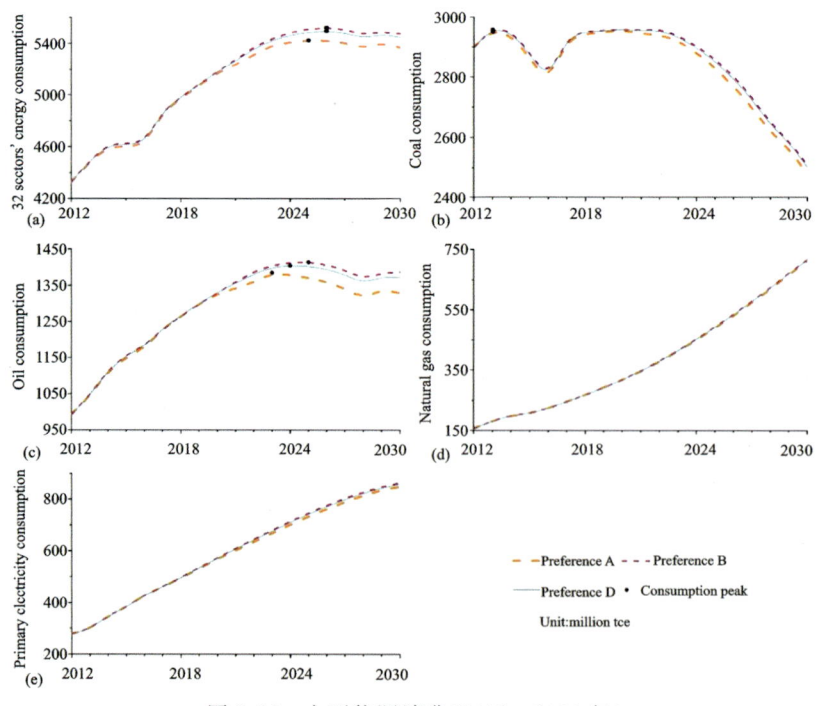

图 2-26 主要能源消费（2012—2030 年）

碳达峰过程中的就业情况变化如图 2-27 所示。第三产业部门在确保中国未来就业安全方面发挥着至关重要的作用。就业人数从 2012 年的 767.0 百万人增加到 2030 年的 812.4～825.8 百万人。根据偏好情景 A、B 和 D，在 2013—2030 年期间，就业人口的平均年增长率分别为 0.32%、0.39% 和 0.41%。在 32 个经济部门中，批发和零售业（S28）和住宿餐饮业（S29）等服务业是就业增长的主要部门；农业仍是劳动力转移最多的部门；重工业和化学工业的就业比例从 2012 年的 16.4% 轻微下降到 2030 年的 16.1%；轻工业的比例从 2012 年的 8.3% 上升到高峰期的 10.1%，并在 2030 年下降到 9.3%。

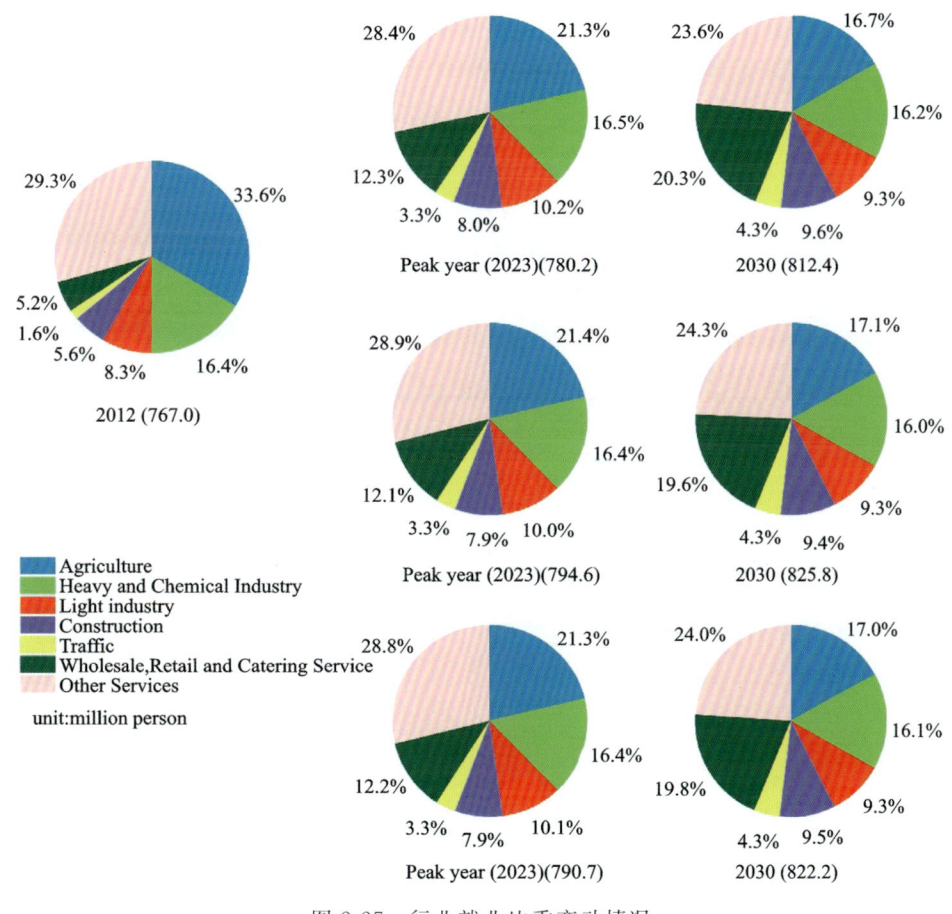

图 2-27　行业就业比重变动情况

代表性论文 27

论文标题：Can China realise its energy-savings goal by adjusting its industrial structure?

发表期刊：Economic Systems Research, 2016

作者简介：於世为（第一作者、通讯作者），中国地质大学（武汉）经济管理学院教授。

论文简介及创新点：中国经济的快速增长使得能源消耗迅速增加，特别是从 1990 年的 9.87×10^8 t 标煤增长到 2014 年的 42.6×10^8 t 标准煤（国家统计局，2015 年）。随着产业结构的变动,能源消费中三次产业的构成也发生了不同程度地变动。如图 2-28 所示,从 1994 年到 2014 年,除了 S3、S4、S5 和 S12 部门,第二产业的 7 个部门能源消耗高速增长。S9 和 S7 部门是所有部门中能源消耗量最大的部门。由于中国私家车数量的快速增长和物流业的发展,S13 部门已成为服务业中最大的能源消耗部门。此外,随着中国服务业迅速发展,部门 S15、S16 和 S17 的能耗增长比部门 S1、S3、S4 和 S5 更快。

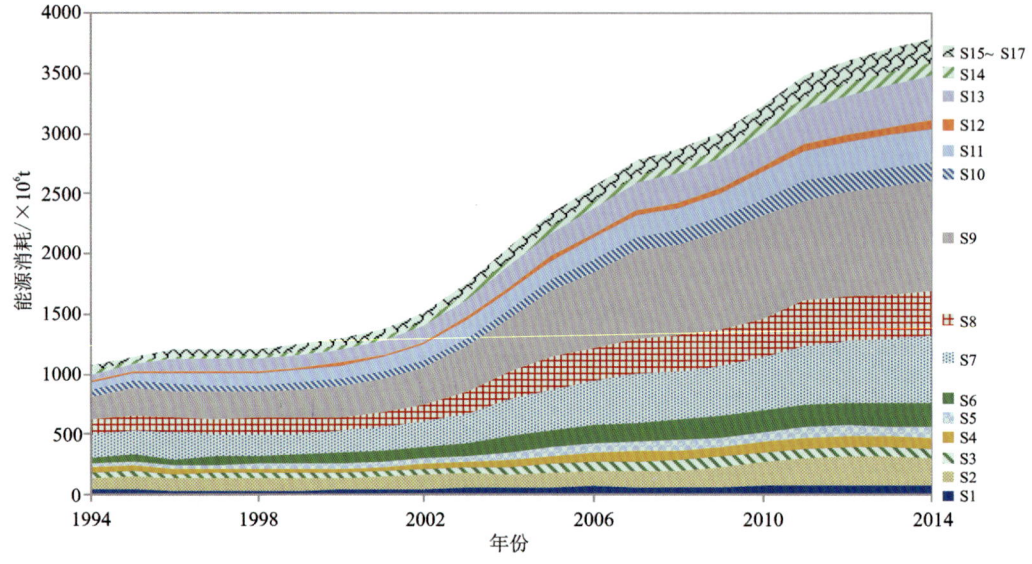

图 2-28　中国 17 个经济部门的能源消耗(S1~S17 为经济部门代号)

能源强度(单位增加值的能源消耗)在整个行业层面和国家层面上都大幅度下降。图 2-29 显示,部门 S6、S7、S8 和 S9 的能源强度远高于其他部门。在这些能源密集行业中,只有部门 S6 没有明显的下降趋势。除工业部门外,部门 S13 是能源强度最大的部门。

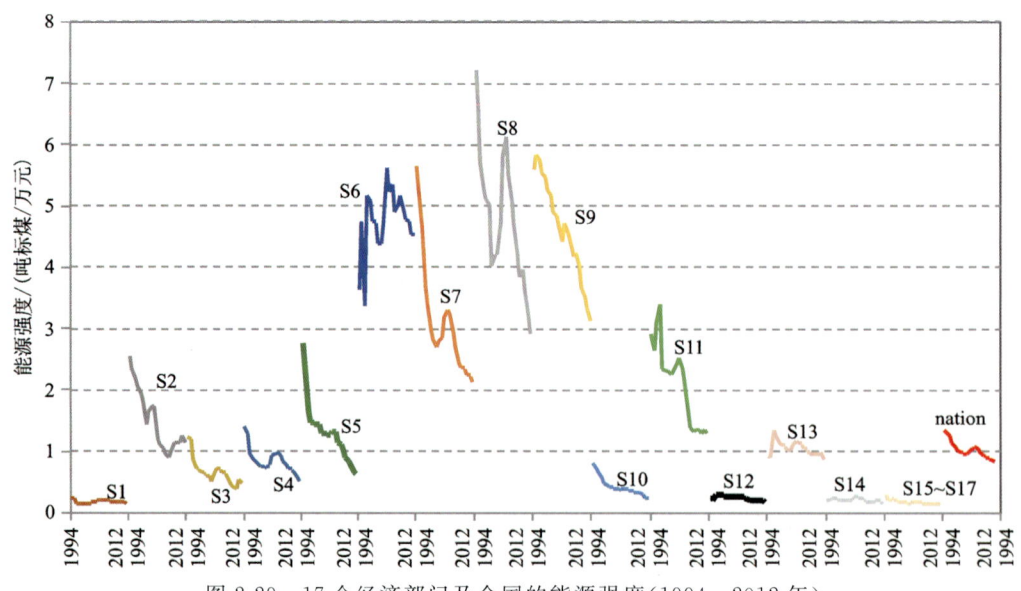

图 2-29　17 个经济部门及全国的能源强度(1994—2012 年)

尽管"十一五"期间(2006—2010年)产业结构调整带来了能源强度的下降,但能源消耗总量仍然很高。与2002年相比,2014年能源强度仅下降了19.7%。显然,为实现2020年能源强度削减42.5%的规划节能目标,中国应在兼顾经济增长和就业的前提下,进一步降低能源密集型产业的产出份额。因此,本文构建了节能潜力测算的多目标模型,根据所建立模型的优化结果,得到如下结论。

(1)所建立的模型抓住了现实经济运动的特征,基本上能够反映经济的运行规律。获得的最佳折衷解对2011—2013年的4个相关经济指标的验证结果表明,模型获得的结果与真实值比较一致。

(2)中国产业结构优化所带来的节能潜力巨大。经过产业结构优化后,相对于基准情景,经过产业结构调整多目标模型优化后,中国各产业可在整个规划期(2011—2020)达到(25.22~29.12)t标煤的节能潜力。

(3)优化后2012—2020年中国经济可基本实现经济增长1%,能耗增长约0.4%的低能耗、高增长的经济发展模式。经过多目标优化后2020年中国GDP、三产能耗与就业人数都有不同程度的增长。

(4)优化后2020年中国能源强度完全达到规划的强度目标,完成能源节约量。根据优化后的GDP和能耗,2020年能源强度将比2002年下降46.23%,将超额完成中国设定的2020年能源强度下降目标。

(5)优化后中国产业结构得到基本改善,一产二产所占比重均下降,三产比重增长幅度大,实现了"三二一"的现代产业结构。通过优化后,与2010年相比,2020年高能耗、高排放采掘及运输等部门增加值所占比重下降,而IT信息技术、研究与实验发展业、卫生教育服务等低能耗、高附加值的其他服务业部门等的比重大幅度增长。此外,低经济效益高污染食品制造业以及前期发展迅猛的房地产及其相关服务业所占重下降幅度较大,而纺织缝纫及皮革产品制品业、其他制造业、机械设备制造业等部门为人们提供基本的工业品与生活消费品,变动比例均在4%以内,保持相对稳定。

代表性论文 28

论文标题:基于小波神经网络的建筑BIM能耗预测算法研究
发表期刊:机床与液压,2018
作者简介:张先锋(第一作者),中国地质大学(武汉)经济管理学院讲师。
论文简介及创新点:为了提高城市建筑能源管理的效率,从而实现节能减排目的,提出了一种基于小波神经网络的建筑BIM能耗预测算法。该方法首先根据限制因素建立了标准的建筑模型;然后根据简化原则,以某商务型公寓楼为例通过BIM技术对建筑模型进行了参数化;最后运用BP小波神经网络对模型能耗进行预测算。仿真实验结果显示,提出方法的预测误差在合理范围内,验证了其可行性。

代表性论文 29

论文标题：The effects of e-business processes in supply chain operations: Process component and value creation mechanisms

发表期刊：International Journal of Information Management，2020

作者简介：朱镇（第一作者），中国地质大学（武汉）经管管理学院教授；赵晶（通讯作者），中国地质大学（武汉）经管管理学院教授。

论文简介及创新点：如何利用电子商务流程的优化设计撬动数字化转型，是企业面向数字化运营必须学会的战略手段。先前的研究将电子商务流程视为一个整体，对于资源重构的作用主要集中在企业层面，一直缺乏商业流程微观层面的 IT 价值创造证据。

针对上述研究缺陷，本研究基于流程组件视角，将电子商务流程分解为技术、关系和商务 3 个关键组件，利用资源编排理论解释了 3 种组件提高数字供应链运营绩效的关键作用（图 2-30）。研究发现，资源架构和能力利用两种关键的组织变革过程，在不同的商业流程中可以激发 3 种流程组件灵活重组过程，并产生了 IT 价值创造。在考虑模型内生性的情况下，该结果仍然显著成立。研究证实了流程组件是通过组合和转换两种不同的管理机制实现 IT 价值创造，为制造企业数字化平台转型提供流程设计新思路。

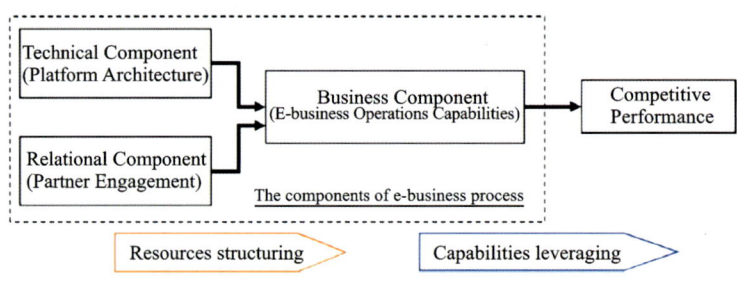

图 2-30　研究框架图

代表性论文 30

论文标题：Leveraging e-business process for business value: A layered structure perspective

发表期刊：Information & Management，2015

作者简介：朱镇（第一作者），中国地质大学（武汉）经管管理学院教授；赵晶（通讯作者），中国地质大学（武汉）经管管理学院教授。

论文简介及创新点：从在线购物、渠道零售到社交商务，电子商务正全方位地渗透影响中国经济发展和商业创新。电子商务流程是数字化商业创新的三大核心要素，也是企业价值实现的重要载体。本文通过研究电子商务流程的技术、关系和商业 3 种组件，提出了一个三层结构(图 2-31),识别电子商务价值在线采购,在线渠道管理以及客户服务流程的形成机理。

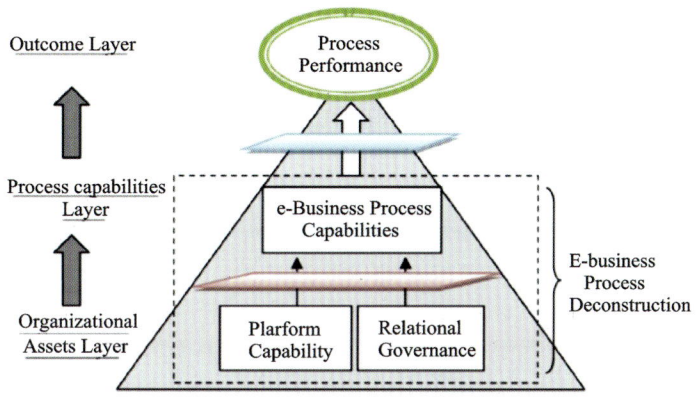

图 2-31　三层机构框架示意图

研究借助于流程组件视角,首次解构了电子商务流程的组件,通过揭示技术、关系以及商务 3 种组件之间的协同、转换和交互机制,总结了电子采购、电子分销渠道以及客户关系管理 3 个不同流程弹性链接不同合作伙伴的跨界合作结构。这些新的作用机制将供应链 IT 价值创造的研究从关系资产视角深入到流程组件视角,推进了学术界对电子商务流程内部结构的认识,为企业界如何进一步优化设计 IT 技术嵌入供应链流程,提供了新的理论基础。

研究证实了组织资产、流程能力以及流程输出 3 个层次之间的递进关系,阐明了企业需要整合内外部平台资产和关系资产,借助于形成流程能力最终获取流程绩效的关系。这种多层次的结构关系展现了对电子商务流程绩效价值形成的全新的解释,也是对先前研究假设的实证检验。通过流程组件视角解构电子商务流程,将流程驱动价值的形成过程分解为组织资产利用、流程能力形成以及流程绩效输出 3 个阶段。基于中国企业的调查数据研究证实了该过程的合理性,为企业如何在不同电子商务流程中改进关系治理结构,设计有效的电子商务流程提供了理论和实践指导。

代表性论文 31

论文标题:Understanding entrepreneurial perceptions in the pursuit of emerging e-business opportunities:The dimensions and driver

发表期刊:Computers in Human Behavior,2019

作者简介:朱镇(第一作者、通讯作者),中国地质大学(武汉)经管管理学院教授。

论文简介及创新点:近年来,宏观经济条件和新兴数字化技术正在改变商业创新和数字化创业的格局,企业家提高数字化创业认知能力,是加速传统企业电子商务转型的关键。当前学术研究主要集中在互联网公司的创业,或传统产业的一般范式创业流程,对于传统企业向电子商务转型的创业认知研究几乎空白。

针对这一研究空缺,双方研究人员在掌握大量一手企业案例的基础上,根据主观创业理论提出了传统企业高管的 3 种创业认知类型(合作认知、规划认知和运作认知),依据制度压力以及企业资源观提出了影响传统企业的电子商务转型的创业认知形成路径。经过长期的跟踪调查,积累了203家传统制造和服务行业的中高管问卷,采用SEM结构方程进行了实证检验。研究发现,激发传统企业中高管的电子商务创业认知,源于外部市场压力的撬动和资源的内部支持两种机制。在考虑模型内生性的情况下,该结果仍然显著成立。研究证实了合作、规划和运作3种认知代表了最重要的电子商务创业认知能力,为判断传统企业电子商务转型中的创业认知状态提供了重要的测量工具和识别路径。这些发现强调了创业者对市场变化和资源优势识别的主观能动的必要性,扩展了主观创业理论的应用范畴,对于指导中国企业家如何识别电子商务机遇提供了可使用的实践框架,具有重要的实践意义。

代表性论文 32

论文标题:The influence of inter-firm IT governance strategies on relational performance:The moderation effect of information technology ambidexterity

发表期刊:International Journal of Information Management,2017

作者简介:池毛毛(第一作者),中国地质大学(武汉)经济管理学院特任教授;赵晶(通讯作者),中国地质大学(武汉)经济管理学院教授。

论文简介及创新点:许多企业集中利用信息技术(IT)在多企业环境中取得了业绩,如何在多企业情况下利用IT建立关系绩效,引起了研究人员和从业人员的注意。在多企业环境中,为了实现高水平的关系绩效,焦点企业会采纳合适的企业间IT治理以促进电子协作活动。此外,IT双元性可以补充企业间的管理战略,以提高企业绩效。因此,在具有IT双元性的情况下,企业可以通过组合适当的企业间IT治理战略来实现更高的关系绩效。

本文识别了组合合同治理和关系治理的两个治理战略维度:①平衡维度,指企业在合同和关系治理之间的紧密匹配;②互补维度,指企业关注合同与关系治理之间的协同作用。然后评估了这两个维度对关系绩效(即焦点企业及其合作伙伴共同创造的互惠互利)的影响。此外,本文探讨了IT双元性在影响治理战略过程中的作用。研究模型如图2-32所示。

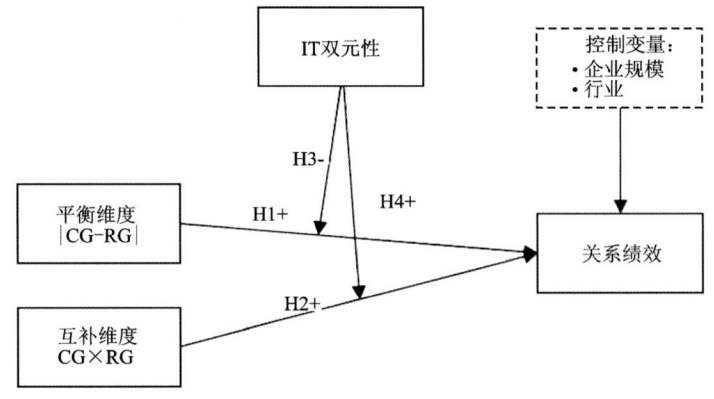

+:正向影响;-:负向影响;CG:合同治理;RG:关系治理

图 2-32 研究模型

本文采用了普通最小二乘分层回归模型评估平衡和互补治理战略对关系绩效的影响(表2-2)。模型3和模型4表明,如果直接纳入,则绝对差异项和交互项在单独输入时都是显著且正向的,这说明存在超出合同治理和关系治理的个体影响之外的其他影响。当两者同时纳入时,平衡和互补治理仍然很显著。因此,H1和H2均成立,表明通过平衡或互补的方式来组合这两种治理将显著地促进关系绩效。

表2-2 检验平衡和互补维度对关系绩效的影响

	DV:关系绩效	模型1	模型2	模型3	模型4	模型5
控制变量	员工数量	0.02	−0.03	−0.02	−0.02	−0.01
	行业类型	0.15	0.03	0.05	0.02	0.04
解释变量	合同治理		0.55	0.33	0.51	0.34
	关系治理(RG)		0.22	0.41	0.24	0.39
	平衡($|CG-RG|$)					0.20
	互补($CG \times RG$)					0.10^+
	R2	0.02	0.48	0.51	0.5	0.52
	ΔR2		0.46	0.03	0.02	0.04
	F值		92.46	11.37	7.57	15.15
	统计能力		0.99	0.99	0.99	0.99

注:$^+ P<0.10 P<0.05 P<0.01 P<0.001$。

本文通过IT灵活性和IT标准化的交互来实现IT双元性,使用聚类分析将样本分为低IT和高IT双元性企业。如表2-3所示,亚组分析结果发现:①IT的双元性负向调节平衡治理战略和关系绩效之间的关系;②IT双元性正向调节互补治理战略与关系绩效之间的关系。因此,H3和H4均成立。此外,通过Box的M方法检验模型7和9进一步支持了IT双元性的调节结果。

表2-3 IT双元性作为调节变量(标准路径分析)

	DV:关系绩效	模型6 N-79 低IA	模型7 N-79 低IA	模型8 N-121 高IA	模型9 N-121 高IA	模型7vs.9系数差异
控制变量	员工数量	−0.19	−0.19	0.02	0.05	0.24
	行业类型	0.04	0.07	−0.01	0	−0.07
解释变量	合同治理(CG)	0.38	0	0.50	0.41	0.41
	关系治理(RG)	0.04	0.49	0.27	0.29	−0.2
	平衡($|CG-RG|$)		0.59		0.08	−0.51
	互补($CG \times RG$)		−0.02		0.11	0.13
	R2	0.15	0.22	0.48	0.5	
	ΔR2		0.07		0.02	

续表 2-3

	DV:关系绩效	模型 6 N-79 低 IA	模型 7 N-79 低 IA	模型 8 N-121 高 IA	模型 9 N-121 高 IA	模型 7 vs.9 系数差异
解释变量	F 值		6.51		4.65	
	统计能力		0.95		0.99	

注：$P<0.05$ $P<0.01$ $P<0.001$，IA:IT 双元性

图 2-33 和图 2-34 说明了 IT 双元性对平衡治理战略和关系绩效之间的联系以及互补治理战略和关系绩效之间的联系的影响。低 IT 双元性情况下，企业会从较高的平衡治理战略中获得绩效收益，但如果缺乏平衡的治理战略，则会看到绩效下降（图 2-33）。尽管高 IT 双元性情况下，平衡治理战略与更高的绩效相关，但归因于平衡治理战略的绩效提升却不如低 IT 双元性情况，图 2-34 说明了三向交互作用。缺乏 IT 双元性导致的惩罚并不那么严厉。高 IT 双元性情况下，企业会从更高的互补治理战略中看到绩效提升。低 IT 双元性情况下，可归因于互补治理战略的绩效提升不如高 IT 双元性情况。

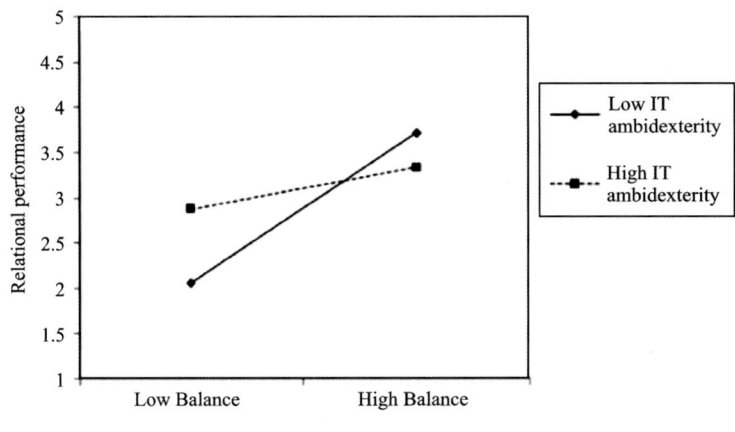

图 2-33 双向交互作用图

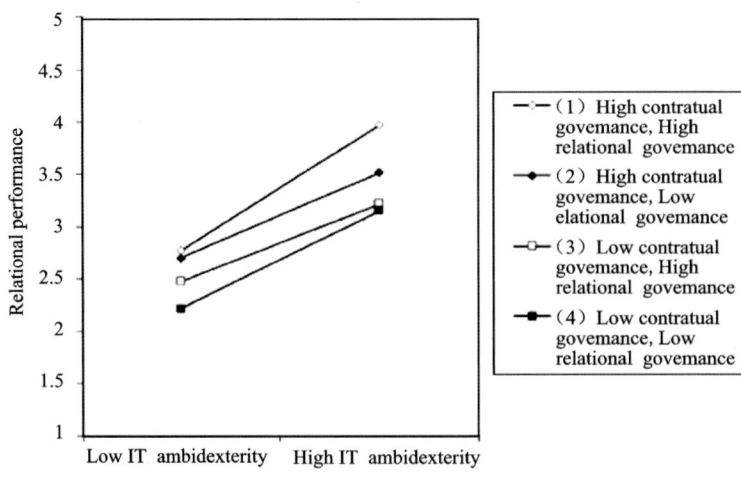

图 2-34 三向交互作用图

第三章

工商管理系

CHAPTER 3

第一节 教师简介

段晓红,副教授,硕士生导师。2010年毕业于华中科技大学企业管理专业,获博士学位;2002年至今,在中国地质大学(武汉)经济管理学院工作。

主要研究方向:战略管理、创新管理。

主讲课程:服务营销与户关系管理、国际市场营销。

郭锐,教授,博士生导师。2009年毕业于武汉大学和香港城市大学(联合培养)市场营销专业,获博士学位;2009—2010年,在香港城市大学从事博士后研究工作;2010年至今,在中国地质大学(武汉)经济管理学院从事教学与科研工作。

主要研究方向:品牌管理、奢侈品管理、市场营销、品牌国际化。

主要社会与学术兼职:中国高等院校市场学研究会品牌研究中心副主任和绿色营销研究中心副主任;湖北市场营销协会常务理事;湖北省人文社科重点研究基地——珠宝首饰传承与创新发展研究中心中欧高端珠宝市场研究所所长。

主讲课程:市场营销、品牌管理、奢侈品(珠宝)管理。

侯俊东,教授,博士生导师。地大学者青年拔尖人才,湖北省优秀博士论文获得者。2009年毕业于华中科技大学企业管理专业,获博士学位;2011—2014年在华中科技大学从事企业管理专业博士后研究;2015—2016年日本早稻田大学访问学者;2009年至今,在中国地质大学(武汉)经济管理学院从事教学与科研工作。

主要研究方向:营销与战略管理、社会网络与应急管理、公益众筹、价值共创。

主要社会与学术兼职：武汉市应急管理专家；湖北省青年科技工作者协会常务理事；湖北省系统工程学会理事；湖北省市场营销学会理事；中国"双法"高等教育管理分会理事；中国自然咨询学会资源大数据分会委员；湖北省自然灾害综合风险普查工作专家组成员；武汉市政府应急管理专家咨询委员会专家委员。

主讲课程：市场营销学、广告管理、营销策划、管理经济学。

刘家国，副教授，硕士生导师。2015年毕业于中国地质大学（武汉）管理科学与工程专业，获博士学位；1993年至今，在中国地质大学（武汉）经济管理学院从事企业管理领域的教学与科研工作。主持、参与教学研究项目8项，参与出版专著、译著和教材5部；作为第二责任人负责国家级质量工程项目"工商管理国际型人才培养创新实验区"、省级"工商管理品牌专业建设"和湖北省普通本科高校"荆楚卓越人才"协同育人计划等研究项目；省级教学团队——"工商管理双语教学团队"成员之一。

主要研究方向：人力资源管理。

主讲课程：人力资源管理。

马海燕，副教授，博士生导师。2009年，毕业于武汉大学工商管理专业，获博士学位；2014—2015年在美国纽约城市大学访学；2009年至今，在中国地质大学（武汉）经济管理学院从事企业管理领域的教学与科研工作。

主要研究方向：产业国际竞争力与组织转型升级。

主要社会与学术兼职：国家自然科学基金通讯评审专家；《管理评论》《国际贸易问题》《经济管理》期刊外审专家。

主讲课程：企业战略管理、经营战略及管理。

王萍，副教授，硕士生导师。2007年毕业于武汉理工大学管理科学与工程专业，获博士学位；1996年至今，在中国地质大学（武汉）经济管理学院工商管理领域从事教学与科研工作。

主要研究方向：组织行为学和人力资源管理。

主讲课程：组织行为学、消费者行为学

谢雄标，教授，硕士生导师。2010年毕业于中国地质大学（武汉）管理科学与工程专业，获博士学位；1997年至今，在中国地质大学（武汉）经济管理学院从事教学与科研工作。

主要研究方向：制造业创新与转型升级和企业社会责任行为与战略，具体涉及到企业绿色转型战略，政府绿色管理，区域可持续发展的理论基础、内在机理、发展路径及相关实务。

主要社会与学术兼职：中国系统工程学会能源资源系统工程分会理事、湖北省市场营销学会理事；国家自然科学基金委外审专家、河北省科技奖励评审专家；《中国人口资源环境》《资源科学》等期刊评审专家；教育部学位中心学位论文评审专家。

主讲课程：市场营销学、营销渠道管理、营销管理。

严良，教授，博士生导师。2002年毕业于中国地质大学资源学院，获工学博士学位；1983年至今，在中国地质大学（武汉）工业管理工程专业任教。2001年开始，先后担任管理学院院长、经济管理学院院长。主持完成教育部哲学社会科学重大课题攻关项目"经济全球化背景下中国矿产资源战略研究"（12JZD034），国家社科基金项目"矿产资源密集型区域可持续发展研究——基于生态创新系统的视角"（12BJL074），国家自然科学基金项目"中国西部矿产资源开发利用路径协调机理研究"（NO.70572016）等纵向课题，"国投煤炭公司河南分公司循环经济体系构建研究"等横向项目。独立和合作出版教材、著作、译著6部，公开发表学术论文60余篇。

主要研究方向：资源环境管理、资源经济学。

主要社会与学术兼职：中国矿业联合会矿产资源专业委员会委员；中国管理现代化研究会理事；湖北省人文社会科学重点基地"中国地质大学资源环境经济研究中心"副主任；武汉市公共资源交易专家。

主讲课程：工商管理学科概论（本科）、现代市场营销学理论和方法（硕士研究生）、管理科学与工程学科前沿（博士研究生）。

第二节　科研项目简介

项目名称：品牌自信视角下中国民族品牌的品牌国际化战略和影响机制研究（国家自然科学基金-面上项目）

项目负责人：郭锐

执行时间：2018—2021

主要内容、重要结果及社会影响力：

基于中国本土管理理论和实践发展出来的品牌自信和品牌故事等原创性研究已经获得国家自然科学基金-面上项目资助，并已获得了较好的研究成果和同行认可，研究成果详述如下。

（1）文化自信视角下民族品牌的品牌国际化战略。明确文化自信视角下民族品牌国际化战略之定义、构成和测量，以提升品牌文化自信、顾客自信和品牌资产。在这一部分，将着重从文化自信上考察由民族品牌国际化战略提升品牌文化自信的解决途径，从基于顾客的品牌资产（CBBE）理论中改善品牌文化自信，从而组成民族品牌国际化战略框架和其包含的具体品牌战略（品牌要素战略、营销支持战略和次级联想战略）。

（2）文化自信视角下民族品牌国际化战略影响机制。文化自信视角下民族品牌国际化战略会触发民族品牌的品牌文化自信，继而影响到对民族品牌的顾客自信，最后是民族品牌的品牌资产。探究民族品牌国际化战略、品牌文化自信、顾客自信和品牌资产间的关系将明确文化自信视角下民族品牌国际化战略影响机制。

项目对中国品牌故事进行了探索性的原创研究，挖掘中国本土理论和研究方法，提出了中国企业的品牌自信和品牌故事两个重要新概念，并探究了其维度和影响因素及其国际化研究。

依托国家自然科学基金项目"品牌自信视角下中国民族品牌的品牌国际化战略和影响机制研究"，项目对商业管理中民族品牌国际化在品牌自信视角下的品牌战略及其影响机制进行研究，重点分析了在品牌自信和制度合理性视角等方法和理论下，民族品牌国际化中的营商环境优化问题。该项目研究成果发表在"ABS 4 星"、商学和心理学顶级 SSCI 期刊 *Personnel Psychology* 和 CSSCI 期刊上。同时，基于本土和原创性成果发表在全球品牌期刊之一 *Journal of Brand Management* 和国内管理学综合影响因子第一的《南开管理评论》上，受到了学界的重视和认可。

项目名称：合理性视角下的绿色品牌信任战略及其影响机制研究（国家自然科学基金-面上项目）

项目负责人：郭锐

执行时间：2013—2016

主要内容、重要结果及社会影响力：

在当今可持续发展和低碳经济背景下，实施绿色品牌战略已成为企业增强竞争力的重要举措。但是"漂绿"（greenwashing）现象的出现却让绿色品牌面临信任危机，使品牌面临潜在风险甚至品牌资产流失。现有绿色品牌研究往往立足于企业本身，围绕绿色营销展开，忽视了绿色品牌所面临的制度环境问题。本项目从合理性视角出发，围绕如何从社会整体层面改善绿色品牌信任，引入制度理论中的合理性理论，并结合绿色品牌、品牌信任和品牌资产等理论，分析不同文化背景、B2B 与 B2C、市场中的品牌信任战略，探讨其影响机制和动态过程。研究方法上，项目运用焦点小组、个人访谈、内容分析和案例研究、调研、实验和博弈模型等方法，验证绿色品牌信任战略和影响机制，以最终提升绿色品牌的品牌资产。预期成果既可以丰富现有品牌管理和绿色营销的相关理论，也为中外企业实施绿色品牌战略提供重要的实践指导。

在中国商业管理中绿色品牌研究方面进行了深入、突出的研究。依托国家自然科学基金项目"合理性视角下的绿色品牌信任战略及其影响机制研究"瞄准最前沿的合理性视角下商业管理中绿色品牌信任修复问题，其成果发表在"FT 50"国际顶级商业 SSCI 期刊之一 *Journal of Business Ethics* 和国际组织营销顶级商业 SSCI 期刊 *Industrial Marketing Management*。研究成果获得湖北省社会科学优秀成果奖三等奖（排名第 1），丰富了商业管理中品牌管理、能源管理、生态文明等理论。

同时，绿色品牌相关研究成果获得国家自然科学基金结题优秀、湖北省社会科学优秀成果奖，并获得湖北省省领导批示，而且被深圳市天谷技术有限公司和深圳维示泰克技术有限公司采用，取得良好经济效益。

项目名称：民族品牌跨国并购后的品牌战略研究——弱势品牌视角（国家自然科学基金-青年科学基金项目）

项目负责人：郭锐

执行时间：2011—2013

主要内容、重要结果及社会影响力：

本项目引入认知一致性和顾客品牌资产（CBBE）等理论，从弱势品牌视角出发，围绕下面 4 种情况下民族品牌如何有效减轻"蛇吞象"后消费者的认知失调问题展开研究。

（1）从弱势品牌视角的静态研究：品牌要素战略、营销支持战略以及次级联想杠杆战略都对并后品牌绩效产生显著影响。此外，本项目还揭示了消费者认知失调的改善机制，即品牌契合度在减轻消费者失调的并后品牌战略交互效应对品牌绩效的影响中起着重要的中介作用。

（2）从弱势品牌视角的动态研究：随着时间的推移，虽然并后品牌的名称变化和价格变化能一起减少认知失调，并且作用会随时间增强，但相对于其名称变化，价格变化更能减少认知失调。

（3）从弱势品牌视角的跨文化研究：对于中、美消费者，单一品牌、维持价格和原产地等保持"原汁原味"的并后品牌战略效果最好，而且这种战略对中国消费者效果更好。另外，在作用路径上品牌契合度在并后品牌战略和品牌绩效间都起着显著的中介作用。

（4）从弱势品牌视角的跨文化和动态研究：随着时间的增加，中国消费者更加关注并后品牌的价格变化，而较少关心其品牌名称变化，但美国消费者则反之。无论是中国消费者还是美消费者,两种战略对其认知一致性影响都会加强。

该研究成果发表在"FMS 管理科学高质量期刊 2020"期刊《南开管理评论》《中国软科学》《经济管理》《财贸经济》上。

项目名称:公众参与社会化公益价值共创行为的形成机制及转换过程研究(国家自然科学基金-面上项目)

项目负责人:侯俊东

执行时间:2019—2022

主要内容、重要结果及社会影响力:

本项目以移动交互技术带来的颠覆性变化为背景,以 Mehrabian 和 Russell 提出的"刺激(stimulus)-机体(organism)-反应(response)"模型为基础,从公众参与社会化公益价值共创行为的内涵界定入手,识别社会化公益价值共创行为的关键动因,揭示出社会化公益价值共创行为的生成逻辑与转换过程。

在总结归纳社会化公益的参与主体及行为的基础上,结合价值维度划分思想及顾客价值理念,划分了公众参与社会化公益价值共创行为的内容维度,并对其形成逻辑进行了诠释;基于"个体-群体-环境"的多重视角,分析出影响公众参与社会化公益价值共创的关键动因,并运用社会认知、社会资本、社会互动等理论,剖析了公众参与社会化公益价值共创的触发机制及内在机理。本项目仍处于在研状态,已参加国内外学术交流 30 余次,发表学术论文 10 余篇。

项目名称:社会公众集群捐赠行为涌现的动力机制及过程研究(国家自然科学基金-面上项目)

项目负责人:侯俊东

执行时间:2016—2019

主要内容、重要结果及社会影响力:

本项目从消费者捐赠的动机及其公益事项信息行为双重视角,运用扎根理论及计算实验相结合的方法提出并解释了集群捐赠行为涌现的过程模型(即意识-情境-行为整合模型)及关键驱动因素,拓展了社会系统中集群行为研究的范畴与领域;以网络群体性事件为背景,基于有界信任模型,采用建模仿真方法揭示了网络舆情演化及逆转机制;选取"免费午餐""蚂蚁森林""水滴筹"等"微公益"项目,从动员与参与两个维度深度剖析"集群捐赠"的动力机制及其引导策略,为提升捐赠资源救助效果与效率提供了一定的依据。围绕此项目,在 *Voluntas*、*International Journal of Bio-Inspired Computation*、*Complexity* 以及《社会科学》《管理评论》等期刊上发表论文 22 篇;形成的咨政报告《高效动员精准调配,促进慈善组织有效参与疫情防治》被新华社政务智库刊用。

项目名称：俘获型网络下企业代工范畴变化的影响机制及升级策略研究（国家自然科学基金-青年科学基金项目）

项目负责人：马海燕

执行时间：2011—2013

主要内容、重要结果及社会影响力：

从过程的角度分析企业从代工走向自主创新过程中的约束机制和突破策略，主要研究在全球价值链力量不均衡的情况下作为弱者的代工方其决策方向的影响机制，并据此提出代工企业升级策略。

通过文献梳理、跨行业多企业的实地调研和问卷调查，得出的主要结论是：①俘获型网络中治理、绩效与升级的关系；发展中国家代工企业在全球价值链中通常受制于领导企业，在国内受制于弱势的产业治理结构；在此治理模式下，代工企业的经济租金、提供的社会就业机会和在位权摇摆不定。②俘获型网络中代工切入方式、代工范畴变化方向是影响代工范畴的主要因素。③提出升级策略。一是构建关系网络，促进协作并实现资源和信息的交换和组合。二是立足企业实际，灵活处理与国际客户的关系，提升制造环节的话语权。

项目名称：产品空间视角下中国制造跨越式产业升级路径研究（国家自然科学基金-面上项目）

项目负责人：马海燕

执行时间：2020—2023

主要内容、重要结果及社会影响力：

基于产品空间理论，从产品空间演化角度系统地揭示跨越式产业升级路径的判别标准、实现机制、最佳时机及其与渐进式升级路径的平衡模式、动态规律，落脚于中国制造跨越式产业升级策略。目前课题正在进行中，已取得的进展主要包括：①基于产品空间理论，分析典型国家产品空间演化规律及其产业升级路径选择；②深入探讨产品空间结构维度及其交互对产业升级的总体作用机制及其在典型国家的具体体现；③分析跨越式升级路径的判别标准和数据收集；④剖析渐进式和跨越式升级路径平衡的背后规律。

项目名称：基于社会网络视角的资源型企业绿色行为形成与扩散机制研究（国家自然科学基金-面上项目）

项目负责人：谢雄标

执行时间：2013—2016

主要内容、重要结果及社会影响力：

在资源环境对社会经济可持续发展影响越来越大的背景下，企业绿色转型发展成为必然，在此背景下，企业绿色行为研究具有重要的理论和现实意义。本研究主要以社会网络理论、社会认知理论、资源基础理论、行为过程理论等为基础,以资源型企业为样本,研究了社会网络对企业绿色行为的影响机制、社会网络中企业绿色行为形成机制及演化过程、社会网络中企业绿色行为的扩散机制,并对我国资源型企业及资源密集型地区在调研基础提出了相关的政策措施建议。研究认为,企业社会网络对管理者认知和资源获取都存在正向影响,企业管理者认知和资源获取对企业绿色行为存在正向影响,企业管理者认知和资源获取在"企业社会网络-绿色行为"关系中起中介作用;企业网络与绿色行为之间存在交互作用,企业绿色行为是随着企业利益结构和利益导向的改变及网络资源的支持方向和网络的结构变化而形成与演进。因此,企业绿色转型过程中要善于利用网络获取企业所需要的环境认知、绿色技术、金融支持;政府要加强环境宣传、强化环境规制、构建绿色合作系统、增强企业绿色发展意识和发展能力,驱动企业实施主动绿色战略。研究成果能为我国资源环境相关政策制定及企业绿色发展战略实施提供理论依据。

截至 2018 年年底,本研究公开发表 CCSCI 期刊论文 14 篇、会议论文 3 篇,出版专著 1 部,培养研究生 6 名。

项目名称:经济全球化背景下中国矿产资源战略研究(教育部科技项目-重大项目)
项目负责人:严良
执行时间:2012—2018
主要内容、重要结果及社会影响力:

课题是在经济全球化、政治多极化和文化多元化的时代背景下,集中讨论中国矿产资源战略制定的问题,服务国家矿产资源战略的顶层设计。课题主要从中国矿产资源内外部环境、用度和供应的安全问题、资源型区域可持续发展的问题、矿产品国际贸易问题、矿产资源的开发利用问题 5 个角度切入展开研究,尝试从经济全球化带来冲击的视角下,对上述 5 个维度问题面临的新挑战进行梳理和分析,最终形成一整套具有时代特征的矿产资源战略体系,为国家设计矿产资源战略规划提供理论支撑和现实依据。

本项目已经于 2018 年通过评审结题,围绕研究报告形成的咨询报告已经获得政府、企事业单位的批复和采纳,研究结题报告获专家肯定,为国家制定矿产资源战略提供了参考和借鉴。

项目名称:矿产资源密集型区域可持续发展研究——基于生态创新系统的视角(国家社会科学基金项目)
项目负责人:严良
执行时间:2012—2018
主要内容、重要结果及社会影响力:

本课题紧密围绕矿产资源密集型区域的可持续发展的问题,从 2006 年开始,我国确定了两批矿产资源枯竭型城市,这些城市和区域的可持续发展问题一直困扰地方政府和居民。本课题利用生态创新系统的理论重新解构矿产资源密集型区域发展的各个重要维度,实地调研甘肃白银、黑龙江大庆、湖北大冶等多个矿产资源枯竭型城市,通过分析研究,导出了矿产资源密集型区域可持续发展的生态创新指示图,为我国中央政府指定矿产资源密集型区域产业转型策略和地方政府实施可持续发展战略、探寻发展路径提供了技术支撑。

本课题于2018年通过评审并结题,围绕研究报告形成的多篇咨询报告受到地方政府和矿产资源型企业的批复和采纳,研究报告为我国矿产资源密集型区域和资源枯竭型城市实施可持续发展战略提供了路径选择和理论支持,由研究报告形成的学术专著《矿产资源密集型区域可持续发展研究——基于生态创新系统的视角》已正式出版。

第三节　代表性论文简况

代表性论文 1

论文标题:演化理论视角下组织惯例对企业家创新行为的影响研究

发表期刊:建筑经济,2011

作者简介:段晓红(第一作者),中国地质大学(武汉)经济管理学院副教授。

论文简介及创新点:熊彼特企业家理论认为,企业家的职能就是创新。虽然企业家将一种从来没有过的关于生产要素的"新组合"引入生产体系,促使企业制造出了新产品、应用了新工艺、开辟了新市场、获取了新的原材料供应源并且实现了工业的新组织。但是,由于创新活动本身具有的高风险性和创新利益的外部溢出效应、组织成员对过去成功经验的依赖而造成的对创新活动的抵触,使得企业家在面临环境变化时,并不总是能抓住时机及时进行组织、技术和管理创新活动。所以,研究如何消除组织惯例对企业家创新行为的负面影响,促使企业家大力发挥其主观能动性,提高企业创新活动的效率和效果具有重要的现实意义。企业家创新行为过程、惯例影响下的企业家创新行为过程以及企业家主导逻辑的形成过程如图3-1～图3-3所示。

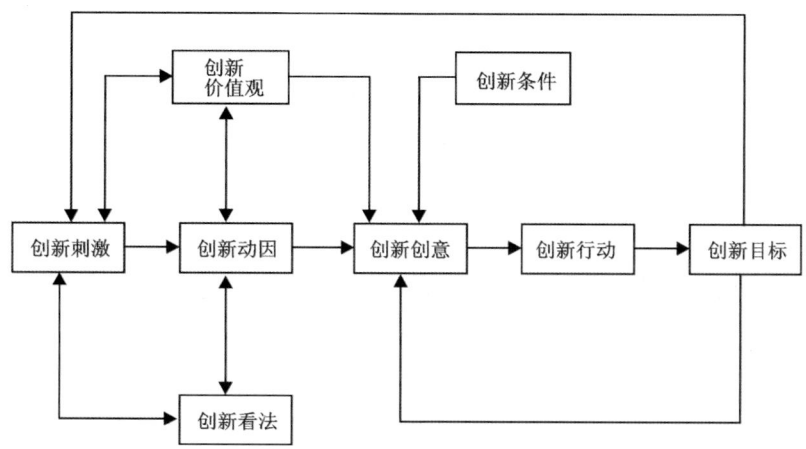

图 3-1 企业家创新行为过程

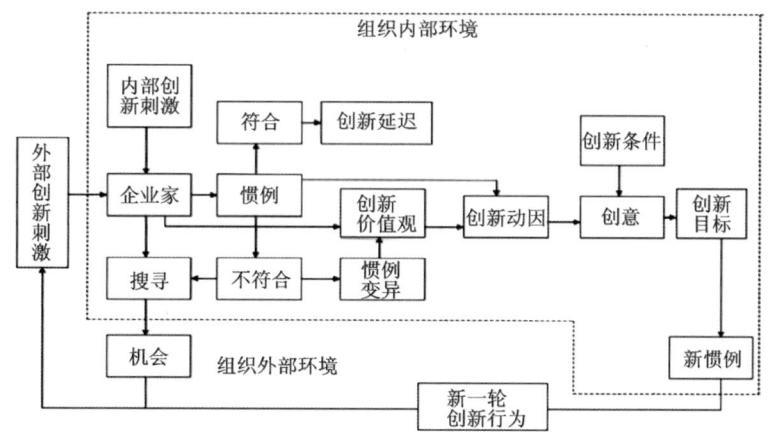

图 3-2 惯例影响下的企业家创新行为过程

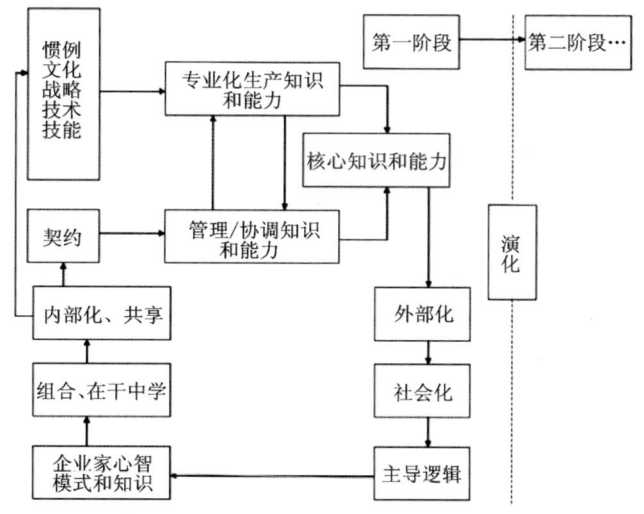

图 3-3 企业主导逻辑形成过程

主导逻辑是以企业家为主的高级管理者意识到或并没有意识到的显性以及隐性知识的集合体。组织内形成的主导逻辑引导和规范着组织成员的价值判断、思维模式和行为方式。主导逻辑也是企业惯例形成的前提和基础。在主导逻辑的作用下,确定了专业化生产过程中组织的现实需求和目标,从而确定了筛选和识别个人知识和技能的标准。与之相关的个人知识和技能具有共性,并在共享的过程中不断演化;与之无关的个人知识和技能被过滤,但在未来随着主导逻辑的变化和惯例的变异重新被筛选。主导逻辑作为一种心智模式,它在决策者行为中得到体现。从企业成长的角度来看,主导逻辑形成和充当了一种研究纲领的管理理论和政策组成的框架,体现了企业在一段时期内的演化均衡。为消除组织惯例对企业家创新行为的负面影响,必须要大力推进以企业家心智模式特别是创新思维的主导逻辑的建立,从而极大地发挥企业家的主观能动性,促进企业创新活动的效率和效果的不断提高。

代表性论文 2

论文标题:企业家创新行为、员工创新行为与低技术制造企业吸收能力关系研究
发表期刊:科技管理研究,2019
作者简介:段晓红(第一作者),中国地质大学(武汉)经济管理学院副教授。

论文简介及创新点:当前,国际贸易的新形势和新变化加大了中国低技术制造业外部环境的不确定风险,使对外依存度较高的低技术制造业受到较大影响。但是,自 2005 年以来,中国大力提倡企业自主创新使得低技术制造业对国外引进技术的依赖程度正在不断降低。随着"中国制造 2025"和"一带一路"倡议的实施与推进,给中国低技术制造业带来了难得的发展机遇。然而,随着人口出生率下降、中国逐渐进入老龄化社会以及劳动力成本不断上升,低技术制造业的低人力成本优势正在逐渐消失。并且,以专利申请数为标准的中国低技术制造业与高技术产业相比,其创新的发展潜力也在不断降低。未来,在优化产业结构的过中,在高技术产业的引领下,低技术制造业可以通过技术引进、模仿创新、购买先进机器和增加知识型员工数量等方式增强自身的吸收能力来解决上述题。员工是企业生存发展的基础,是他们通过积极主动地搜寻和学习实现了组织与环境的知识交流,也是他们彼此之间的协作促进了知识在企业内部的转化利用,即员工个体促进了组织整体吸收能力的提高。但是,现有研究文献较少关注员工个人吸收能力的具体发展过程,也较少关注员工个体之间如何通过沟通协作将个体知识转化为企业共有知识。另外,处于产业发展成熟期的低技术制造企业因为拥有较为先进的生产技术、稳定的市场需求以及内部创新能力不足,造成其较易产生创新惰性。所以,本文在分析影响中国低技术制造企业员工个人吸收能力关键因素的基础上,研究员工创新行为与员工个人吸收能力的关系,并且在组织层面寻找通过企业家创新行为引领员工创新的主要途径。

代表性论文 3

论文标题:Timely or Considered? Brand Trust Repair Strategies and Mechanism after

Greenwashing in China-From a Legitimacy Perspective

发表期刊：Industrial Marketing Management，2018

作者简介：郭锐（第一作者），中国地质大学（武汉）经济管理学院教授。

论文简介及创新点：随着消费者绿色意识的提高，越来越多的中国企业开始实施绿色管理。然而，在实施过程中许多绿色品牌都进行了"漂绿"。"漂绿"后，绿色品牌与其利益相关者之间的品牌信任会受到极大的损害。要修复"漂绿"后的绿色品牌信任，必须找到有效的品牌策略和内在机制。本研究以制度理论为基础，探讨了"漂绿"后绿色品牌信任修复的品牌策略及其内在机制。基于组织层面的信任修复模型，本研究发现企业应采用"即时-深思熟虑-即时（timely-considered-timely）"或"即时-考虑-考虑（timely-considered-considered）"的品牌策略，并将品牌信任修复分为3个独立阶段，而不是采用其他"即时"或"考虑"的品牌策略组合，从而达到最优的绿色品牌信任修复效果。此外，本研究还发现，"考虑—即时—即时"品牌策略的绿色品牌信任修复效果最差，绿色品牌合法性在品牌信任修复过程中起着显著的中介作用。这些研究成果丰富了品牌管理理论、绿色营销理论和信任修复理论，为企业修复受损的信任提供了重要的管理启示。

代表性论文 4

论文标题：A Path Analysis Of Greenwashing In A Trust Crisis Among Chinese Energy Companies: The Role Of Brand Legitimacy And Brand Loyalty

发表期刊：Journal of Business Ethics，2017

作者简介：郭锐（第一作者），中国地质大学（武汉）经济管理学院教授；陶岚（通讯作者），中国地质大学（武汉）经济管理学院副教授。

论文简介及创新点：对于中国许多能源企业来说，绿色品牌战略正成为增强竞争优势的重要途径。然而，"漂绿"行为导致了信任危机。现有的研究集中在绿色营销上，但对能源品牌"漂绿"所导致的信任危机的制度观点研究却较为稀缺。因此，本研究从制度理论的角度出发，从合法性、能源政策管理、绿色品牌理论等方面探讨了能源品牌从绿色承诺（DEBG）到绿色能源品牌信任（GEBT）的脱钩过程，以及品牌合法性和品牌忠诚度的作用。然后通过分析调查数据得出结论，DEBG不仅对GEBT产生直接的负面影响，而且通过绿色能源品牌合法性的重要中介作用产生间接影响。此外，品牌忠诚是一个调节因素，可以缓解能源品牌信任危机。这些发现不仅丰富了能源品牌管理和绿色营销的理论，而且对能源政策管理具有重要的启示意义。

代表性论文 5

论文标题：Understanding the dynamics of the individual donor's trust damage in the philanthropic sector

发表期刊：Voluntas：International Journal of Voluntary and Nonprofit Organizations，2017

作者简介：侯俊东（第一作者），中国地质大学（武汉）经济管理学院教授。

论文简介及创新点：信任作为非营利组织的重要社会资本，不仅可以帮助捐赠者降低捐赠的感知风险和不确定性，而且是非营利组织与捐赠者建立长期关系的关键。尽管许多研究者已经确定了信任和不信任对捐赠行为的重要性，但很少有研究考察信任受损对捐赠者态度的影响。对于潜在和实际的捐赠者来说，阻碍他们向非营利组织捐赠的主要障碍是负面事件的不确定性和风险造成的信任受损。减轻感知不确定性和捐赠风险的负面后果的一种方法是修复信任受损。捐赠者信任受损是一个复杂的动态过程，揭示其受损过程及动态作用机制对于非营利组织的生存和发展极其重要。

本文基于拓展的效用理论、自我感知理论和期望确认理论，以捐赠者的信任受损-行为-行为后结果的评价为主线，构建一个嵌入信任受损且包含捐赠前、捐赠和捐赠后3个阶段的个体捐赠行为动态决策模型（图3-4），提出了12条研究假设，运用两个平行实验揭示个体捐赠者信任受损的动态作用规律和反馈过程。

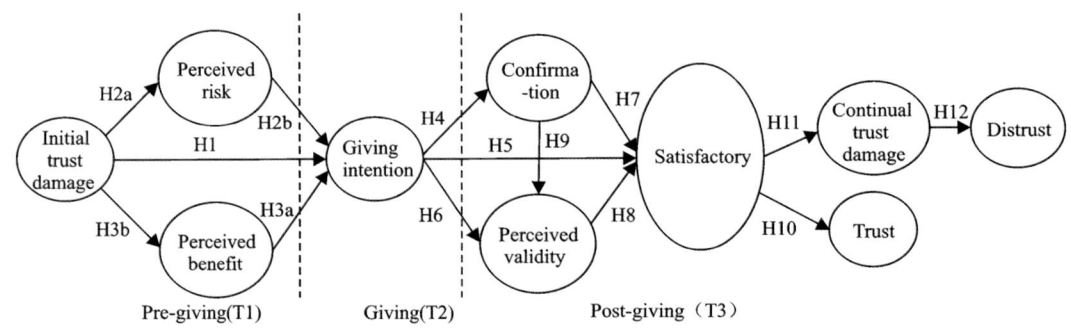

图3-4 个体捐赠者信任损害动态过程的理论模型

结果表明，初始的信任受损不直接影响个人捐赠者的实际捐赠行为，而是通过感知风险和感知效用的中介作用对实际捐赠行为分别产生负向和正向的影响。实际捐赠行为会对捐赠后的捐赠者认知和情感因素有正向的反馈作用。通常情况下，捐赠者积极的评价显著影响其捐赠的满意度，满意度又会促进捐赠者信任水平的提高，从而进一步影响捐赠者未来的行为。然而，在信任危机诱因事件的刺激下，捐赠阶段的实际行为有所降低，与之相对应的后续认知、感知有效性、满意度等都随着降低。满意度高就会修复其信任受损水平；满意度不高，则可能进一步加剧其信任受损，最终致使捐赠者不信任，甚至是因污损和歧视而冠以"污名"。

代表性论文6

论文标题：How nonprofits can recover from crisis events? The trust recovery from the perspective of causal attributions

发表期刊：Voluntas：International Journal of Voluntary and Nonprofit Organizations，2020

作者简介：侯俊东（第一作者、通讯作者），中国地质大学（武汉）经济管理学院教授。

论文简介及创新点：一般来说，信任受损是信任和不信任之间的中间状态，它是指信任并未完全丧失，只是对组织的信心有所下降。尽管只有少数非营利组织可能存在信任危机问题，但整个慈善行业可能因为社会影响效应、信息级联效应、同行羊群效应或传染效应导致品牌信任和社会支持的整体崩塌。因此，非营利组织迅速克服危机事件的负面后果至关重要。这意味着非营利组织必须充分了解捐赠者信任受损的程度，以便恢复其对组织的信心。信任不仅是个体捐赠者和非营利组织之间的一个重要联系，也是吸引捐赠一个必要的先决条件。因此，当危机暴露时，非营利组织必须采取措施改善或改变公众舆论，以获得修复信任或所需的社会支持。以前的研究已经考察了企业信任修复，并强调了微观层面基于心理学观点的特定人际或群体层面的策略；然而，从宏观层面的组织、机构或社会等角度进行研究的较少。显然，非营利组织的信任修复应该从组织而不是个人的角度来探讨。以往的研究忽视了因果归因在信任损害和信任修复中的作用，因此有必要从因果归因的视角对非营利组织的信任受损过程及修复策略进行更详细的研究。

本文采用了因果归因的3个维度（内部性、可控性和稳定性）来检验信任受损的原因，确定了因果归因维度在信任受损和修复阶段所起的重要作用。本文提出了6个研究假设，并在此基础上构建出因果归因理论框架（图3-5），通过两项实验揭示危机事件后基于3个原因的非营利组织信任受损和修复过程。实验1和实验2相互补充，实验1揭示了归因和社会解释在信任受损和修复过程中的作用，证实了研究假设。实验2检验了对不同类型的事件的影响，提高我们研究结果的普适性。

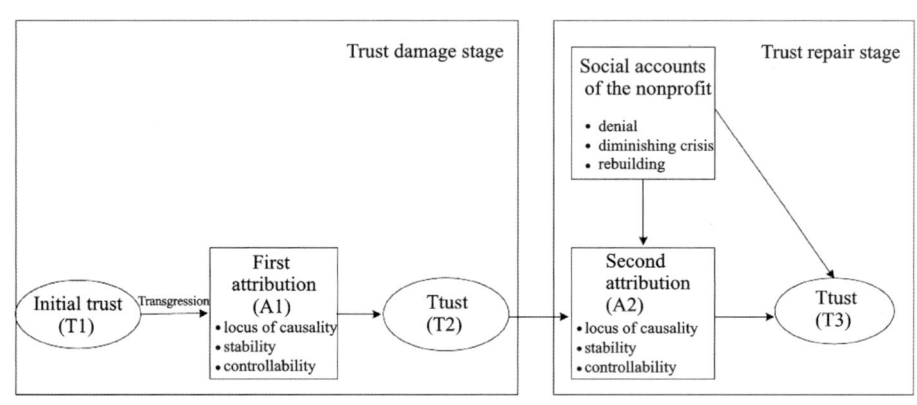

图3-5　社会公众捐赠过程中的信任受损及其恢复策略

本文研究了危机事件后，非营利组织恢复捐赠者信任的方法。结果表明，内部性归因、可控性归因对于解释信任的动态性特别重要。在信任受损阶段，危机事件后公众越容易进行内部性归因、可控性归因与稳定性归因，信任受损程度将越严重；在信任修复阶段，降低公众内部性与稳定性归因有利于信任修复，但降低可控性归因的作用并不显著。采取否认、弱化及重建策略不仅能有效修复受损信任，且能在一定程度上引导公众的归因，其中否认策略能够引导公众有效降低可控性归因，弱化策略能够有效引导公众降低内部性归因与可控性归因，但重建策略对公众归因的引导作用不显著。另外,当危机的原因被认为是可控时,非营利组织为降低其可控性而采取的行为就会被认为是可疑的,并可能被解释为制造借口、逃避责任甚至欺骗,进而导致捐赠者更大的不信任。

代表性论文 7

论文标题:影响个人捐赠决策的感知特性及其维度结构——基于中国的实证经验

发表期刊:公共管理学报,2011

作者简介:侯俊东(第一作者、通讯作者),中国地质大学(武汉)经济管理学院教授。

论文简介及创新点:为了吸引个人捐助,非营利组织必须采取有针对性的营销手段来增加这一捐赠群体对该组织及其公益事业的良好感知,以满足他们的利他或利己需求,这说明影响个人捐赠行为决策的感知特性将值得探索。为此,本研究在中国文化传统背景下,运用探索性与验证性方法对影响个人捐赠行为决策的感知特性及维度结构进行了实证研究。结果表明:①在中国背景下,影响个人捐赠行为决策的感知特性有两个层面,即对非营利组织的感知和对公益事项的感知;②非营利组织感知层面,主要是个人捐赠者对运作绩效、品牌资产的感知,后者由品牌个性、形象及意识 3 个维度构成,而公益事项感知层面的结构分为 5 个维度,分别是公益事项效用、重要性、可参与性、可接近性及与价值观一致性。

代表性论文 8

论文标题:组织公民行为负效应研究——整合广义交换、印象管理和进化心理学的分析

发表期刊:管理评论,2017

作者简介:刘家国(第一作者),中国地质大学(武汉)经济管理学院副教授。

论文简介及创新点:组织公民行为是应用心理学和组织行为学领域被广泛研究的议题。以往研究将组织公民行为假定为基于良好动机、对组织是有价值的角色外行为,主要关注于组织公民行为的前置变量,而对结果变量关注不够。有限的关于组织公民行为结果变量的研究主要涉及组织绩效,对其负效应研究尤为少见,而且关于组织公民行为可能恶化工作家庭冲突,导致绩效评价不公平、角色超载等负效应的观点实证结果并不统一,对组织公民行为负效应是否存在的认识仍不明确。本研究基于进化心理学结合广义交换和印象管理理论提出,在中国情境下,由于领导在组织资源配置、个人利益分配方面的重要地位,组织公民行为具有获取领导情感信任,进而获取好的资源分配、利益分配地位的动机,从而并未必然导致工作家庭冲突和角色超载这些负效应,且与工作家庭冲突和角色超载负相关。此结论拓展了现有的关于组织公民行为与工作干涉家庭冲突、角色超载等负效应关系的认识,有助于加深对组织公民行为与其结果变量关系的认识。

代表性论文 9

论文标题:研发时序双元转换与组织绩效的关系研究
发表期刊:管理学报,2020
作者简介:马海燕(第一作者),中国地质大学(武汉)经济管理学院副教授。
论文简介及创新点:利用与探索对组织发展至关重要,组织同时追求利用现有能力和探索新机会被定义为双元。与并行采用利用与探索的双元相比,研发时序双元的矛盾焦点在"转换"环节上,而目前对时序双元的研究是欠缺的,尤其缺乏对其如何发生以及如何实现转换的研究。研发时序双元转换既是一种战略选择,也是一种深刻的组织变革,存在诸多风险,需要组织具备动态的转换能力。良好的战略必须与强大的动态能力相结合,才能有助于组织实现强劲的绩效。研发时序双元转换战略不同的转换幅度和转换方向与组织绩效关系如何?时序双元转换能力包含哪些元素,如何影响这个转换过程?遵照"研究双元最合适是动态能力视角"的建议,本研究拟依据动态能力理论,探讨研发时序双元转换战略、时序双元转换能力与组织绩效之间的关系。

研究结论表明,总体上,在研发支出具有紧凑而剧烈变化特征明显的组织,绩效越高。具体形态上,研发时序双元转换战略携带的双元性正收益会减速递增,随着转换幅度的变大,该战略所带来的风险会抵消并超过双元性的正收益,组织绩效呈增速递减;同时,具有高水平吸收能力和转换效率的组织更容易获得更好的绩效;以单独的吸收能力作调节变量,它在负向战略中的作用并不显著。调节效应如图3-6所示。

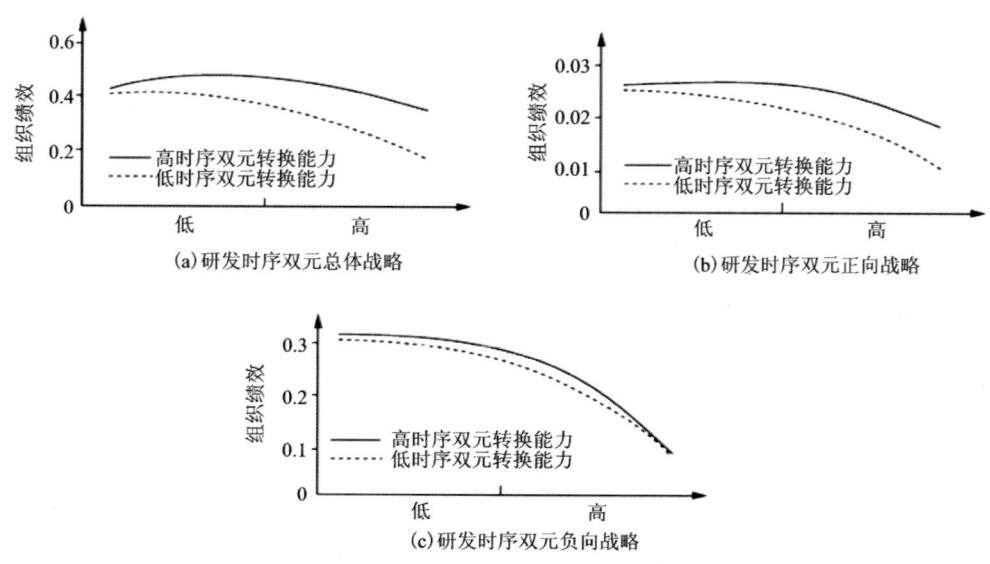

图 3-6 时序双元转换能力的调节效应

本研究的结论对企业的研发管理颇具实践价值:①企业管理者要辩证地看待研发投资的波动现象。在竞争中,要在战略上重视并勇于选择研发时序双元。②管理者需要明确,实施不同方向的研发时序双元战略所需要匹配的能力各有侧重,在培养从外部引入知识的吸收能力的同时,还需要拥有高效的资源整合能力,形成系统而完整的转换能力。③在追求时序双元的过程中,企业管理者需要认识到可能存在错失机会节点的风险,面临项目甄别及研发人员沟通的难度、思维模式限制,以及组织路径依赖等困难和挑战,提前做好应对策略。

代表性论文 10

论文标题:积极心理学的繁荣与演变——阴阳辩证哲理的回归

发表期刊:心理学探新,2019

作者简介:王萍(第一作者),中国地质大学(武汉)经济管理学院副教授。

论文简介及创新点:心理学家试图描述、预测和解释人的行为和心理过程,并帮助改变和促进人们生活与其生活的世界。让所有人的生活更加充实是心理学最初使命之一,为什么这一使命需要定期重新发现。Seligman 和 CkSizentmihalyi 提出积极心理学(positive psychology,PP),目的是有意修正几十年来心理学和许多社会科学关注的问题。历史和文化等因素推动积极心理学运动,由 Seligman 倡导的积极心理学被称为积极心理学 1.0(PP1.0),浓厚的学术氛围促进积极心理学繁荣。倡导揭示人类积极优势和美德实现美好生活和繁荣而拒绝消极,使得积极心理学转向研究积极-消极的共生关系,进而掀起积极心理学第二次浪潮(second wave positive psychology,PP2.0)。由于心理学过于专注消极,积极心理学转向另一个极端重视人类的积极。近来,新的不平衡使得积极心理学引用中国哲学思想,把阴阳之间辩证互动原则作为 PP2.0 的基础,揭示积极和消极之间动态平衡。积极心理学从 PP1.0 到 PP2.0 的演变,表明积极心理学发展离不开哲学母体的贡献,揭示着阴阳辩证哲理的回归。

人类生活中积极方面和消极方面共同影响人们应对各种挑战时的选择。过于关注人类消极方面或者积极方面,忽视积极与消极的互动和平衡,都是对人性和人类经验的偏颇认识。目前,积极心理学将阴阳之间的辩证互动原则作为 PP2.0 的基础,研究积极-消极之间的共生关系和动态平衡的原则和策略。阴阳是一个简朴而博大的中国道家哲学,阴阳代表一切事物的最基本对立关系,是万物运动变化的本源。按照阴阳辩证原则,积极方面和消极方面是对立的、互根互用、消长平衡和相互转化的关系。PP2.0 回到人类认识事物的本源,研究积极-消极的共生关系,将阴阳辩证法则回归,无疑是将积极心理学引领到遵循自然界和人类发展的客观规律,从朴素的哲学思维全面促进人类美好生活和福祉。

代表性论文 11

论文标题:职业压力对高校教师幸福感的影响——基于心理资本中介效应的分析

发表期刊:中国经贸导刊,2020

作者简介:王萍(第一作者),中国地质大学(武汉)经济管理学院副教授。

论文简介及创新点:目前,国内幸福感研究主要集中于主观幸福感或职业幸福感。心理幸福感是实现自身潜能和对生活意义的体验,研究多以学生为对象,很少对比研究不同岗位员工职业压力、心理资本与心理幸福感之间的关系。因此,本研究以高校教师及其他岗位员工为对象,探讨其作为一个整体及各自的职业压力对心理幸福感的影响机制;比较二者职业压力、心理资本及心理幸福感的异同,评估心理资本在两个变量间的中介效应;为缓解教师及其他岗位员工职业压力和提高心理幸福感,给管理者提出发展心理资本的建议。

通过实证研究得出结论:①整体员工心理幸福感水平较高,其他岗位员工心理幸福感水平明显高于高校教师,均无显著的性别差异;②整体员工及高校教师职业压力对心理幸福感有显著的负向影响;③整体员工、高校教师及其他岗位员工心理资本与心理幸福感均存在正相关;④整体员工与其他岗位员工心理资本均存在显著性别差异;⑤高校教师与其他岗位员工心理资本及其各维度与心理幸福感存在显著差异;⑥整体员工心理资本在职业压力与心理幸福感之间存在完全中介效应,高校教师心理资本存在部分中介效应,而其他岗位员工心理资本的中介效应不显著。通过相关分析和差异检验显示整体员工心理幸福感水平较高,其他岗位员工心理幸福感水平明显高于高校教师,均无显著的性别差异。

整体员工和其他岗位员工在职业压力上均无显著的性别差异,在心理资本上均差异显著,说明性别差异对二者心理资本的影响较为明显。同时,研究表明职业压力主要源于付出-回报失衡,处于付出-获得不平衡状态的整体员工为69.55%,其他岗位员工为59.30%,该比例低于公务员,却远高于某密闭空间作业人员;高校教师高达79.51%,该比例远高于小学与幼儿园教师,高校教师中认为付出-获得不平衡的比例更大。而且,付出-获得不平衡与平衡状态下整体员工心理幸福感具有显著性差异。目前,员工承担着较高的职业压力,若长期处于高付出-低回报状态下,将影响其心理幸福感水平。通过相关分析和路径分析证明整体员工与高校教师职业压力对心理幸福感有负向影响,验证了在企业或政府等组织中的研究结论。

代表性论文 12

论文标题:中国资源型企业绿色行为调查研究
发表期刊:中国人口·资源与环境,2015
作者简介:谢雄标(第一作者),中国地质大学(武汉)经济管理学院教授。
论文简介及创新点:资源型企业在国民经济中有重要地位,但在生产过程中易浪费资源、破坏环境,在"两型"社会建设和生态文明建设背景下,资源型企业必须要绿色发展。本文采用问卷调查的形式对资源型企业绿色行为及影响因素状态进行研究。研究结果表明,资源型企业有一定的绿色意识,比较重视生产过程控制、管理制度的规范,但还存在一些问题,如环保制度的建设和执行力度还有待提高、员工绿色意识及相关技能有待增强、绿色技术创新的投入和产出明显不足、环保专业人才缺失较为严重等。资源型企业绿色行为与绿色认知、资源能力、合作预期、社会网络呈显著正相关,这些因素具体情况为:①资源型企业对政府规制和公众意识的变化趋势及企业的社会责任有深刻的理解,但对绿色发展的必要性认识还存在不足;②企业的绿色发展在信息、技术、人才、资金等方面都感到不足,特别是资金不足将成为企业绿色发展的瓶颈;③对影响企业绿色行为收益的各方合作的预期还比较正面,但这些占比还不高;④企业与各类组织建立了较为广泛的联系,且关系较为稳定,但企业网络主要体现为垂直型网络。绿色认知不到位、资源能力的不足、合作预期不高、社会网络结构较为单一,在一定程度上影响了资源型企业绿色行为。因此,政府要根据资源型企业绿色发展中存在的问题及影响因素,针对性采取相关的政策措施,从而提高企业绿色认知,增强企业绿色发展的积极性和主动性。

代表性论文 13

论文标题:How to drive green innovation in China's mining enterprises? Under the perspective of environmental legitimacy and green absorptive capacity

发表期刊:Resources Policy,2021

作者简介:周敏(第一作者),中国地质大学(武汉)经济管理学院博士研究生;谢雄标(通讯作者),中国地质大学(武汉)经济管理学院教授。

论文简介及创新点:矿业企业在资源供应方面扮演着重要角色的同时,也造成了严重的环境破坏,绿色创新是其实现可持续发展的有效手段,但关于如何促进矿业企业绿色创新的机制仍不清晰。

环境合法性和绿色吸收能力对企业绿色创新具有积极的促进作用,但现有文献将三者纳入同一研究模型。此外,大部分学者关注到了正式制度压力对企业绿色创新的影响,只有少数研究探讨了非正式制度压力的作用。事实上,第三方机构、当地居民等非正式机构社区和媒体也是激发矿业企业绿色发展的重要途径,有必要研究正式和非正式的制度压力对矿业企业绿色创新的重要作用。

此外,绿色吸收能力使外部绿色知识向企业内部的绿色创新绩效转化成为可能,这有助于降低企业业务波动中的市场风险。对于矿业企业来说,高管人员负责绿色创新的战略决策,高管认知和绿色战略导向是绿色创新的组织因素,有必要探究绿色吸收能力在组织因素与绿色创新之间的调节作用。

综合以上分析,考虑到掌握绿色知识和应对与企业绿色创新相关的制度压力的重要性,探索环境合法性、高管认知与企业绿色战略导向、绿色吸收能力和绿色创新之间的关系具有重要意义。本文的理论模型如图3-7所示。

本研究使用多元回归分析法分析了中国133家矿业企业的样本数据,得出以下结论:①正式和非正式的制度压力都与矿业企业的高管认知和绿色战略导向显著正相关,验证了高管认知与绿色创新、绿色战略导向与绿色创新之间的显著相关性;②高管认知和绿色战略导向是与环境合法性和绿色创新联系的重要中介;③绿色吸收能力分别对高管认知与绿色创新、绿色战略导向与绿色创新的关系具有正向调节作用;④基于控制变量的实证分析结果显示,大型矿业企业比中小型矿业企业更愿意开展绿色创新,因为前者拥有足够的资源和能力。以上实证结果通过了稳健性检验。

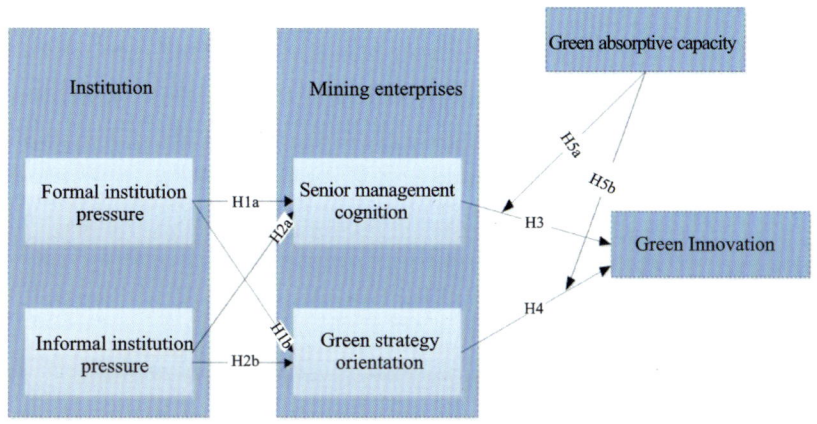

图 3-7 理论模型图

代表性论文 14

论文标题：协同支持网络对中小企业绿色创新行为影响研究

发表期刊：生产力研究，2020

作者简介：谢雄标（第一作者），中国地质大学（武汉）经济管理学院教授。

论文简介及创新点：企业绿色创新是指能降低对环境负面影响的关于产品、过程及管理的创新活动，它在能为企业带来经济价值和竞争优势的同时，也具有投资回报周期长、风险高的特性。在生态文明建设和经济高质量发展背景下，中小企业绿色创新行为受到广泛的关注。

当前中小企业绿色创新行为研究聚焦于中小企业绿色创新的行为特征、影响因素与促进对策 3 个方面。本研究通过文献分析发现，现有关于中小企业绿色创新行为研究强调了外部支持的重要性，但对于各支持主体间协同机制的关注不够，对协同支持在中小企业绿色创新行为变动中的作用机制研究不够明晰。此外，企业行为是由企业管理者根据内部资源能力及外部环境进行决策的，合作能力作为企业能否充分利用网络中资金、技术、知识等资源的关键因素，可能会影响管理者对绿色创新价值与风险认知和行为决策。因此，本研究以协同支持为切入点和着眼点，基于社会认知理论和资源基础观，以管理者认知为中介变量，合作能力为调节变量，构建协同支持网络影响中小企业绿色创新行为的理论模型如图 3-8 所示。

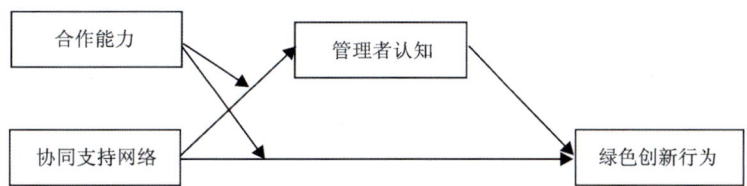

图 3-8 协同支持网络对中小企业绿色创新行为影响模型

本研究选取浙江 1000 家中小企业，向中高层管理者发放问卷并收集数据，回收有效问卷

270 份。实证分析显示:①协同支持网络能有效地为中小企业提供绿色创新所需要的资金、技术及知识等方面的支持,对中小企业绿色创新行为具有显著正向影响;②管理者认知在协同支持网络与中小企业绿色创新行为关系中发挥部分中介效应,协同支持网络影响管理者对中小企业绿色创新行为的价值认知和风险认知,进而影响企业绿色战略行为选择;③合作能力在协同支持网络与管理者认知之间起正向调节作用,合作能力越强,中小企业越能更好地吸收、利用协同支持网络提供的资源,增强管理者对实施绿色创新行为的价值认知,降低对风险的担忧,进而影响中小企业绿色创新行为选择。

本研究提出了以下 3 点建议:①在环境协同治理背景下,要构建地方政府、技术中介、合作企业、社会公众等主体参与的支持体系,并加强支持主体间的沟通与合作,提高支持主体间的协同效应;②支持性政策措施要配套设计和宣传到位,让中小企业感知到社会的支持力量和信任氛围,形成绿色创新是"机会"的判断;③地方政府及行业协会要对中小企业管理者进行合作能力培训,让中小企业能更好地与相关方合作,充分利用外部网络资源,构建绿色创新网络。

代表性论文 15

论文标题:How to drive green innovation in China's mining enterprises? Under the perspective of environmental legitimacy and green absorptive capacity

发表期刊:Resources Policy,2021

作者简介:周敏(第一作者),中国地质大学(武汉)经济管理学院博士研究生;严良(通讯作者),中国地质大学(武汉)经济学院教授。

论文简介及创新点:环境合法性和绿色吸收能力有助于推动绿色创新,然而,它们在推动矿业企业绿色创新方面的整合仍有待探索。本研究调查了 133 家中国采矿业企业,采用多元回归分析法考察环境合法性、组织因素中的高管认知、矿业企业的战略定位、绿色吸收能力和绿色创新的理论关系。本研究发现:①环境合法性,包括正式和非正式的制度压力,对高级管理层产生积极影响矿业企业的认知与绿色战略定位;②高管认知与绿色战略导向与中国矿业企业绿色创新呈正相关,它们都在环境合法性与绿色创新关系中发挥积极的中介作用;③绿色吸收能力能正向调节高管认知与绿色创新的关系,尤其在绿色战略导向与绿色创新之间;④企业规模作为控制变量与绿色创新显著相关。最后,本研究为政策制定者和矿业企业提出了多项领先的政策建议,如建立一个涉及多个参与者的综合绿色创新评估框架,加强行政部门的绿色承诺和积极的绿色战略导向,以及建立全公司绿色知识学习体系和外部绿色知识合作。

代表性论文 16

论文标题:Substitution Effect of Natural Gas and the Energy Consumption Structure Transition in China

发表期刊:Sustainability,2020

作者简介：熊伟伟（第一作者），中国地质大学（武汉）经济管理学院博士研究生；严良（通讯作者），中国地质大学（武汉）经济学院教授。

论文简介及创新点：目前，中国的能源消费结构存在一定的隐患，对外石油依存度超过了70%，因此面临的关键问题在于如何优化能源消费结构，以保证我国能源消费的稳定和安全。本文采用基于能源资本的能源替代系统动力学模型，探讨天然气替代对我国能源消费结构转型的影响。研究的结果表明，煤炭和石油产能的巨大资本存量有效地延缓了天然气替代优化能源结构的进程，导致天然气替代短期效应有限，长期累积效应较大。进一步的情景分析表明，天然气补贴和碳交易政策对天然气消费增长和能源结构优化具有积极影响。本文认为，为了满足能源转型中的能源消费需求，极有可能会出现更高的安全供应压力。基于上述分析，本文从3个方面提出了改善我国能源消费结构的建议：首先是将资本投资分配给天然气，其次是降低天然气与其他能源之间的转换成本，最后是需要深入认识能源消费的系统性风险，以确保我国能源消费结构的转型可以保证能源供应和利用的安全。

代表性论文 17

论文标题：The Spatial Correlation and Explanation of the Evolution of China's Regional Human Capital Structure—Based on Network Analysis Method

发表期刊：Sustainability，2021

作者简介：戴潇（第一作者），中国地质大学（武汉）经济管理学院博士研究生；严良（通讯作者），中国地质大学（武汉）经济学院教授。

论文简介及创新点：人力资本是技术发挥作用的重要催化剂，是确保区域可持续发展的关键。目前对人力资本的研究主要考虑其存量和区域分布的不平衡性，缺乏对人力资本结构的整体描述和空间相关性的分析。因此，本文首先构建了基于初级人力资本、高级人力资本和经济地理权重矩阵的人力资本结构演化模型（HCSE），然后运用网络分析方法对2009—2018年中国区域HCSE的空间相关特征和影响因素进行了新的解构。结果表明：①中国的HCSE在2012年、2015年和2018年经历了区域积累，具有更为显著的路径依赖特征，并且随着中国省份的不同而存在显著差异，即东部地区以外向溢出路径为主，中西部地区内进外出交替。②中国HCSE的空间网络是稳定的、多重叠加的。样本调查期间，总体网络密度先升后降，2014年出现最大的区域聚集系数和传输效率。③东部地区（以北京、上海、广东为核心）处于网络溢出的中心，有着举足轻重的地位，起着中介和桥梁作用；西部地区在促进HCSE空间网络向外部依赖方向发展方面起着中心作用；大部分中部地区在空间关联网络演化中的作用减弱。④我国城镇化水平、投资规模和区域发展程度是影响城镇化水平空间相关性的主要因素，城市化水平差异越大，HCSE的空间相关性越密切，网络效率越高，而投资规模和区域发展的差异则存在负相关的关系。本研究从人力资本构成和地理差异的视角，利用"中心—外围"理论解释了近十年间我国劳动力转移的现象。

第四章

经济学系

CHAPTER 4

第一节 教师简介

陈艳,副教授,硕士生导师。2005年毕业于华中农业大学农业经济管理专业,获管理学博士学位;2005年至今,在中国地质大学(武汉)经济管理学院从事资源环境经济与管理领域的科研与教学工作。先后主持国家社科基金面上项目、教育部人文社科基金项目、武汉市科协创新智库建设调研项目、武汉市社科联一般项目等10多项科研项目,以主要成员身份参与国家自然科学、社会科学基金4项。以第一作者身份在《中国人口·资源与环境》《资源科学》等杂志发表科研论文10多篇。

主要研究方向:能源经济理论与政策、资源产业经济。

主要社会与学术兼职:《中国人口·资源与环境》《资源科学》《长江流域资源与环境》等期刊审稿人。

主讲课程:博弈论与信息经济学、制度经济学、土地资产评估理论与实务。

成金华,教授,博士生导师。2002年毕业于中国地质大学(武汉)矿产普查与勘探(资源经济)专业,获博士学位;2002—2005年在中南财经政法大学做理论经济学博士后。1992年至今在中国地质大学从事人口、资源与环境经济学和管理科学与工程专业的教学与科研工作;1996年,任中国地质大学(武汉)人文与经济管理学院副院长;1999年,任中国地质大学(武汉)人文与经济学院院长;2004年3月,任中国地质大学(武汉)校长助理;2007年6月,任中国地质大学(武汉)副校长;2012年7月,任中国地质大学(武汉)党委副书记、纪委书记、工会主席。

主要研究方向:资源环境经济学、生态文明。

主要社会与学术兼职:中国区域科学协会副理事长;教育部经济学教学指导委员会会员;自然资源部国土资源战略研究重点实验室学术委员会委员;湖北省人民政府咨询委员会委员。

主讲课程:应用经济学前沿、资源与环境经济学、科学方法论、中国经济专题。

龚承柱，副教授，博士生导师。地大学者青年优秀人才。2016年毕业于中国地质大学（武汉）管理科学与工程专业，获博士学位；2016年至今在中国地质大学（武汉）经济管理学院经济学系工作。目前负责主持国家自然科学基金项目和教育部人文社科基金项目2项，参与国家社科基金重大项目等其他纵向课题3项，企业委托课题5项，以第一作者或通讯作者在 Energy Policy，Resources Policy，Applied Energy，Energy，Simulation Modelling Practice and Theory，Science of The Total Environment 以及《系统工程理论与实践》《中国管理科学》《系统管理学报》《中国人口·资源与环境》《环境经济研究》等国内外 SSCI、SCI、CSSCI 学术期刊发表科研论文30余篇，担任 Nature Communications，Energy Economics，Applied Energy，Energy，Journal of Cleaner Production 以及《系统工程理论与实践》《中国管理科学》《系统管理学报》《计量经济学报》《中国环境管理》《环境经济研究》等国内外学术期刊审稿人。获湖北省优秀科研成果三等奖，湖北省优秀硕士学位论文，指导学生获得全国能源经济学术创意大赛一等奖，最佳能源建模奖。

主要研究方向：资源系统工程、资源环境经济。

主要社会与学术兼职：中国系统工程学会能源资源系统工程分会理事；中国优选法统筹法与经济数学研究会能源经济与管理研究分会理事。

主讲课程：博弈论、能源经济学、碳管理。

金贵，教授，博士生导师。2014年毕业于中国地质大学（武汉）土地资源管理专业，获博士学位；2015—2021年在中国科学院地理科学与资源研究所从事发展经济学专业博士后研究工作；2020年至今，在中国地质大学（武汉）经济管理学院从事区域经济与资源环境经济领域的教学与科研工作。

主要研究方向：资源经济学、区域经济与政策评估、决策支持系统。

主要社会兼职：湖北省生态文明示范省（市、县）创建咨询专家；湖北省自然资源生态修复省级专家；湖北省改革智库（湖北省生态文明研究中心）专家；中国自然资源学会资源流动与管理研究专业委员会委员；中国自然资源学会土地资源研究专业委员会委员；中国地理学会发展地理学专业委员会委员；湖北省国土空间规划学会理事；中国农业政策研究中心（CCAP）特聘研究员；华中师范大学·湖北省发展与改革委员会武汉城市圈研究院特聘研究员；Frontiers in Environmental Science，Water 等 SCI 期刊编委；Journal of Geographical Sciences 等 SCI 期刊客座主编；World Development、Technological Forecasting & Social Change 等40余个 SSCI/SCI 期刊和《中国人口资源与环境》《地理学报》《自然资源学报》等10余个国内知名期刊审稿人。

主讲课程：资产评估理论与方法、人口资源与环境经济学、土地经济学、土地管理学、研究方法与论文写作。

林巧文，特任副教授，硕士生导师。2016年毕业于中国地质大学（武汉）土地资源管理专业，获管理学博士学位；2016—2018年，在华中科技大学从事博士后研究工作；2018年至今，在中国地质大学（武汉）经济管理学院从事土地管理及区域土地经济的教学和科研工作。

主要研究方向：土地管理、区域土地经济研究。
主讲课程：土地经济学。

刘江宜，副教授，硕士生导师。2007年毕业于中南财经政法大学，获经济学博士学位；2008—2013年，中国社会科学院农村发展研究所博士后；2010—2011年，美国纽约州立大学（ESF）访问学者。先后主持或参加国家社会科学基金等科研项目20余项，发表学术论文30余篇，出版学术著作3部，参编教材3本。曾荣获湖北省优秀科研成果三等奖、中国地质大学青年教师讲课比赛人文社科组一等奖。

主要研究方向：资源环境经济与管理、生态经济与可持续发展。
主要社会与学术兼职：中国生态经济学会教育专业委员会常务理事兼副秘书长；湖北省生态经济学会常务理事。
主讲课程：微观经济学、经济思想史、生活中的经济学、资源环境经济学、无形资产评估。

孟霞，副教授，硕士生导师。2010年毕业于武汉大学社会学专业，获博士学位；2009—2010年杜克大学博士联合培养；2017—2018年根特大学访问学者；2019年至今，在中国地质大学（武汉）经济管理学院从事经济学方向教学与科研工作。

主要研究方向：公共经济、文化经济。
主讲课程：劳动经济学、经济史、经贸英语、当代中国经济发展、文化传播与表达。

彭武元，教授，博士生导师。2003年7月毕业于华中科技大学西方经济学专业，获博士学位；2004—2008年在中国社会科学院世界经济与政治研究所从事理论经济学博士后研究工作；2008—2009年在美国斯坦福大学做富布赖特访问研究学者；2003年至今，在中国地质大学（武汉）经济管理学院从事中国宏观经济与金融、能源与环境经济的教学与科研工作。

主要研究方向：能源与环境经济、宏观经济与金融。

主要社会与学术兼职：中国"双法"研究会能源经济与管理研究分会理事；中国系统工程学会理事；湖北省经济学会理事；湖北省世界经济学会理事；武汉市系统工程学会理事。

主讲课程：宏观经济学、金融市场学、公司金融。

齐睿，副教授，博士生导师。2011年6月毕业于华中科技大学公共管理学院，获管理学博士学位；2011—2017年华中科技大学经济学院理论经济学博士后；2017—2018年墨尔本大学地理学院访问学者。

主要研究方向：生态文明建设、碳中和规划与气候投融资。

主要社会与学术兼职：长江生态保护基金会"零碳长江"项目部主任；中共新洲区委政研室副主任（兼）；湖北省改革智库、湖北省生态文明研究中心主要成员；中国土地勘测规划院征地制度改革项目组专家成员；湖北省环保厅气候处、中国碳排放权登记结算中心、湖北省碳交易中心专家成员；湖北省环境科学学会理事；湖北省环科学会绿色金融专委会副主任、秘书长；"科创中国"湖北双碳科技服务团专家；中国地质大学（武汉）碳中和校园建设咨询专家；墨尔本大学亚洲研究中心中国研究所荣誉研究员；墨尔本大学地理学院中国水政治研究团队成员。

主讲课程：碳管理、经济学研究方法与论文写作、经济模型与研究方法。

宋益，特任副教授，硕士生导师。2020年毕业于中南大学工商管理专业，获博士学位；2020年至今，在中国地质大学（武汉）经济管理学院从事研究与教学工作。

主要研究方向：资源与生态经济、产业经济、绿色产业政策。

主要社会与学术兼职：中国自然资源学会矿产资源专业委员会副秘书长。

主讲课程：宏观经济学。

汤尚颖，教授，博士生导师。2005年毕业于中国地质大学（武汉）资源产业经济专业，获工学博士学位。1988—1990年在华中师范大学出版社从事经济编辑工作；1990—2002年在武汉市社会科学院长江流域经济研究所从事流域经济和城郊经济方面的研究工作，任副所长；2002年8月至今在中国地质大学（武汉）经济管理学院从事资源环境经济学方面的教学和研究工作，任中国地质大学（武汉）资源环境经济研究中心（湖北省高等学校人文与社会科学重点研究基地）常务副主任。

主要研究方向：区域经济、农村经济、资源环境经济。

主要社会与学术兼职：中国自然资源学会理事；中国自然资源学会资源经济研究专业委员会副主任。

主讲课程：宏观经济学、资源与环境经济学（硕士）。

张意翔，副教授，硕士生导师。2008年毕业于中国地质大学（武汉）资源产业经济专业，获博士学位；2010—2015年，在中国地质大学（武汉）从事管理科学与过程博士后研究。

主要研究方向：能源经济学。

主讲课程：微观经济学、宏观经济学。

吴巧生，教授，博士生导师。2004年毕业于中国地质大学（武汉）矿产普查与勘探（资源产业经济方向）专业，获博士学位；2006—2008年在武汉大学从事理论经济学专业博士后研究；2008—2009年在澳大利亚莫纳什大学做访问学者；2001年至今，在中国地质大学（武汉）经济管理学院从事资源环境经济与管理领域的教学与科研工作。

主要研究方向：能源与矿产资源经济与可持续发展。

主要社会与学术兼职：中国地质矿产经济学会常务理事；中国系统工程学会能源系统工程分会常务理事；中国地质矿产经济学会资源经济与规划专业委员会副主任委员；中国自然资源学会矿产资源专业委员会副主任委员。

主讲课程：宏观经济学、资源与环境经济学。

李琳，讲师。2020年毕业于中国地质大学（武汉）管理科学与工程专业，获博士学位；2017—2019年于美国亚利桑那州立大学国家公派联合培养；2021年至今，在中国地质大学（武汉）经济管理学院从事资源环境经济领域的教学与科研工作。

主要研究方向：资源环境经济、行为经济学。

主讲课程：经济学原理（双语）、国际经济学。

第二节 科研项目简介

项目名称：我国绿色能源产业政策之间的相互作用及其组合策略研究（国家社会科学基金-面上项目）

项目负责人：陈艳

执行时间：2017—2020

主要内容、重要结果及社会影响力：

本项目遵循"问题-原因-解决"的研究路径，总体上采用规范的管理学研究方法，按照"理论研究＋模型构建＋实证检验"的模式，研究框架由"政策之间相互关系理论模型的构建与实证检验、政策对绿色能源发电规模扩大及绿色能源企业创新有无效果的实证检验、政策对绿色能源企业创新的作用机制及最优区间的实证检验以及多视角绿色能源产业政策的组合策略"四大部分组成。上述研究内容对于推动我国能源管理理论和能源政策理论具有重要意义；同时本项目的研究方向和内容，为绿色能源政策研究提供新的视角和中国范例。

围绕项目已经完成科研论文5篇，项目申请人以第一作者身份在CSSCI期刊公开发表3篇，项目成员以第一作者身份在CSSCI期刊公开发表1篇论文，另外2篇待发中。

项目名称：加快生态文明体制改革、建设美丽中国（国家社会科学基金项目-重大项目）

项目负责人：成金华

执行时间：2018—2020

主要内容、重要结果及社会影响力：

中国特色社会主义进入新时代，社会主要矛盾已经转化为"人民日益增长的美好生活需要和发展不平衡、不充分的之间的矛盾"。社会主要矛盾的转化决定生态文明体制改革根本任务和工作重点的变化。生态文明体制改革是调整和完善生态文明建设而设置的相关制度、组织架构和运行机制，是生态文明建设的制度保障和根本性要素，具有驱动生态文明建设和引导生态文明建设方向的功能。当前，相比于经济、政治、社会以及文化等方面的体制改革，我国生态文明体制改革具有一定的滞后性，存在体制不健全、法治不严密、制度不严格、执行不到位、惩处不得力等问题。因此，在新时代推进生态文明体制改革，是紧紧围绕我国社会主要矛盾变化，能更好地满足人民对优美生态环境需要的迫切要求。

本课题旨在围绕"加快生态文明体制改革，建设美丽中国"的问题导向和目标导向，从党的十九大关于生态文明体制改革的4个方面提出改进生态文明体制改革的实施路径和优化方案,具体包括以下几个方面。

一是全面梳理我国生态文明体制改革的进展、成效与趋势。对中华人民共和国成立以来生态环境保护措施和生态文明体制改革的相关进展,和十八大以来生态文明制度体系建设、资源节约、节能降耗、重大生态和修复工程、生态环境状况等各方面生态文明建设成效进行全面梳理,对十九大后我国生态文明建设的趋势进行分析。

二是分析新时代下绿色发展的内涵,提取绿色发展的核心,构建适应新时代、新要求的绿色发展框架,分析差异化的绿色发展制度与生活方式,探讨如何构建绿色发展创新体系,提出绿色发展体制机制创新路径,从而推动绿色发展,促进美丽中国建设。

三是探索突出环境问题的特征与成因,提出应对对策;改革环境治理体制机制,构建现代化环境治理体系,完善生态文明建设,促进美丽中国建设。

四是评估我国重要生态系统安全存在的风险,分析重要生态系统安全的监测预警与成因,从总体上提出完善我国重要生态系统保护的改革路径;厘清划定生态保护红线、城镇开发边界、永久基本农田3条控制线面临的挑战,提出完善划实并守住3条控制线体制的改革路径;从国土绿化、退耕还林、退耕还草、防护林建设、储备林建设等方面提出提升生态系统功能的体制机制;维护修复自然生态系统等方面提出扩大生态产品的体制机制;从明晰生态保护补偿主客体、合理确定生态保护补偿标准、补偿方式等方面,提出完善态补偿机制的改革路径。

五是对我国生态环境监督体制现状进行分析,为其改革提供依据和指引;明晰中央与地方政府在自然资源资产管理和自然生态监管体系中的权责关系,厘清其与既有管理部门间的权责边界,进行国有自然资源资产管理和自然生态监管机构建设路径的探析;从法律法规、管理体制、保护制度、运行体制、协同共治等多方面内容入手,提出国家公园为主体的自然保护地体系的建设方案和保障措施。

生态文明建设是中华民族的千年大计。课题紧密围绕中国特色的社会主义新时代满足和实现人民日益增长的美好生活需要,以精准阐述党的十九大报告"加快生态文明体制改革,建设美丽中国"为研究导向,从党的十九大关于生态文明体制改革的4个方面确立研究内容,精细探讨这4个方面的理论基础、改革要点、工作成效与短板、模式与典型案例等方面内容,有重点地提出了改进生态文明体制改革的实施路径和优化方案。项目成果有助于宣传贯彻党的十九大精神,有助于为推进生态文明体制改革提供理论基础,有助于各类主体实施生态文明体制改革,建设美丽中国。

项目名称:新时代战略性关键矿产资源供给安全与管理政策(国家自然科学基金-重大项目)

项目负责人:成金华

执行时间:2020—2024

主要内容、重要结果及社会影响力:

本课题聚焦新时代背景下铜、钴、稀土等典型战略性关键矿产资源的可供性、供给风险、安全体系与管理政策优化问题。已有研究表明，战略性关键矿产资源供给安全是一种嵌入到地缘政治、贸易摩擦和环境规制等国际大背景下，夹杂着地质、环境、技术、经济、市场波动及政策管控等因素的影响，具有高度的复杂性、不确定性和模糊性并存的特点，需要国家、区域和企业等不同层面的矿产资源行为主体的共同参与和共同治理。本课题针对战略性关键矿产资源勘查开发利用的特殊性，构建矿资源地质技术经济-环境综合评价模型、供给风险综合评价模型，揭示地质、技术经济、环境对矿产资源可供性的影响机理、科技创新影响供给的内生机制、价格波动传导机制，实证角度测算典型战略性关键矿产资源的可供储量与可供产量，识别供给风险来源和脆弱节点，设计预警机制。结合新时代需求，构建多目标决策模型并进行仿真模拟，开展战略性关键矿产资源供给安全的自主供给策略、多元化进口、科技创新等的协同效应分析，探索能同时促进战略性关键矿产资源供给安全和可持续发展的优化策略与实现路径，强化全球战略性关键矿产资源供给安全的大国意识与责任担当，化解生态文明建设背景下的生态环境保护压力与外延扩张面临的高限效应。

新时代中国战略性关键矿产资源供给面临新的形势和严重挑战，战略性关键矿产资源供给安全问题从理论和实证层面都需要深入研究。课题从地质-技术经济-环境3个维度，建立战略性关键矿产资源可供性综合评价模型，评价战略性关键矿产资源的可供储量与可供产量；研究科技创新对矿产资源供给的影响方式及程度，提出激励政策建议；揭示矿产资源价格波动规律，分析价格波动对经济、产业、矿产资源供应链的影响及其传导机制；构建战略性关键矿产资源供给风险综合评价模型，模拟战略性关键矿产资源供应的各主体行为，评判战略性关键矿产资源的供给风险，设计风险预警机制；评估现有矿产资源供给安全管理政策，运用多准则决策优化模型研究战略性关键矿产资源供给安全体系的优化策略与实现路径，提出矿产资源管理政策优化建议。课题的研究目的在于完善新时代战略性关键矿产资源供给安全理论方法，为战略性关键矿产资源科学管理提供决策支持。

课题在传统矿产资源安全管理理论与方法的基础上运用生态文明理论、风险管理理论和复杂系统研究方法；重构中国战略性关键矿产资源供给安全理论与方法，完善中国特色的战略性关键矿产资源可供性分析、供给风险综合评价、预警机制与供给安全体系，推动中国矿产资源安全理论创新，具有重大理论价值。课题通过构建面向新时代的战略性关键矿产资源供给安全管理新体系，提高战略性关键矿产供给的稳定性和持续性，提升大国博弈下的战略性关键矿产供给风险应对能力，对促进战略性新兴产业发展、保障国家经济安全具有重大现实意义。课题围绕战略性关键矿产的可供性，建立新时代战略性关键矿产供给风险预警机制，识别和评估关键矿产供给重大风险，优化新时代战略性关键矿产供给安全的实现路径和供给政策，为中国战略性关键矿产供给安全政策顶层设计制定提供科学决策依据，对防范战略性关键矿产供给安全重大风险，具有重大的实践意义。

项目名称：天然气产业价格扭曲测度与市场均衡仿真研究（国家自然科学基金-青年科学基金项目）

项目负责人：龚承柱

执行时间：2019—2021

主要内容、重要结果及社会影响力：

天然气市场化改革是我国能源体制革新的重要领域，由于市场格局快速变化，改革相对滞后，天然气价格扭曲日益凸显，已影响天然气市场健康发展。本项目从天然气产业层面出发，综合运用垄断竞争理论、交易成本理论、节点边际定价方法、多主体建模与仿真方法，对天然气产业主体进行解构和集成，分析中国天然气产业体系演进规律和内在特征，识别天然气产业中价格扭曲的关键因素，测算天然气产业价格扭曲程度，构建天然气市场多主体仿真系统。通过设计纠偏路径情景方案，模拟不同市场结构和价格机制下天然气市场主体之间的耦合机理与市场均衡条件，寻求最优的价格扭曲纠偏路径和天然气产业适应性管理机制。该项目以天然气产业为对象，以天然气供应安全和配置效率为目标，以价格扭曲为成因，以系统建模仿真为手段，以纠偏路径效果为实际检验标准，研究结果有助于破解中国天然气价格改革困局，并为中国天然气市场化改革和监管体制设计提供实验数据和决策参考。

项目名称：基于需求分析的天然气阶梯定价影响机制与效果评价（教育部人文社会科学研究项目）

项目负责人：龚承柱

执行时间：2017—2020

主要内容、重要结果及社会影响力：

本研究从系统的角度出发，首先识别居民用户天然气需求关键因素，分析居民用户在阶梯气价下的需求变化，然后根据阶梯定价系统中相关利益主体作用关系，构建阶梯气价多主体系统，分析阶梯定价影响机制，并对阶梯气价实施效果进行评估。本项目从用户需求分析入手，分析天然气阶梯定价影响机制和实施效果，具体目标包括：①探寻适用于中国以及类似于中国的发展中国家的天然气需求价格弹性估计方法；②构建天然气阶梯定价多主体博弈模型，分析阶梯气价对居民天然气需求的影响机制；③评估阶梯定价政策的实施效果，为制定、实施和完善我国各地区居民天然气阶梯定价政策提供参考。

项目名称：长江经济带国土空间开发与保护权衡：配置效率、功能潜力及优化策略（国家自然科学基金-面上项目）

项目负责人：金贵

执行时间：2020—2023

主要内容、重要结果及社会影响力：

优化国土空间管理是生态文明建设的首要任务之一，关键在于城镇、农业和生态三类空间的合理配置，重点是以较小的国土空间损耗获得较大的综合效益，而深入理解各类效率的配置成效是科学制定国土空间优化管理策略的前提。本项目一是提出了自然资源功能潜力家光伏产业上市企业面板数据,构建固定效应模型,进一步探讨在光伏产业政策激励下,光伏企业创新绩效与经济绩效之间的关系。

本文通过分析光伏产业政策对企业创新绩效的影响发现,光伏产业政策对企业创新绩效存在显著正向作用,可能是由于光伏产业政策对企业创新活动的支持,可以有效缓解企业内部资金压力,降低企业创新活动中的风险,促进企业积极将政府财政支持投入到产品创新中,从而获得更高创新绩效。同时,光伏产业政策对企业经济绩效存在显著负向影响,可能是由于企业经济绩效的持续提升不是依靠政府政策,而是需要企业自身知识储备。此外,在光伏产业政策作用于企业创新绩效时,企业经济绩效也起到一定中介作用。

通过分析不同区域环境下,光伏产业政策对企业创新绩效的影响发现,创新能力较弱的地区,产业政策对企业创新绩效的影响显著为正。它的原因可能是:①在区域创新能力较弱的环境下,企业创新潜力更大,光伏产业政策支持更能体现在企业创新绩效上;②在区域创新能力较强的环境下,产业政策对企业创新绩效的影响显著为负,可能是由于企业自身管理水平低下,造成研发内源动力不足。

区分企业所有制后发现,不论是国有企业还是非国有企业,光伏产业政策对企业创新绩效的影响均显著为正,但加入区域创新能力后,产业政策对非国有企业创新绩效的影响不显著,国有企业也没有明显变化。

代表性论文 3

论文标题:"山水林田湖草是生命共同体"原则的科学内涵与实践路径

发表期刊:中国人口·资源与环境,2018

作者简介:成金华(第一作者),中国地质大学(武汉)经济学院教授。

论文简介及创新点:党的十八大以来,习近平总书记从新时代自然资源和生态系统管理的宏观视野提出了"山水林田湖草是生命共同体"原则。这一原则是习近平生态文明思想的重要组成部分。深入研究"山水林田湖草是生命共同体"原则的科学依据、理论基础、科学内涵和实践路径,对于我国加快生态文明体制改革,建设美丽中国具有重要的理论和现实意义。

习近平总书记提出的"山水林田湖草是生命共同体"原则具有重要的现实意义,为新时代自然资源和生态环境监管体制改革提供了实践路径。我国自然资源管理以资源开发利用管理为主,资产管理制度没有真正建立健全,全民所有自然资源资产的所有者职责不到位,所有权边界模糊。传统的自然资源管理体制实施的是分割式管理,在横向上是按资源类型分别由国土、水利、农业、林业、海洋等部门管理自然资源,人为地割断了自然资源和生态系统之间的有机联系,重资源开发利用,轻生态价值和社会价值保护;重单种资源开发,轻多种资源综合利用和生态系统保护;重局部修复治理,轻整体系统修复和综合治理。同时,传统的自然资源管理体制在纵向上是将管理权按行政单元分级行使又层层下移,许多资源由基层政府直接配置,各种权利主体在资源开发利用和保护过程中的义务和责任不到位,往往导致各自为战、开发过度、保护不足,缺少整体统筹和规划,难以在一个较大范围内兼顾上下游、左右岸、全区域的利益。

为了改变传统自然资源管理体制的弊端,新成立的自然资源部就是要整合分散在国土资源部、农业部、林业局、海洋局以及水利部等部门的自然资源管理职责,负责管理由中央直接行使所有权的自然资源资产,实现资源管理与资产管理的统一、单种资源管理与整体资源管理的统一、资源管理与生态环境管理的统一。具体地讲,就是负责对全民所有的矿藏、水流、森林、山岭、草原、荒地、海域、湿地、滩涂等各类自然资源资产进行统一调查统计、统一确权登记、统一标准规范、统一信息平台,建立统一的国土空间规划体系和用途管制制度,建立自然资源产权市场和交易规则,实施自然资源有偿使用制度,完善价格形成机制和评估制度,依法征收自然资源资产收益,推进生态系统实施整体保护、系统修复和综合治理。

代表性论文 4

论文标题:Can low-carbon city construction facilitate green growth? Evidence from China's pilot low-carbon city initiative

发表期刊:Journal of Cleaner Production,2019

作者简介:成金华(第一作者),中国地质大学(武汉)经济学院教授。

论文简介及创新点:面对传统城市可持续发展的困境,低碳城市作为一种新型的城市发展模式,为解决城市发展、资源节约和环境保护之间的紧张关系提供了可行的思路。本文利用2007—2016年地级面板数据,采用差异中差模型,探讨低碳城市建设对绿色增长的影响。之后,我们估计了经济环境效应对城市的异质性,这些效应归因于不同的规模和位置。稳健性测试表明,低碳试点城市通过技术效应部分转化为绿色技术进步和结构性效应,在绿色全要素生产率方面显著且持续受益。此外,低碳城市建设存在规模经济和区域差异。规模更大、基础设施更完善、技术基础更完善的城市对绿色增长有更显著的积极影响。这些发现也适用于寻求实现经济转型和绿色增长的类似发展中国家的城市。

本文主张对低碳城市建设进行复议和再评价,原因有以下3个。首先,低碳城市建设是一种可持续发展的模式,可以帮助实现绿色增长。然而,评价碳减排效率只是反映了低碳经济的环境方面对城市建设的影响。绿色全要素生产率(GTFP)作为绿色增长指标,不仅考虑经济表现,还考虑能源和环境的限制。其次,大多数现有文献要么包含对政策的定性分析,要么包含从静态角度对低碳建设的评价。由于定量分析不足,定性分析无法准确评估低碳建设的影响。对低碳建筑的评价缺乏一个同时提供时间和空间可比性的指标,无法反映动态变化,并且在模型规范方面存在内生问题。采用定量差异化差异(PSM-DID)方法匹配倾向评分,可有效避免代理变量规范引起的内生性和估计偏倚问题。最后,大多数研究未能反映试点与非试点的差异,通过调查低碳试点城市案例确定的低碳建设实际结果。因此,我们以低碳城市建设对绿色增长的影响为重点,采用基于中国低碳城市试点的准自然实验,采用PSM-DID方法,以GTFP为解释变量,确定低碳城市建设对绿色增长的影响。此外,我们还研究了低碳对技术和经济结构的影响,为进一步发展能源和经济平衡的新型低碳城市提供了一些建议。

代表性论文 5

论文标题：Analysis of the factors that affect the production of municipal solid waste in China

发表期刊：Journal of Cleaner Production，2020

作者简介：成金华（第一作者），中国地质大学（武汉）经济学院教授。

论文简介及创新点：城市固体废物（MSW）因其在城市采矿中的大产量和作用而受到广泛关注。目前我国主要的垃圾处理方式是卫生填埋和焚烧，但由于技术限制，这种垃圾处理方式对环境和自然资源造成巨大破坏。基于2003—2016年中国258个地级市的面板数据，本文采用基于人口、富裕程度和技术回归（STIRPAT）模型的扩展随机效应，利用差中差（DID）方法，研究垃圾收费政策和关键社会经济变量对城市生活垃圾的影响，并检验了环境库兹涅茨曲线（EKC）假说。调查结果验证了城市固体废物和城市采矿管理的战略和政策。结果表明，垃圾收费政策的实施减少了城市固体废物的产生，特别是在中部地区，但并未对东北地区产生影响。在国家层面和各个领域，MSW的产生与经济增长之间存在显著的"N"形曲线、"U"形曲线或倒"N"形曲线，但没有发现支持传统EKC假说的证据。生活垃圾的总量在短期内不会减少。人口增加和城市化促进了城市固体废物的产生。天然气渗透率的提高减少了城市固体废物，特别是在中国中西部地区。第三产业的份额与MSW有正相关关系，特别是在东部地区，但在东北地区却与MSW有负相关关系。根据实证分析的结果，本文根据国情和区域特点提出政策建议。

近年来，中国的城市固体废物增长迅速。2003年，中国生产了$1.36×10^8$ t无机固体废物，并于2004年超过美国，2016年，城市固体废物的产量达到$2.03×10^8$ t。

在生活垃圾产量方面，中国排名前4的城市是北京、上海、深圳和广州，图4-2显示了2003—2016年这4个城市产生的城市固体废物量。这4个城市是中国最发达的城市，北京、上海和深圳是中国人口最多的3个城市，广州排名第6。这些城市的城市生活垃圾稳步增长，但在上海，城市生活垃圾自2013年以来一直受到控制，随后大幅下降。

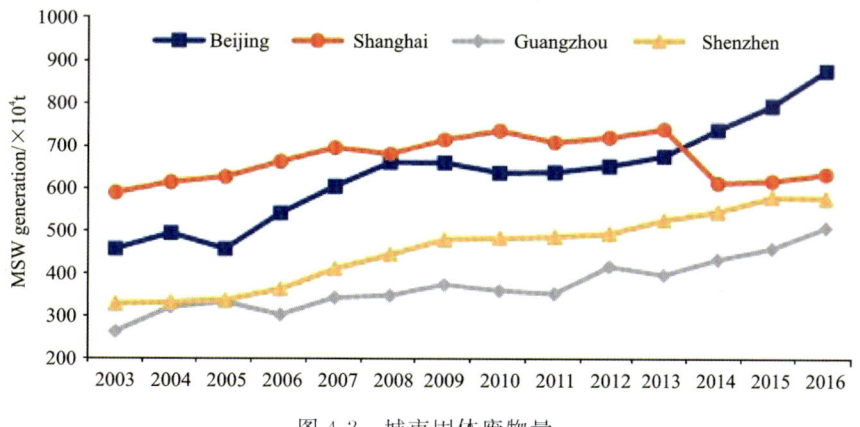

图4-2 城市固体废物量

代表性论文 6

论文标题：Multi-agent mixed complementary simulation of natural gas upstream market liberalization in China

发表期刊：Energy，2020

作者简介：龚承柱（第一作者、通讯作者），中国地质大学（武汉）经济管理学院副教授。

论文简介及创新点：天然气供应在局部互联的市场中，可能会导致供给侧高度集中，无法实现经济效率，需要进行市场改革。本文提出了一种集成多主体框架和混合互补模型的天然气市场市场化改革方案（图4-3），并对中国天然气上游自由化的结果进行了检验。根据现有的天然气市场条件，设计了若干反事实情景来模拟天然气上游市场自由化的影响。我们发现在当前古诺竞争市场结构下，现有的供应商将利用市场力量，导致天然气供应减少2.18%，零售价格上涨6.72%，但具有优势的供应商市场力量将随着基础设施改善和新供应商的加入得到缓解。此外，目前进口天然气最适宜的价格补贴率为6%左右，否则完全取消进口补贴后，平均零售价格将提高5.57%。可以得出结论，中国天然气上游市场的自由化改革需要优先确保供应商的多元化竞争，逐步推动管道、储气库等基础设施的分捆，然后适当降低进口补贴水平。

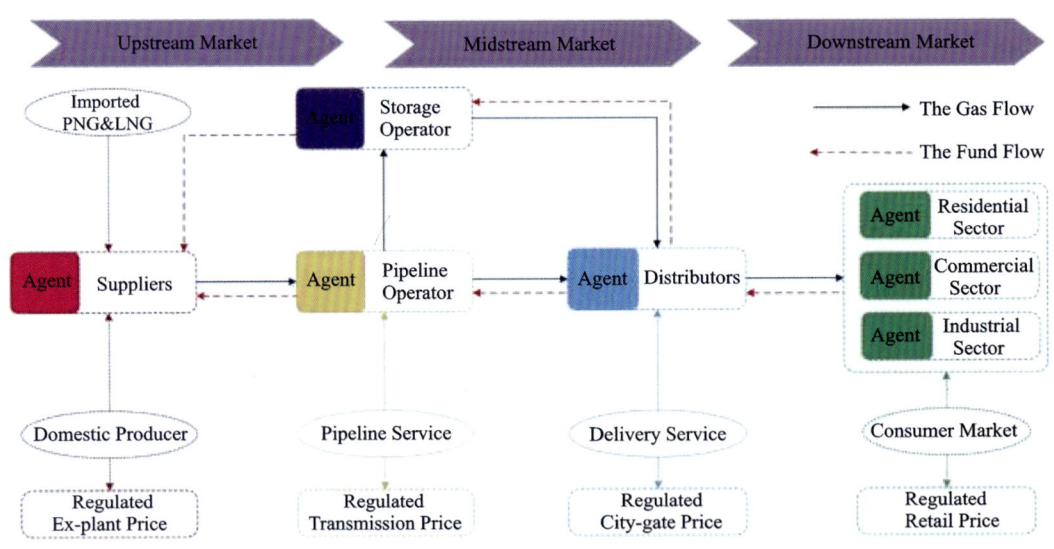

图 4-3　天然气市场多主体互补框架

代表性论文 7

论文标题：Assessment of natural gas supply security in Asia Pacific：Composite indicators with compromise Benefit-of-the-Doubt weights

发表期刊：Resources Policy，2020

作者简介：龚承柱（第一作者、通讯作者），中国地质大学（武汉）经济管理学院副教授。

论文简介及创新点：虽然目前的天然气区域市场供应充足，但随着全球天然气贸易一体化的深入发展，某一环节的天然气供应中断将会引发严重的供应安全问题和经济问题。包括中国在内的一些亚洲国家的天然气贸易脆弱程度高于平均值，这些国家的天然气供应更容易受到外部天然气供应的冲击影响。越来越多的国家依靠进口天然气来满足日益增长的天然气需求，判断天然气来源是否具备应对潜在中断风险或需求激增的能力和及时性非常重要，因此，评估天然气供应安全程度对维持国家能源安全和经济稳定具有重要意义。

近年来针对天然气供应安全问题的研究也逐渐增多，在区域范围内研究欧盟天然气供应安全的文献较多，而针对亚太地区天然气供应安全的研究尚未广泛展开。在世界天然气消费重心向亚太地区转移的背景之下，研究亚太地区天然气长期供应安全问题具有很强的现实意义。

本文的目的主要是评估 2006—2017 年亚太 8 个天然气进口地区的天然气供应安全水平，分别是中国（大陆和台湾）、日本、印度、新加坡、泰国、马来西亚、韩国。使用单一指标很难量化一个国家的整体天然气供应安全，因此本文选取对外依存度、天然气进口多样性、天然气消费量、LNG 储气能力、天然气消费占一次能源消费的比重以及竞争强度等 6 个指标，构造一个综合安全指数（APGSSI）来分析比较亚太地区多个天然气进口国家在 2006—2017 年的天然气供应安全水平。该综合指标不仅可用于制定能源政策，同时也可以作为天然气安全预警系数。此外，由于中国已成为世界上最大的能源消费国，最大的石油进口国和第二大液化天然气进口国，在亚太天然气紧张的供需格局背景之下，本文还特别关注中国未来 2020—2040 年的天然气供应安全水平变化趋势，在不同的情景分析假设下给出中国未来的天然气安全战略。

代表性论文 8

论文标题：Measure the SCCs of different Chinese regions across scenarios

发表期刊：Renewable & Sustainable Energy Reviews，2020

作者简介：金贵（第一作者），中国地质大学（武汉）经济学院教授；胡守庚（通讯作者），中国地质大学（武汉）经济学院教授。

论文简介及创新点：《巴黎协定》生效以来，全球各国致力于控制碳排放气候政策的制定与实施，以应对全球减排面临的严峻形势，实现全球升温控制在 2℃ 或 1.5℃ 的目标。碳的社会代价（social cost of carbon，SCC）表示每增加 1 吨碳排放造成的未来经济损失现值，它被广泛用于衡量不同气候政策与能源法规带来的成本和效益，已成为政府征收碳税与实施监管政策的基础。在减排政策日益多元化的背景下,为化解经济稳定发展和减排的矛盾,本文尝试在 4 种情景下基于 RICE 模型衡量中国八大区域在不同情景下 SCC 的变化,评估了不同减排政策带来的社会经济影响,探讨了碳交易计划与碳税政策是否能实现中国经济增长与降低碳强度的目标。

4 种情景下 2005—2050 年各区域 SCC 呈现不断增加的趋势。碳配额情景和碳税情景下 2050 年中国八大区域 SCC 综合分别为 25.66 \$/tC、23.95 \$/tC,分别较基准情景降低了 2.04 \$/tC、3.75 \$/tC。造成这种差异的主要原因是 SCC 与碳排放量及区域消费密切相关。一方面,EST 的实施减少了区域碳排放量;另一方面,碳税政策的实施在短期内降低了高碳产品的消费与生产需求,增加清洁能源和低碳产品的使用,减少了气候变化对经济的影响和碳排放量的增加,可见实行 EST 和征收碳税在一定程度上能减低碳排放带来的社会代价。

从区域角度来看,不同情景下不同区域 SCC 均表现出增长趋势,4 种情景下北部沿海和西南地区 SCC 值最高,京津与南部沿海 SCC 值最低,如图 4-4 所示。具体来看,基准情景下中部、北部沿海、西南地区 SCC 值较高,京津、南部沿海、东北地区 SCC 较低。一方面,SCC 较高区域面临经济发展与消除贫困的双重压力,伴随着对化石能源需求的不断增长,经济发展对耗能性产业依赖较大,其能源消费结构和传统高耗能发展方式导致了该地区高碳排放强度,因此产生的碳的社会代价较大。另一方面,SCC 较低地区产业结构比较稳定,对高耗能产品的需求基本饱和,碳排放量逐年递减。

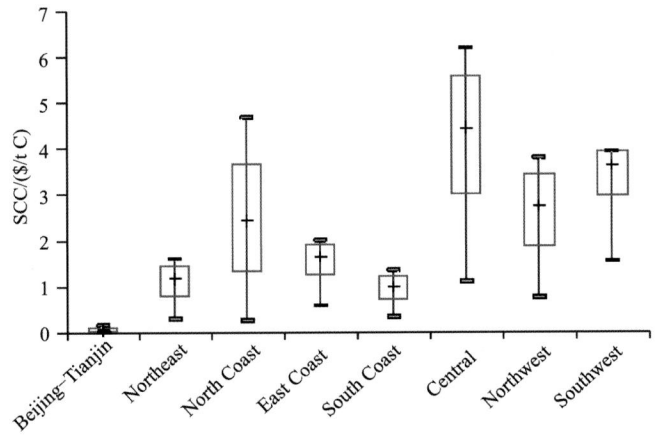

图 4-4 基准情景下中国八大区域 SCC 箱线图

2050 年基准、碳交易与碳税情景下 SCC 高值区域分布在中部,而京津、南部沿海和西北地区 SCC 值相对较低(图 4-5)。碳配额情景下西南、北部沿海和东北地区 SCC 值较高,主要是因为北部沿海与东北地区基准年碳排放量较高,在祖父原则分配下未来配额量越多,而西南地区面临未来区域碳排放量不断赶超中部、北部沿海等碳排放量大区,因此这些区域 SCC 较大。

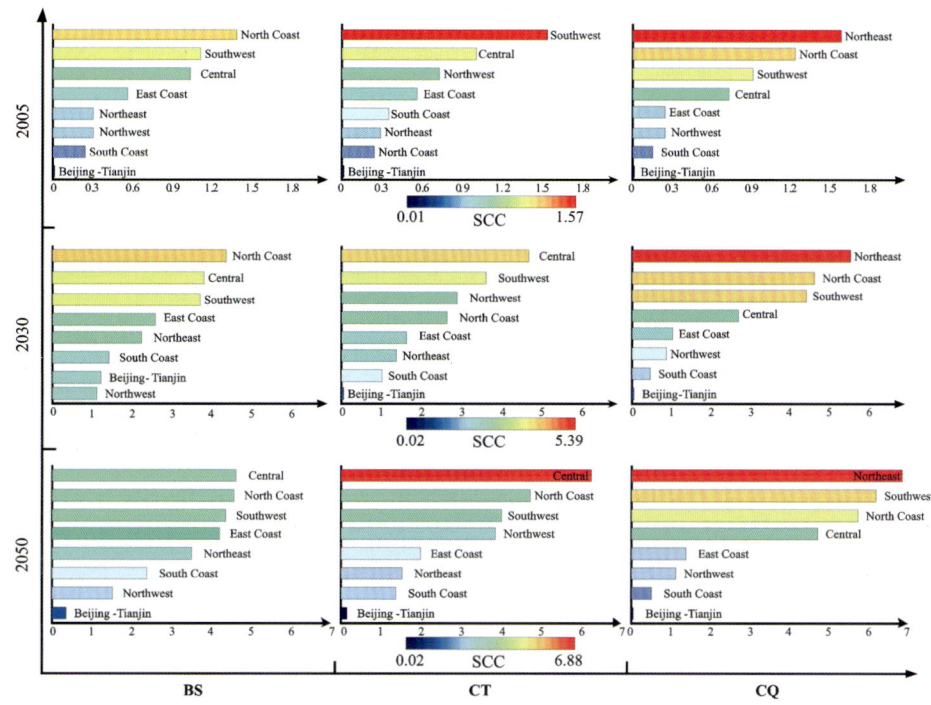

图 4-5　BS,CT,CQ 情景下 2005、2030、2050 年八大区域 SCC

代表性论文 9

论文标题：发展地理学视角下中国多维贫困测度及时空交互特征

发表期刊：地理学报,2020

作者简介：金贵(第一作者、通讯作者),中国地质大学(武汉)经济学院教授。

论文简介及创新点：减少并全面消除贫困是人类社会的共同使命。近年来中国实施精准扶贫战略、践行 SDGs 减贫目标,为全球可持续发展做出重要贡献。作为精准扶贫和预防返贫的重要议题,区域贫困的监测评估、动态追踪及协同减贫机制逐渐成为科学研究及国家战略决策关注的焦点。本文基于发展地理学"分异特征-扩散状态-收敛方式"的分析范式引入人类发展分析路径与 SDGs 全球指标框架,结合 2007—2017 年中国省级面板数据分类识别减贫与致贫的敏感因素,并以此构建与当前中国国情相适应的多维贫困监测评估指标体系,通过评估多维贫困来揭示区域间贫困时空交互关系和网络特征。

从中国东、中、西部的贫困总体情况来看,研究时段内西部省域多维贫困指数最高,中部次之,东部最低,呈现出与地形地貌类似的东、中、西逐渐增高的阶梯式分布特征;同时,西部地区与东、中部地区的贫困差距渐趋缩小。从多维贫困指数变化趋势看,2007—2017 年全国多维贫困程度年均降低 5.67%,尤其是 2012 年精准扶贫战略实施以来贫困程度年均下降 7.22%,这与中国有组织地全面实施针对性的减贫战略密不可分。尽管如此,中国多维贫困状况仍表现出显著的整体非均衡性,并存在区域贫困空间极化现象,如甘肃省、贵州省、宁夏回族自治区、河南省、广西壮族自治区、云南省、山西省和安徽省等省(自治区)贫困程度较全国的平均水平而言依然偏高。

从省域多维贫困的地理网络及拓扑网络的格局来看,负向关联38对,占比58.46%,表明邻接省域间贫困演进过程存在一定程度的时空竞争。所有的负向关联中,81.58%为弱负向联系,主要集中在东北和中部省区,少量分布在西部地区。从发展地理学理论和规律来看,邻接省域间的贫困现象和减贫格局符合分异、扩散和收敛的演化过程,地理资本空间的不均衡加剧了省际间减贫的竞争关系,一定程度限制了区域发展的收敛。北京与天津、内蒙古与辽宁、上海与浙江、四川与甘肃、新疆与青海间的强负向关联揭示了省域间减贫的不协调特征,每个省份在实施减贫措施时可能存在一定的区域封闭性,具体体现在行政界线周边的区域减贫效果相对较弱,这些负向关联的区域更应注重协同减贫的作用。此外,陕西与河南、青海与甘肃、湖北与安徽、四川与贵州、海南与广东构成强协同区,呈现正向协同的空间动态性。上述省域多维贫困特征较为相似,多维贫困地域性集中的态势显现;实际这些区域已经实施了一些协同减贫方案,如国家针对大别山集中连片贫困区的脱贫政策、发达省份就近产业扶贫等,但仍可针对上述区域进一步开展减贫协作、促进整体性的脱贫攻坚及返贫防治。

代表性论文 10

论文标题:A path dependence perspective on the Chinese cadastral system

发表期刊:Land Use Policy,2015

作者简介:林巧文(第一作者、通讯作者),中国地质大学(武汉)经济学院副教授。

论文简介及创新点:从路径依赖的角度,将中国地籍系统划分为3个阶段:偶然阶段、自我强化阶段和锁定阶段。根据分析,在更广泛的社会背景下,中国当前的地籍系统在法律和组织过程中表现出强烈的路径依赖性。这一分析将有助于我们从路径依赖的角度加深对中国地籍系统演变的理解,从而为目前有限的中国地籍系统研究提供价值。最终,更好地理解这一观点将有助于中国地籍系统的发展,并为不同国家地籍问题的比较研究提供视角。

代表性论文 11

论文标题:Cost-effectiveness analysis of different types of payments for ecosystem services: A case in the urban wetland ecosystem

发表期刊:Journal of Cleaner Production,2020

作者简介:刘江宜(第一作者),中国地质大学(武汉)经济管理学院副教授。

论文简介及创新点:在过去的几十年里,生态系统服务付费机制作为一种高效的环境保护工具得到了大量的关注。生态系统服务补偿项目通常是为个人或家庭在土地上采取的生态改善措施支付费用。个人会根据环境保护行动的私人成本做出决定。然而,生态系统服务补偿有几个主要的缺点,如高交易成本的困境和难以扩展到更多地区。生态系统服务集体支付(CPES)计划是另一种生态保护方法,它以集体或团体实现集体或团体土地的生态成果为条件,向其支付费用。CPES 计划涉及与拥有土地和森林的团体或集体(如村庄和社区)谈判的合同。合同履行的责任是集体化的,因此奖励的分配也是集体化的。与一般生态系统服务补偿项目所面临的挑战相比,CPES 可以通过集体合同降低交易成本,而集体合同又可以简化为与个体合同谈判的漫长过程。

保护区是一种替代性的环境保护战略,它可以帮助实现长期保护生态区的目标,而生态区不仅包含生态系统服务,也包含文化价值。此外,它的长期稳定性通常通过法律或其他行政法规来保证。保护区代表了生物多样性保护的一个关键机制,基于保护区的理念,Michael Curran 和 Schöttker 等调查了从 PES 到土地购买或地役权(LPE)模式的转变,该模式购买土地使用权而不是向农民付款。一般的生态系统服务补偿项目或集体生态系统服务补偿项目是直观的工具,直接与农民联系以促进生态保护。这些计划将现金或实物支付给个人,以激励他们采取环境保护行动。然而,这些生态系统服务补偿计划通常受到不确定性的限制,因为个人的决定受到长期稳定性的制约。LPE 可以克服一般 PES 的一些不足之处,如消除分散的生态用地,消除冗长的多边谈判。

本文重点关注不同的生态系统服务付费机制的成本-效益问题。我们选择中国武汉市的一个湿地生态系统进行案例分析。湿地是重要的生态系统,它不断提供重要的生态功能和服务,支撑着人类的福祉。尽管近年来,一方面污染和过度开发导致了湿地和水质的恶化。另一方面,与森林、湖泊、农田等其他生态系统相比,城市湿地生态保护具有良好的资金和组织条件。此外,它还提供了一个实用的平台,可以用来估计不同的生态系统服务补偿方案的成本效益。本文在对比分析不同生态系统服务付费机制的成本-效益的基础上,进一步分析了阻碍 PES 项目推广的因素。

代表性论文 12

论文标题:旅游海岛水资源环境承载能力研究

发表期刊:生态经济,2019

作者简介:刘江宜(第一作者),中国地质大学(武汉)经济管理学院副教授。

论文简介及创新点:资源环境承载能力研究是我国新时代"人地关系"发展的前沿理论之一。海岛是海洋经济发展的支点,是开发利用海洋资源的战略桥头堡,是"人海耦合系统"的重要组成部分。随着海岛开发活动规模和强度的增加,尤其是海岛旅游产业和海洋经济的兴起,资源环境对于海岛开发的瓶颈制约作用愈发凸显。《全国海岛保护工作"十三五"规划》提出,"实施海岛资源环境承载能力,探索建立基于资源环境承载力的海岛生态旅游开发模式",为海岛资源环境承载能力的研究指明了方向。

本文在对涠洲岛水资源需求、水资源供给配置和水环境压力的分析基础上,对涠洲岛海水入侵风险进行了评价,并根据地下水动力均衡,构建了涠洲岛水资源环境承载能力评价机制。结合涠洲岛旅游产业发展规划,分析不同人类活动规模和强度下的海岛水资源环境承载能力,评估中长期海岛水资源环境对海岛开发活动的支撑力度。根据分析,现阶段(2015—2018年)涠洲岛水资源环境承载能力处于超载状态,主要原因在于:①地表水资源受限于水质不达标无法进入供水体系,水供给完全依赖地下水资源;②旅游人数的快速增长带来水需求绝对量的增加。2021—2023年间,随着地表水资源进入供给体系,地下水供给占比降低,地下水供给量下降,涠洲岛水资源环境承载能力有所提高。2024年以后,随着海岛开发规模和强度的扩大,游客数量的上涨仍将引起海岛承载能力的下降。但在基准情景下,海岛承载能力维持在承载-临界超载状态之间,海岛整体水资源环境处于可持续状态。

根据情景模拟分析,游客数量超出基准情景10%情况下,海岛水资源环境承载能力仍处于较好的状态,但游客数量超出目标情景20%的情况下,海岛水资源环境承载能力面临超载的威胁(图4-6)。说明当前规划具有一定的合理性。此外,根据不同强度下海岛资源水环境承载能力的变化情况,基准情景下(2.5天)海岛水资源环境承载能力处于可持续的状态,但在游客逗留天数为3天的情景下,海岛水资源环境承载能力趋向不可持续状态(图4-7)。游客活动强度对海岛水资源环境承载能力的限制性较强。

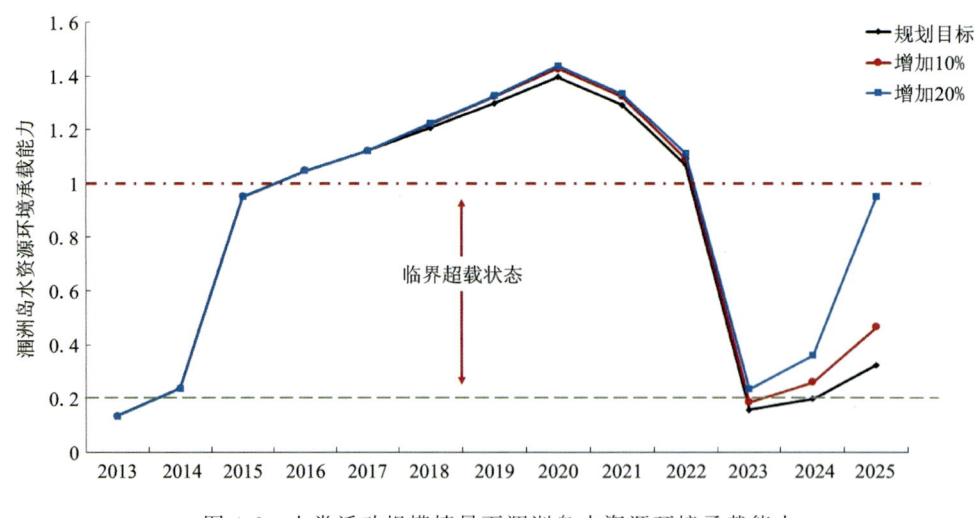

图4-6 人类活动规模情景下涠洲岛水资源环境承载能力

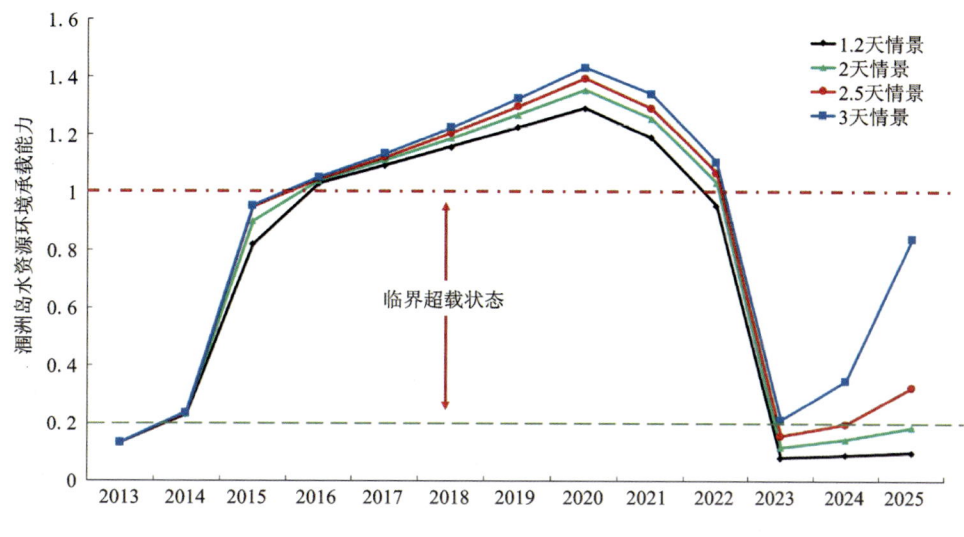

图 4-7 人类活动强度情景下涠洲岛水资源环境承载能力与游客逗留天数关系

代表性论文 13

论文标题：Does a Different Household Registration Affect Migrants Access to Basic Public Health Services in China?

发表期刊：International Journal of Environmental Research on Public Health，2019

作者简介：孟霞（第一作者），中国地质大学（武汉）经济学院副教授。

论文简介及创新点：根据2015年中国移民动态调查数据，本文分析了不同户籍如何影响移民在移民领域获得公共卫生服务（如健康记录和医疗知识）提供的预防性护理的概率。本研究表明，消除农业户口和非农业户口的区别可以提高建立健康档案的比率，但对移民的健康知识没有显著影响。在现实生活中，鼓励非农业登记人员迁往同城不同县或同省不同市，可以显著消除不同户籍身份的影响。提高低收入移民的收入水平也会产生同样的影响。根据本研究结论，可以通过取消农业和非农业户籍分离，提高移民居民的永久定居率，在全国推广基本医疗保障制度，加强职业培训，提高移民的教育水平等方式使移民能够获得基本公共卫生服务。

代表性论文 14

论文标题：Regional competition，labor force mobility，and the fiscal behavior of local governments in China

发表期刊：Sustainability，2019

作者简介：孟霞（通讯作者），中国地质大学（武汉）经济学院副教授。

论文简介及创新点：我国正处于从劳动密集型产业向资本和技术密集型产业转型的关键时期。因此，中国城市间劳动力流动的增加促进了地区间生产要素的竞争，对地方政府的财政支出结构产生了重大影响。理论分析表明，民生公益支出的竞争在要素流竞争中发挥着越来越重要的作用。不同劳动力对不同公共产品的需求和地方政府对不同劳动力的需求影响地方政府财政支出的结构偏好。基于 2010—2016 年中国地级市面板数据，本文实证检验了不同劳动力流动性对地方政府财政支出结构的影响，发现当前劳动力流动决策对民生公共品供给越来越敏感，而劳动力流动性的增强扭转了历史上由政府简单的资本竞争造成的支出偏差。以是否安置劳动力为依据划分流动劳动力后，发现两种劳动力类型对不同生计公共品的需求不同。为了吸引不同的劳动力流入，地方政府应该促进相关民生公共品支出的增加，表现出战略性财政支出结构偏向。具体表现在，随着新增一般劳动力流动性的增加，地方政府将提高教育和医疗的财政支出比例，同时增加新增注册劳动力流动性，这将相应提高环保支出比例。

代表性论文 15

论文标题：中国交通运输业碳排放强度区域差异研究
发表期刊：生产力研究，2020
作者简介：彭武元（第一作者），中国地质大学（武汉）经济管理学院教授。
论文简介及创新点：2015 年我国承诺在 2030 年左右实现碳排放达峰，而交通运输业作为能源密集型产业每年产生大量的碳排放，值得各地关注。本文利用中国 2000—2016 年 30 个省的面板数据，基于 STIRPAT 模型运用面板分位数回归分析各省交通运输业碳排放强度的影响因素。通过研究发现：经济增长对 0~0.1 分位省份交通运输业碳排放强度影响最大，交通运输业能耗强度对 0.1~0.25 分位省份影响最大，货物周转量对 0.1~0.25 分位省份影响最大；旅客周转量对 0.75~0.9 分位省份交通运输业碳排放强度影响最大，交通线路密度对 0.75~0.9 分位省份交通运输业碳排放强度影响最大。结果显示不同省份交通运输业碳排放强度存在差异，因此在减排过程中，各省需制定针对性减排政策，从而使交通运输业为我国实现碳排放达峰提供更大助力。

代表性论文 16

论文标题：中国分行业终端能源消费 CO_2 排放分解研究
发表期刊：生态经济，2021
作者简介：彭武元（第一作者），中国地质大学（武汉）经济管理学院教授。
论文简介及创新点：本文首先对中国 1994—2017 年不同行业的终端能源消费 CO_2 排放情况进行描述性分析，在此基础上，采用 LMDI 分解方法将各行业 CO_2 排放的变化量分解为 5 个影响因素。结果表明，经济产出是促进各行业 CO_2 排放量增加的主要因素，能耗强度则

是抑制行业 CO_2 排放的主要因素,能耗碳排放强度、能源结构和产业结构因素在不同行业中对 CO_2 排放的作用机制不同。总体而言,各个影响因素的相互作用一定程度上扭转了中国 CO_2 排放量快速增长的局面,但是对各行业 CO_2 排放的抑制作用还比较有限。最后,本文分别就各行业的碳减排提出针对性的对策建议。

代表性论文 17

论文标题:Direct and indirect effects of heterogeneous technical change on metal consumption intensity:Evidence from G7 and BRICS countries

发表期刊:Resources Policy,2021

作者简介:宋益(第一作者),中国地质大学(武汉)经济管理学院特任副教授。

论文简介及创新点:金属消费强度是衡量一个国家金属资源综合利用效率的常用指标之一,它反映了一个国家在经济发展过程中所付出的资源和环境成本。美、英、法、德、日 5 个工业化国家的铁、铜、铝消费强度从 1949 年到 2015 年经历了快速上升、放缓然后快速下降的过程。近 20 年来,中国金属消费总量快速增长,甚至超过 GDP 增速,导致金属消费强度不断增加,金属利用效率不断下降。根据使用强度假说,工业化过程中制造业和建筑业的扩张导致金属使用强度随着 GDP 的增加而上升,在发展中国家尤为明显。与此同时,主要发达国家(美国、德国、日本)纷纷提出再工业化、二次工业化等口号。随着资源和环境问题日益突出,世界经济迫切需要提高金属利用效率,降低金属消费强度。

为了降低金属消费强度,迫切需要进行技术变革。许多学者发现技术变革是影响金属消费强度的关键因素,它可以提高金属利用效率,降低钢、铜、铝的消费强度。然而,现有的研究尚未建立一个综合性的理论框架来全面解析技术进步对金属消费强度的具体影响。技术进步能否降低金属消费强度?异质性技术变化对金属消费强度会产生不同影响吗?技术进步对不同金属品种的影响是否存在异质性?作用机制是什么?

为了回答这些问题,本文从规模和方向两个维度进行研究,并探讨其对铁矿石、铜和铝消费强度的影响。此外,本文通过引入产业结构与金属消费两个中介变量,进一步探究了异质性技术进步对金属消费强度的影响机理。

通过引入产业结构与金属消费的中介效应,探讨了技术变革对金属消费强度的影响机理。因为七国集团(加拿大、法国、德国、意大利、日本、英国、美国)和金砖国家(巴西、俄罗斯、印度、中国和南非)是发达国家和发展中国家的代表,也是工业化国家的代表,本文选择他们作为样本。

本文的主要贡献如下:①将技术进步(TC)分解为有偏技术进步(BTC)和中性技术进步(MTC),并从技术变革的不同组成部分分析它们对金属消费强度的影响,比较不同类型技术进步对金属消费强度的异质性影响;②引入产业结构和金属消费两个中介效应,分析技术变革对金属消费强度的影响机制,有助于决策者制定切实可行的科学措施以提高金属利用效率,实现金属资源的可持续发展;③从产业结构合理化和产业结构高级化两个维度解析产业结构,探究产业结构变化对金属消费强度的深层次影响。此外,本文还考虑了金属消费的回弹效应引致的金属节约量,从而避免高估技术进步对金属消费强度的降低作用。

代表性论文 18

论文标题：Drivers of metal consumption in China：An input-output structural decomposition analysis

发表期刊：Resources Policy，2019

作者简介：宋益(第一作者)，中国地质大学(武汉)经济管理学院特任副教授。

论文简介及创新点：经济发展一直与自然资源的使用密切相关。金属作为工业化和城市化的基础矿产资源，为建筑、电器、机械制造、汽车制造和交通运输行业提供了强有力的支撑，并在经济发展中发挥重要作用。根据材料消费和金属足迹的定义，我们将金属消费定义为各部门使用的金属矿总量(国内开采＋进口－出口)。由于经济繁荣，各国特别是中国金属消费迅速增长。如图4-8所示，我国金属消费量由1997年的约 $48\ 036\times10^4$ t 增加到2017年的 $361\ 053\times10^4$ t，年均增长 10.61%。2002—2013年间金属消费增长势头明显高于GDP；2013年之后，其增长趋势不低于GDP，充分体现了金属消费在经济发展中的重要作用。由于城市化和工业化进程加快，对铁矿石、铜、铝等主要金属资源的需求将继续保持在较高水平；锂、镓、锗、铟、铋等稀有金属的需求将因新技术革命和高科技新兴产业而继续快速增长。

联合国新的可持续发展目标表明，全球政策界对可持续自然资源利用和经济增长的影响产生了新的兴趣。经济发展与金属消费的脱钩也是中国经济可持续发展关注的重点。中国的政策制定者在《国家矿产资源规划(2016—2020年)》和"十三五"规划(2016—2020年)》中明确提出了矿产资源的综合保护和有效利用。然而，中国经济的快速增长增加了金属矿的开采，导致金属消费的不断增加。随着金属开采的强化以及资源承载能力的下降，由大量金属消费带来的环境问题制约了中国经济的可持续发展。需要厘清的是什么因素最大程度地推动了这种消费模式，以及这些因素在不同部门中是否一致。因此，本文将分解中国的金属消费，厘清各部门金属消费的主要驱动因素，提出提高金属使用效率并推动经济发展与金属消费脱钩的应对方案。

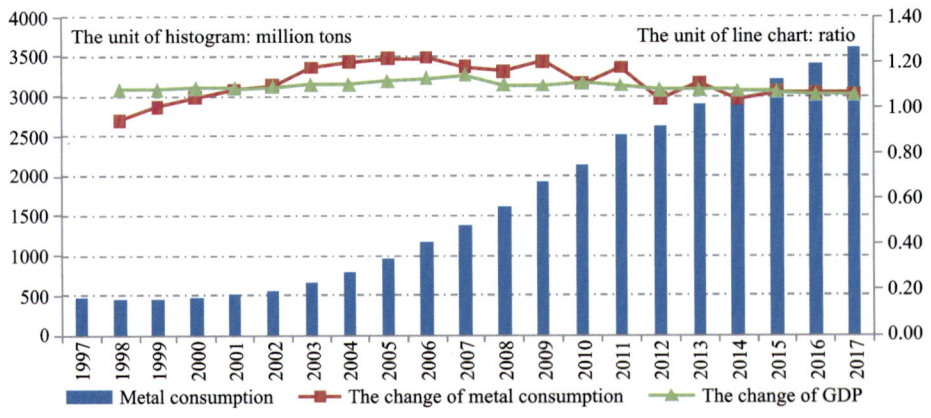

图 4-8　1997—2017 年中国金属消费及其与 GDP 的变化趋势

本文的贡献主要包括3个方面。首先,金属资源消费与经济增长的脱钩状态引起了研究者、生产者和决策者的注意。本文利用中国最新的投入产出表数据,探讨了各部门间金属消费与经济增长的脱钩关系,有助于促进中国金属资源和经济的可持续发展。其次,经济活动对金属消费的影响是重要的,但通过提炼经济活动来探讨消费、资本形成、出口等因素对金属消费的影响更有意义。本文不仅考虑了终端需求规模效应,还将其进一步分解为消费效应、资本形成效应和出口效应。最后,根据金属消费的定义,金属矿石进口是金属消费的重要组成部分,有必要探讨进出口因素对金属消费的影响。本文运用具有竞争性进口假设的SRIO(single region in and out)模型,定义各部门内部供给与总供给的比值,以反映进口对中间需求和最终消费的影响。

代表性论文 19

论文标题:绿色创新是否适应气候变化:中国专利和GHG排放数据的实证

发表期刊:中国人口·资源与环境,2021

作者简介:张意翔(第一作者),中国地质大学(武汉)经济管理学院副教授;成金华(通讯作者),中国地质大学(武汉)经济管理学院教授。

论文简介及创新点:气候变化是全球面临的最大环境挑战,中国根据自身发展的实际情况提出力争在2030年前达到碳高峰,努力争取在2060年前实现碳中和,要想实现该目标就必须减少包含二氧化碳在内的温室气体排放量。考虑到我国经济和能源系统所具有的高碳化特征,绿色创新驱动被认为是实现碳中和目标的重要途径之一,也是我国主动适应气候变化的主要措施之一。现有研究主要分析绿色创新对气候变化的影响,很少研究绿色创新是否适应气候变化的要求。本文基于2000—2017年我国30个省级行政单位的绿色技术专利与GHG数据,通过Logistic模型、负二项式固定效应回归及自回归分布滞后等模型分析了绿色创新对气候变化的适应程度,该适应程度用气候变化对绿色创新的影响程度表示,两者成正相关关系。研究发现:①气候变化会诱导绿色创新,但诱发效应较小。尽管CO_2的影响最大,但也只有0.3%左右;②不同GHG排放源对绿色创新的影响程度不同,天然气和煤炭消费产生的碳排放与之成正比,石油和其他GHG与之成反比;③区域碳排放水平与绿色技术创新效应成正比;④不同来源的投资对绿色技术专利数量的影响具有异质性,私人投资比政府投资更能提升绿色创新的适应程度。本文从以下4个方面提出了提高绿色创新对气候变化适应程度的若干建议:①中央政府应通过减税和补贴等手段刺激地方政府进行绿色创新投资;②实行差异化行业创新政策,更加致力于促进旨在减少煤和天然气碳排放的技术研发;③加大新能源投资;④刺激私人投资,完善投资结构,把有限的私人投资投入到能源和电信等行业,提高私人公共投资的创新效率。

代表性论文 20

论文标题:Synthesized indicator for evaluating security of strategic minerals in China: A case study of lithium

发表期刊：Resources Policy，2020

作者简介：吴巧生（通讯作者），中国地质大学（武汉）经济管理学院教授。

论文简介及创新点：矿产资源集中分布在少数国家和地区，造成矿产资源全球生产和消费地区的分离，使矿产资源安全成为大国博弈的焦点。

本文给出了中国战略性矿产资源安全的内涵（图 4-9），它不仅反映了战略性矿产资源在国民经济中的物质基础作用（DES），还考虑了全球供应稳定性（GSI），且强调国内安全和全球资源治理的协同作用（CEI）。

图 4-9　中国战略性矿产资源安全的内涵（括号中的数字是相应维度下指标的数量）

为进一步理解中国战略性矿产资源安全的内涵，此处选择锂资源为研究对象，评价其安全水平。从矿石开采到下游产品的制造，锂的生命周期可分为上游锂矿、下游终端产品和介于上下游中间产品（图 4-10）。从上游观察，全球锂资源以盐湖卤水和固态锂矿为主，主要为锂辉石、锂云母、透锂长石。锂产业链的主要中间产品为碳酸锂、氢氧化锂、氯化锂和含锂化合物，这些中间产品经过进一步加工制造为最终产品。其中，碳酸锂是世界上产量和贸易量最大的锂产品。下游锂市场产品众多，其中 35% 的锂用作电池。锂广泛应用于陶瓷、润滑油、制冷剂等领域。锂也是医药和聚合物的重要原材料。

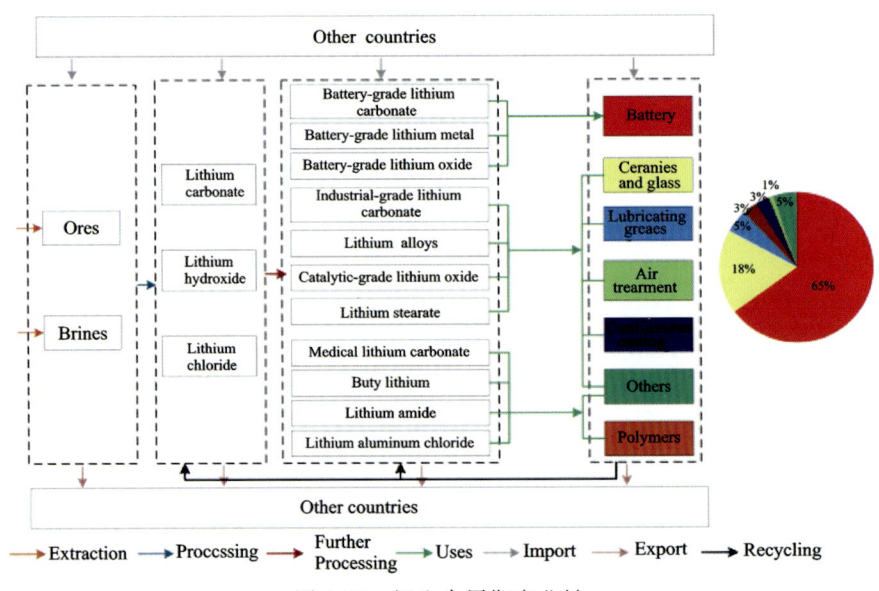

图 4-10　锂生命周期产业链

为了评估中国锂产业链安全水平(LSI),本文首先参考基本赋权方案。在这种情况下,锂产业链安全的3个子目标被赋予相同的权重,即1/3、1/3和1/3,以强调三者对中国锂产业链安全的相同重要性,如图4-11所示。

在3个子目标共同作用下,中国锂产业链安全水平(LSI)呈上升趋势,从2010年的0.353增加到2018年的0.704。自2016年以来,中国的锂产业链安全水平增长显著,这主要归功于优态共存性子目标的显著增长,表明开放国内市场并融入国际锂市场对中国锂产业链安全水平的改善有积极影响。

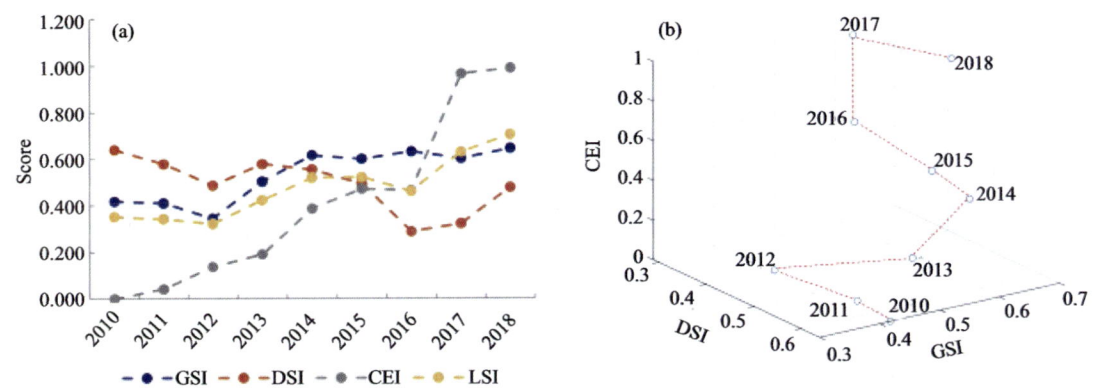

图4-11　2010—2018年中国锂安全指数(LSI)、全球供应稳定性(GSI)、国内经济安全性(DES)与优态共存性(CEI)得分(a)和LSI年际变化(b)

此处使用蒙特卡洛模拟方法,考虑了3种替代权重方案,即情景1、情景2和情景3,最大权重分别分配给全球资源供应稳定性(GSI),国内资源经济安全性(DSI)和优态共存性(CEI),即在情景1中设定$w_{GSI} \geqslant w_{DES}$且$w_{GSI} \geqslant w_{CEI}$;相应地,在情景2中$w_{DES} \geqslant w_{GSI}$且$w_{DES} \geqslant w_{CEI}$;类似地,在情景3中假设$w_{CEI} \geqslant w_{GSI}$且$w_{CEI} \geqslant w_{DES}$。且假设$w$服从标准正态分布,即所有权重值在[0,1]内都有相等的机会出现,且满足权重之和等于1。基于上述方法,针对每种情况随机进行10 000次迭代,并将其与基本方案下的结果进行比较以测试结果的敏感性,如图4-12所示。

图4-12显示,尽管每种情况下中国锂产业链安全指数的值每年都在变化,但所有情况都显示出一个共同的趋势,即中国锂产业链安全指数的等级已从2010年的"良"(情景2中的"良+"除外)上升到2018年的"好+"(在情景3中除外,它为"优秀")。这表明中国锂产业链安全指数的变化趋势对子目标的权重并不敏感,因此当前的评价指标体系可以有效地估计中国的锂产业链安全水平,并且可被扩展以估计中国其他战略性矿产资源安全水平。

图4-12中彩色实线是不同赋权情景下经10000次迭代后LSI的平均值,深灰色代表情景1,绿色代表情景2,蓝色代表情景3,红色代表基础情景。对于前3种情况,与实线颜色相同的色带是具有一个标准误差的误差带。2条紫色虚线分别是"一般"评级的下限(0.25)和"良好+"评级的上限(0.75)。

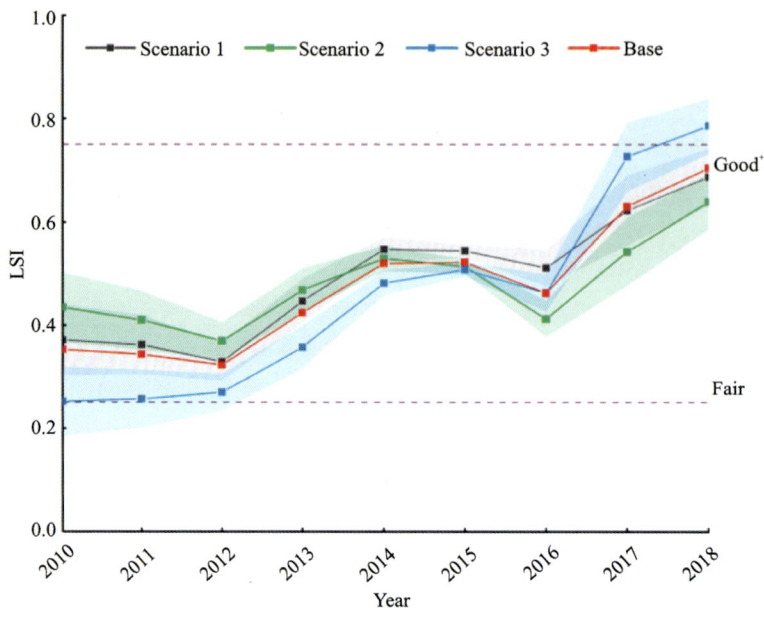

图 4-12　不同赋权情景下的锂安全指数（LSI）

代表性论文 21

论文标题：Impact of energy intensity, renewable energy, and economic growth on CO_2 emissions: Evidence from Africa across regions and income levels

发表期刊：Renewable and Sustainable Energy Reviews, 2021

作者简介：吴巧生（通讯作者），中国地质大学（武汉）经济管理学院教授。

论文简介及创新点：为了减少二氧化碳（CO_2）排放以实现环境可持续性，全球已经建立了有效的 CO_2 减排行动。现有文献对非洲大陆 CO_2 排放与影响因素研究不足。目前，在与区域可再生能源项目相关的 5 个区域和 8 个经济共同体共同推动下，所有非洲国家都致力于减少 CO_2 排放（图 4-13）。

首先，本研究考察了可再生能源、能源强度和经济增长对非洲 5 个地区（北部、西部、东部、中部和南部）CO_2 排放的影响。基于 2018 年世界银行发布的低收入、中低收入、中高收入和高收入共 4 类的收入水平，进一步地探究上述因素对非洲不同经济发展水平的 CO_2 排放的影响。

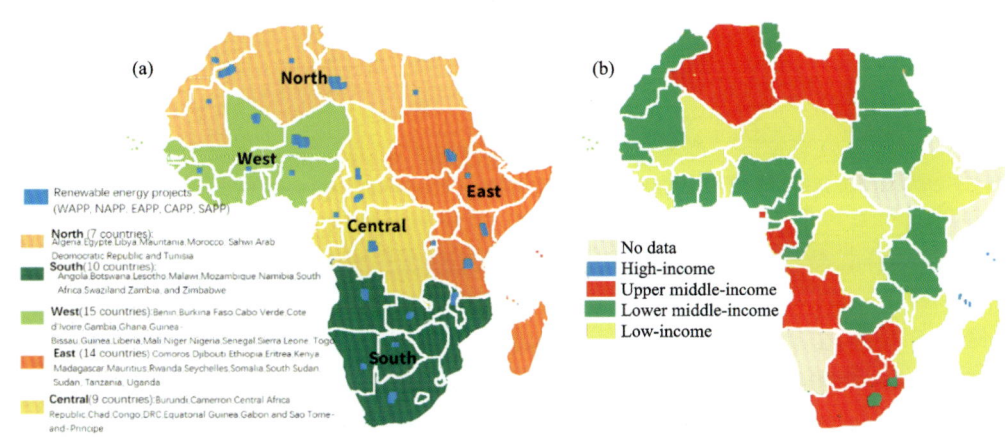

图 4-13 非洲地区、经济共同体和可再生能源项目地图(a)和各国收入水平分布（b）

图 4-14 显示了在区域级别、收入级别和非洲整体假设检验的结果。在非洲整体层面,结果显示 CO_2 与能源强度、GDP 和可再生能源之间均存在双向因果关系。

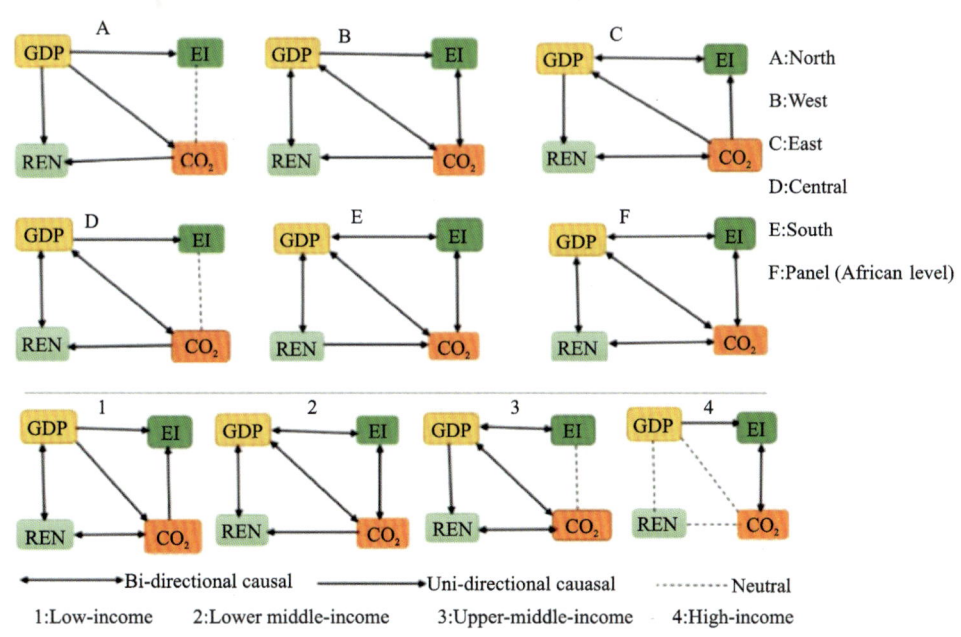

图 4-14 CO_2 排放与其影响因素的因果关系检验结构

从图 4-15 可以看出,受额外冲击的影响,各地区前 2 年 CO_2 的变化量有所减少,第 3 年略有增加,直至第 10 年略有下降。前 2 年 GDP 贡献呈下降趋势,之后北部地区贡献小幅上升,西部和南部地区贡献稳步下降,东部地区贡献显著,中部地区贡献中性。能源强度对 CO_2 排放的影响在北、西、中、南 4 个地区显著降低,东部地区稳步上升。与能源强度和经济增长带来的变化相比,可再生能源对 CO_2 的影响非常低。这表明,可再生能源份额的提升对减少区域内的 CO_2 排放贡献很大。

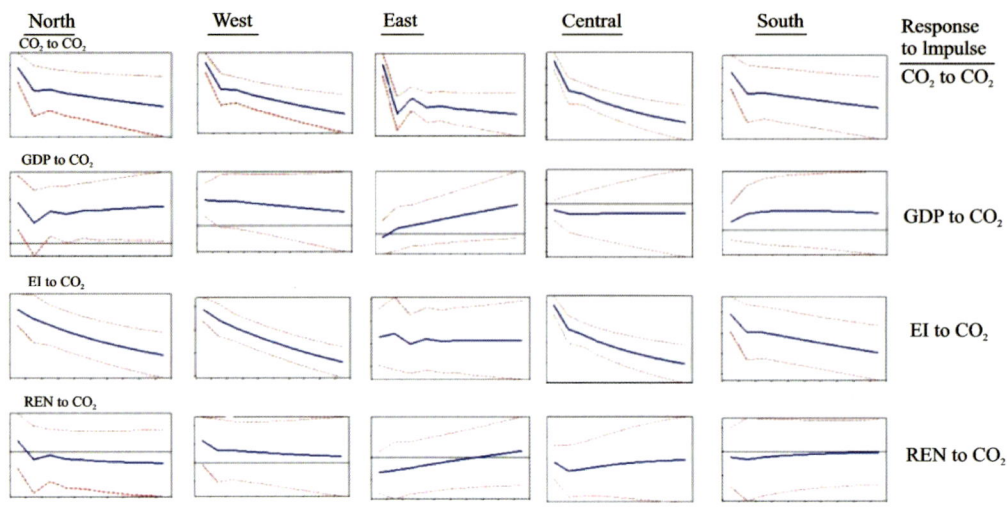

图 4-15　非洲不同地区 CO_2、EI、GDP 和 REN 的 10 年期脉冲响应预测（蓝线）及 95% 置信区间为（红线）

图 4-16 表明,在所有收入水平下,CO_2 排放本身的大幅下降,这说明其某些驱动力对其余的变化有很大的贡献。低收入、中低收入和高收入群体对经济增长的贡献显著增加,中高收入群体对经济增长的贡献显著下降。中低收入群体的能源强度迅速下降,但仍然较高,而中上高收入群体的能源强度已降至零。此外,在非洲层面,CO_2 排放本身、能源强度和可再生能源大幅下降,而经济在 10 年内稳步增长。

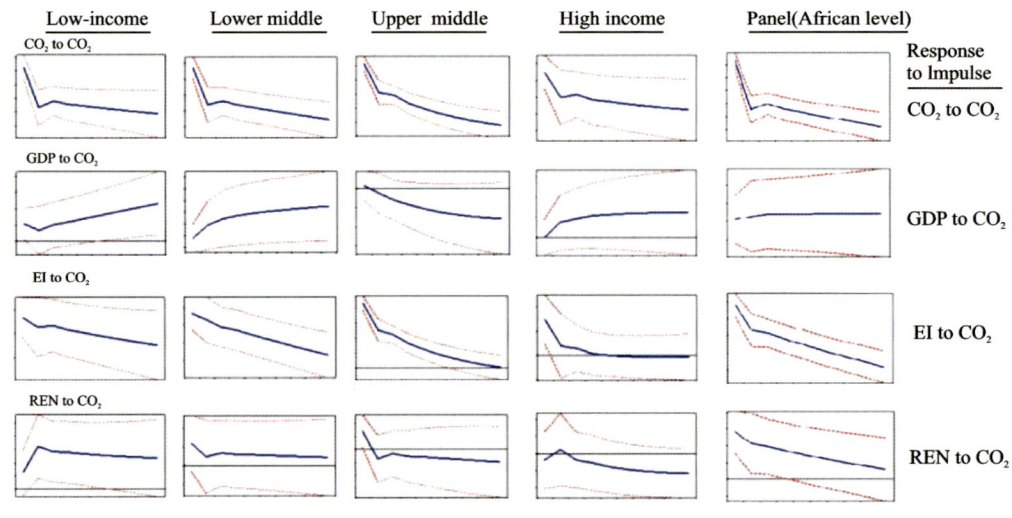

图 4-16　非洲不同收入水平 CO_2、EI、GDP 和 REN 的 10 年期脉冲响应预测（蓝线）及 95% 置信区间（红线）

代表性论文 22

论文标题:环境吸收能力对中国 PM2.5 浓度影响研究

项目负责人:王然

执行时间:2019—2022

主要内容、重要结果及社会影响力:

本项目取得的重要成果有:①矿业城市水生态环境质量的评价模型构建;②长江经济带矿业城市水生态环境质量的静态特征和时空动态演化规律研究;③长江经济带矿业城市水生态环境质量的影响机制分析;④水生态环境质量约束下矿业城市经济转型发展的动态模拟;⑤水生态环境保护优先下长江经济带矿业城市经济转型发展路径解析。

项目名称: 不确定环境下企业低碳技术的动态投资研究(国家自然科学基金-青年科学基金项目)

项目负责人: 周远祺

执行时间: 2013—2015

主要内容、重要结果及社会影响力:

本项目研究在低碳经济规划下我国工业企业节能减排项目的实物期权投资决策模型;研究在该模型下企业面临的不确定性因素对企业低碳技术的投资价值、投资时间及投资规模内在影响的规律,这些不确定性因素包括经济波动率、投资贴现率、碳交易价格、化石燃料价格、节能减少排放量(节能减排技术)、气候政策变化(国家节能减排目标、环保收费、财政的激励、税收支持的减免);研究在低碳经济规划下企业节能减排项目的投资战略选择规律;研究在低碳经济规划下钢铁企业节能减排项目的投资战略选择路线;研究钢铁、石化企业短期节能减排项目的投资战略。

结果发现低碳经济规划下企业节能减排项目投资的实物期权特性;构建了低碳经济规划下企业节能减排项目实物期权投资决策模型;取得了低碳经济规划下企业节能减排项目的投资选择规律和路线;得到了钢铁、石化企业能耗优化项目的最优投资决策及投资战略。

重要结论:企业在低碳经济规划下应选择节能减排项目;企业应该优选投资贴现率高,节约减排量大的项目;政府保持经济的稳定发展,碳交易价格保持合理范围是促进企业进行节能减排的基本保障;在碳交易价格处于低位时,政府应该提高化石燃料的价格,保证合理的节能减排激励措施方能促进企业积极进行节能减排。

影响力:建立的模型和分析出的投资决策规律和结论,能切实指导企业解决节能减排投资的问题,为不同气候政策控制下的企业的节能减排投资决策提供定量的科学依据,同时也为政府的宏观调控提供政策建议。此外,本模型运用的实物期权法在方法上探索了复杂金融问题的计算技术和软件的实现,在拓展金融数学理论、发现金融投资规律和开发金融投资计算技术等方面具有显著的科学意义。

第三节 代表性论文简况

代表性论文 1

论文标题：Evaluation on the coupling coordination of resources and environment carrying capacity in Chinese mining economic zones

发表期刊：Resources Policy，2017

作者简介：王然（第一作者），中国地质大学（武汉）经济管理学院副教授；成金华（通讯作者），中国地质大学（武汉）经济管理学院教授。

论文简介及创新点：《全国矿产资源规划（2008—2015年）》规定，我国现有的75个矿业经济区，是指以矿产资源的勘查、开发和后续选冶为重点，按照资源丰度和利用布局进行集聚的矿业经济区。这些区域作为中国能源资源和非能源矿产资源的主要供应地，在拉动经济增长方面发挥着至关重要的作用。中央、国务院高度重视区域资源环境承载力。但是，仅有良好的资源环境综合承载能力还不够，矿业经济区的发展由最低资源环境承载能力、资源环境承载能力协调、资源环境禀赋决定。资源环境禀赋可以体现在资源环境承载力指标体系中。因此，如何评价资源环境承载力的协调性，寻找资源环境承载力的最低点，是我国矿业经济区发展亟待解决的问题。

基于土地资源承载力、水资源、矿产资源与环境，本文构建矿业经济区RECC评价指标体系如表5-1所示。

表 5-1 矿业经济区 RECC 评价指标体系

Carrying capacity subsystems	Indicators	Index calculation	Index type
Mineral resources	Economy scale (X1)	remaining recoverable reserves/mineral resources exploitation per unit of GDP	Positive
	Guarantee period (X2)	remaining recoverable reserves /current exploitation	Positive
	Contribution to GDP (X3)	mining industrial added value/GDP	Positive
	Contribution to employment (X4)	population employed in mining industry/total population employed	Positive
Land resources	fixed asset investment per unit area (X5)	fixed assets investment of urban construction land/built-up area	Positive
	GDP per unit area of construction land (X6)	GDP of urban areas/built-up area	Positive
	arable land per capita (X7)	arable land area at the end of each year/rural population	Positive
	construction land per capita (X8)	construction land area/non-agricultural population	Positive
Water resources	water consumption per unit of industrial added value (X9)	industrial water consumption/industrial added value	Negative
	water resources per capita (X10)	water resources/permanent resident population	Positive
Environment	industrial wastewater emission intensity per unit of GDP (X11)	industrial wastewater emission/GDP	Negative
	nitrogen dioxide emission intensity per unit of GDP (X12)	nitrogen dioxide emission/GDP	Negative
	soot (dust) emission intensity per unit of GDP (X13)	soot (dust) emission/GDP	Negative
	green land per capita (X14)	statistical data	Positive
	green coverage ratio of built-up areas (X15)	statistical data	Positive

为减少主客观因素的影响,选取熵权法和德尔菲法相结合的加权方法确定各指标的权重(表 5-2)。

表 5-2　RECC 系统中各项指标的权重　　　　　　　　　　　　　　　（单位:%）

Indicator	2005	2006	2007	2008	2009	2010	2011	2012	2013
X1	5.99	5.90	6.31	6.59	7.13	6.88	6.52	6.43	6.77
X2	8.20	7.41	7.57	7.01	7.11	6.94	7.26	7.22	7.60
X3	7.71	7.76	8.13	7.98	7.76	7.53	8.04	7.55	7.76
X4	7.39	8.12	7.86	8.66	8.75	7.65	8.72	8.51	8.76
X5	4.86	5.77	5.04	5.23	6.87	6.26	6.40	6.02	4.44
X6	7.77	7.48	7.33	6.93	7.06	7.60	7.91	7.55	7.99
X7	7.45	6.40	6.63	6.54	6.44	6.61	6.88	6.48	6.74
X8	6.66	6.47	7.15	6.67	6.78	6.57	6.93	6.92	6.45
X9	9.19	9.38	9.06	9.41	8.53	10.31	8.52	9.69	9.19
X10	10.28	10.12	10.96	10.30	9.98	10.37	10.11	8.69	10.17
X11	4.09	3.67	3.68	3.48	3.56	3.46	3.64	3.57	3.55
X12	6.39	5.97	5.20	4.51	4.86	4.74	4.96	4.51	4.90
X13	4.19	5.29	5.30	5.74	5.20	5.88	4.13	3.50	4.06
X14	5.15	5.42	5.39	6.64	5.26	5.40	5.40	5.95	6.50
X15	4.66	4.85	4.40	4.32	4.71	3.81	4.57	7.41	5.10

选取 30 个矿业经济区作为研究对象(表 5-3)。代码 E、C、W 的第一个字母表示中国主要地区,即东部、中部和西部;代码的第二个字母如 A、B、C 表示不同类型和不同地区的采矿经济区数量。

表 5-3　矿业经济区名称、类型和代码清单

No.	Chinese mining economic zones' names	Codes	No.	Chinese mining economic zones' names	Codes
1	Hubei Ezhou-Huang Shi iron, copper and gold mining economic zone	CA	16	Chongqing Wushan-Fengjie coal and hematite mining economic zone	EC
2	Inner Mongolia Erdos energy and non-metallic mining economic zone	CB	17	Fujian Longyan Makeng iron mining economic zone	ED
3	Anhui Huainan coal and chemical mining economic zone	CC	18	Guangxi Nandan non-ferrous metal mining economic zone	EF
4	Henan coal and aluminum mining economic zone	CD	19	Western Hainan iron and oil shale mining economic zone	EG
5	Heilongjiang Daqing petroleum and chemical mining economic zone	CE	20	Hebei Chengde vanadium-titanium magnetite mining economic zone	EH
6	Heilongjiang Jixi coal and electro-graphite mining economic zone	CF	21	Shaanxi Fengtai lead-zinc-gold mining economic zone	EI
7	Hubei Yunying-Tianqian salt gypsum nitre mining economic zone	CG	22	Jiangsu Xuzhou coal mining economic zone	EJ
8	Hunan Chenzhou-Hengyang non-ferrous metal mining economic zone	CH	23	Liaoning Anshan iron mining economic zone	EK
9	Western Jiangxi coal, tungsten and rare earth mining economic zone	CI	24	Yunnan Kunming-Yuxi iron and phosphate mining economic zone	EL
10	Southern Shanxi Mount Taihang coal and iron mining economic zone	CJ	25	Gansu Lanzhou-Baiyin coal and copper mining economic zone	WA
11	Anhui Maanshan iron and steel mining economic zone	CK	26	Yunnan Gejiu-Wenshan polymetallic mining economic zone	WB
12	Hubei Yichang phosphorous mining economic zone	CL	27	Xinjiang Aletai copper and polymetallic mining economic zone	WC
13	Inner Mongolia Baotou rare earth and black metal mining economic zone	CM	28	Central Guizhou phosphorus aluminum and coal mining economic zone	WD
14	North Guangdong Shaoguan iron, copper and polymetallic mining economic zone	EA	29	Sichuan Panzhihua vanadium and titanium mining economic zone	WE
15	Shandong Yantai precious metal mining economic zone	EB	30	Ningxia Yinchuan coal mining economic zone	WF

本文将 30 个典型矿业经济区的 RECC 子系统的耦合协调度分为两类（图 5-1），在选取的 30 个典型矿业经济区中，仅有 9 个轻微失衡，其余为中度失衡，说明大部分矿业经济区的子系统处于中度失衡状态。

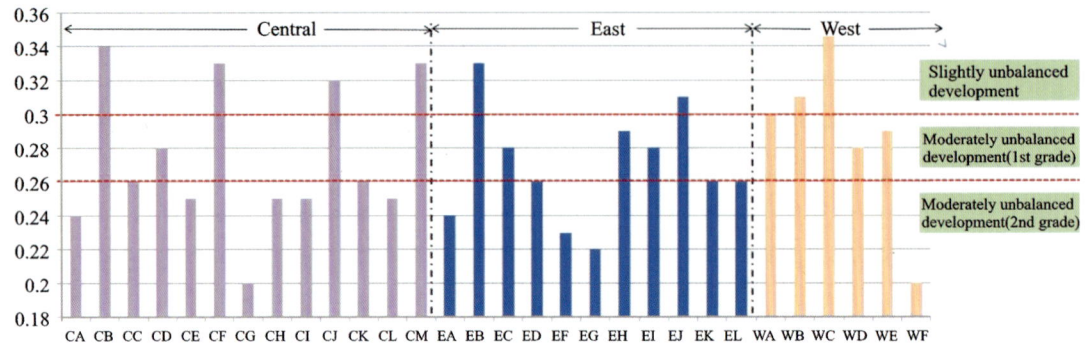

图 5-1　2005—2013 年不同矿业经济区 4 个子系统平均耦合协调度

从表 5-4 可以看出，我国矿业经济区的环境承载能力处于较好的状态。其中大部分资源承载能力滞后，尤其是水资源承载能力滞后（表 5-5）。西部地区矿产资源丰富，水土资源承载能力滞后。中东部地区矿产和水资源承载能力基本落后。

表 5-4　2005－2013 年期间环境承载能力的平均值

Codes	U_M	U_L	U_W	U_E	Codes	U_M	U_L	U_W	U_E
CC	0.105	0.129	0.021	0.091	WE	0.080	0.087	0.095	0.113
EC	0.077	0.086	0.059	0.135	WA	0.107	0.119	0.048	0.114
ED	0.072	0.042	0.076	0.0141	EA	0.022	0.085	0.064	0.132
EF	0.060	0.051	0.034	0.075	CA	0.035	0.076	0.055	0.122
WD	0.101	0.059	0.066	0.134	EB	0.092	0.117	0.102	0.165
EG	0.009	0.126	0.049	0.164	WB	0.157	0.081	0.067	0.095
EH	0.101	0.069	0.078	0.129	CK	0.044	0.091	0.050	0.158
CD	0.042	0.113	0.099	0.129	CL	0.027	0.080	0.096	0.146
CE	0.009	0.168	0.088	0.187	EJ	0.093	0.102	0.070	0.155
CF	0.166	0.139	0.049	0.121	EK	0.021	0.120	0.099	0.144
CG	0.018	0.051	0.036	0.131	CM	0.110	0.101	0.096	0.146
CH	0.050	0.058	0.055	0.134	WF	0.059	0.103	0.012	0.155
CI	0.062	0.043	0.054	0.138	EL	0.028	0.101	0.093	0.150
CJ	0.158	0.077	0.097	0.103	CB	0.148	0.126	0.086	0.136
EI	0.058	0.085	0.093	0.136	WC	0.116	0.128	0.123	0.144

表 5-5　30 个典型矿业经济区 4 个子系统的滞后种类

Lagging species	Quantity	Mining economic zones codes
Mineral resources	5 (central) 5 (east)	CA,CD,CE,CG,CL EA,EG,EI,EK,EL
Land resources	2 (central) 1 (east) 3 (west)	CI,CJ ED WC,WD,WE
Water resources	6 (central) 5 (east) 3 (west)	CB,CC,CF,CH,CK,CM EB,EC,EF,EH,EJ WA,WB,WF

代表性论文 2

论文标题：Research on Comprehensive Evaluation and Coordinated Development of Water Resources Carrying Capacity in Qingjiang River Basin, China

发表期刊：Sustainability，2021

作者简介：王然（通讯作者），中国地质大学（武汉）经济管理学院副教授。

论文简介及创新点：水资源被认为是 21 世纪限制人类社会经济发展的一个重要因素，过去的 100 年里，人类对水的需求量增加了近 8 倍，对水资源的过度开发利用也对生态环境造成了很大的破坏。中国对水资源的可持续开发利用和水生态文明建设采取了一系列措施，将水生态环境保护提高到前所未有的高度。

清江是长江出三峡后的第一条主要支流，也是湖北省仅次于汉江的第二大支流（图 5-2）。清江流域水资源总量丰富，整体水质状况良好。然而，清江水资源、水环境和水生态不仅要考虑清江自身的水资源承载力（WRCC），还要考虑长江经济带乃至全国的 WRCC。

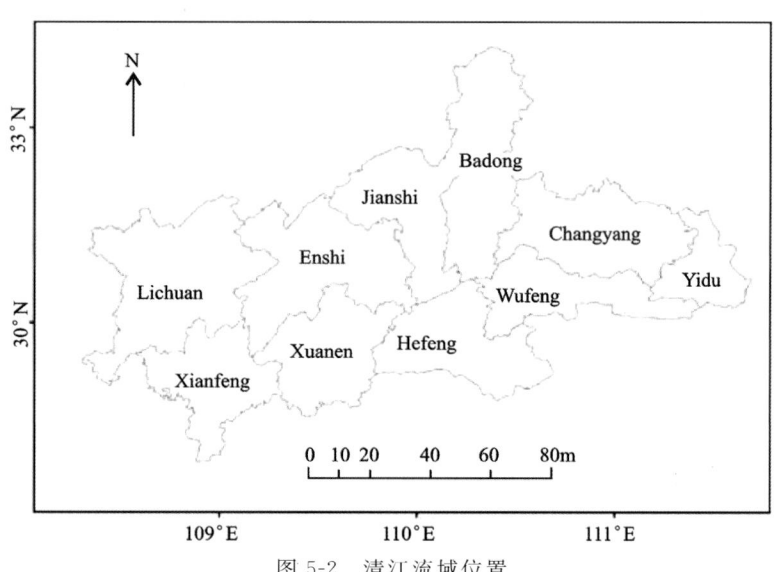

图 5-2　清江流域位置

在构建清江流域 WRCC 评价指标体系时,应考虑"三水共治"、主体功能区类型、"生态红线"、国家空间适宜性评价等中国特色政策任务。总体思路如图 5-3 所示。

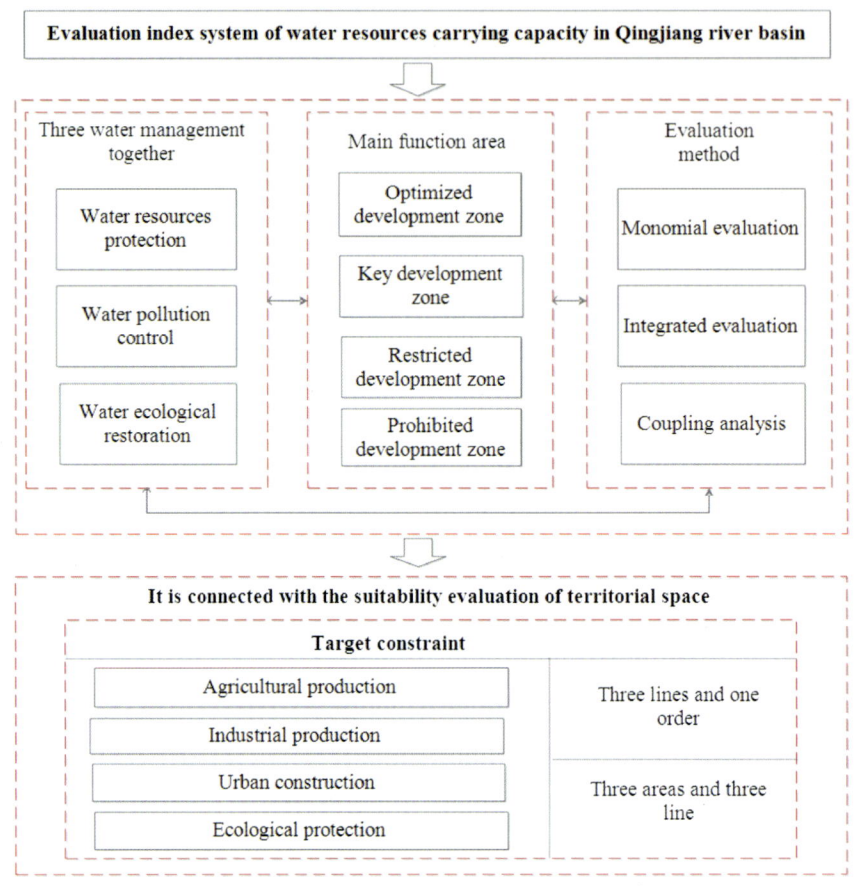

图 5-3　清江流域 WRCC 评价指标体系构建的总体思路

通过单项评价、综合评价和耦合协调结果,本文得出以下结论:①每个维度的单项指标方面,在水资源方面超过一半的清江流域地区处于超载状态,其中宜都最低,WRCC 潜力和处于透支状态,而利川水资源承载潜力最高;②水资源综合承载指数具有明显的空间特征,即西南 5 县的水资源综合承载指数明显优于东北 5 县;③清江流域 10 县水资源承载耦合协调程度不高,基本处于初级协调或勉强协调水平。

代表性论文 3

论文标题:高能耗企业绿色转型技术的实物期权选择路线
发表期刊:系统工程理论与实践,2019
作者简介:周远祺(第一作者、通讯作者),中国地质大学(武汉)经济管理学院副教授。
论文简介及创新点:绿色转型是针对高污染企业,以资源集约利用和环境友好为导向,以低污染、低排放、高生产率为目标,实现工业生产全过程绿色,可持续的发展,获得经济效益与环境效益双赢的转型。中国为此进行了供给侧结构性改革和结构性调整。这一方面是世界经济和格局变化的要求,另一方面也是中国经济发展的需求。中国的工业迫切需要加快绿色转型,除了要应对发达国家设置碳关税、"环境标准"等贸易壁垒外,还必须加快发展新能源、低碳节能等新兴产业,抢占绿色经济竞争机制的"话语权",然而在我们坚定高能耗企业绿色转型这一目标时,不能忽略我国高能耗企业在绿色转型时确面临的挑战。这些挑战会影响企业绿色转型的积极性,也影响企业的整体盈利以及未来可持续的竞争性。在着眼当前又立足长远的情况下,尤其是我国当前在供给侧结构性改革和结构调整的进程中,研究我国高能耗企业绿色转型技术路线的选择就显得尤为重要。此外,企业技术路线的选择情况也反映着我国一个中长期、短期、近期调控和机制制定的效率。

对此本文建模并进行情景的分析,主要分析如下的关系及其影响规律。这些关系包括:①研究企业绿色转型的意愿程度与企业投资战略目标的关系,根据外部信息变化,如经济波动强度,技术进步(节能减排目标),投资贴现率,投资成本,碳交易价格波动率等模型的重要参数,采用阶梯递进式的变化,进行情景设计分析;②研究外部性信息的动态递进阶梯式的变化对企业绿色转型的最佳投资战略的影响及其影响规律;③研究绿色转型,寻求绿色经济制高点的最佳投资选择规律,评价短期绿色转型最佳投资技术,投资时机与抢占绿色经济制高点的协调问题,并最终回答企业立足于现在及长远目标下选择适合高能耗企业绿色转型路线的最优问题,即从企业整体盈利,可持续竞争的角度研究企业绿色转型投资战略及投资规划的问题。

本文的重要结果包括以下几点。

(1)通过对相同的技术在经济状态好与差两种不同状态下的投资比较,发现在经济差的状态下项目的期权价值比经济好的状态下期权价值高。我们发现经济差的状态下投资阈值高,而我国当煤的价格是1482元/t时,绿色转型投资在此时投资是不经济的,当前我国煤的价格过低,其中有煤的价格没有包含环境成本的因素,因此,从未来环境成本角度调高煤的价格是合理的。

(2)通过对相同的技术在不同情景状态下的投资比较,发现在当前经济状态差时,预计未来经济状况越好,碳交易未来价格越高,经济复苏跨度大的情况下,绿色转型技术最低的最佳投资规模及相应的投资阈值、期权价值也随着增大。

(3)通过对相同的技术、相同的投资成本在不同情景状态下的投资比较,发现项目的最佳投资阈值及相应的期权价值随着经济波动的程度、投资贴现率、碳交易价格的逐渐增大而逐步增大,增大到一定程度则逐渐减小。如果未来经济复苏的力度大,投资贴现率高,有一定长的跨越年度,那么投资阈值的门槛低;如果复苏力度小,投资贴现率低,跨越年度短的投资门槛相对较高。

(4)通过对不同的技术在相同的投资成本、相同的情景下的投资比较,发现在当前经济状态差,未来经济繁荣时,减排技术水平越高,项目的期权价值越高,投资阈值越低。相同的投资规模的绿色转型技术的期权价值并不是随着递进增加的技术在正向增大,而是在技术2处有个拐点,由技术1向技术2处降低,然后到技术3处增大。

(5)通过对相同的技术、不同的投资成本在相同的情景下的投资比较,我们发现相同技术的投资阈值和期权价值随着投资成本的增大而增大。

第六章

金融与贸易系

CHAPTER 6

第一节 教师简介

邓宏兵，教授，博士生导师。2004年毕业于华东师范大学自然地理学专业，获理学博士学位；2004—2007年在武汉大学理论经济学博士后流动站从事相关研究；2004年至今，在中国地质大学（武汉）经济管理学院从事区域经济学领域的教学与科研工作。

主要研究方向：区域经济与投资环境、区域创新、生态文明与绿色发展、旅游规划与旅游经济。

主要社会与学术兼职：湖北省十二届政协委员；中国区域经济学会副理事长兼区域创新专业委员会主任；全国经济地理研究会副会长兼长江经济带专业委员会主任；中国区域科学协会副理事长兼生态文明研究专业委员会常务副主任。

主讲课程：博士生课程应用经济学前沿，硕士生课程区域经济学、经济模型与方法，本科生课程投资经济学、世界经济地理。

光峰涛，特任副教授，硕士生导师。2020年毕业于华北电力大学能源管理专业，获博士学位；2018—2019年在新西兰奥克兰大学联合培养；2020年至今，在中国地质大学（武汉）经济管理学院从事资源环境经济与管理领域的教学与科研工作。

主要研究方向：区域能源环境经济、区域创新管理与政策。

主要社会与学术兼职：湖北环科学会绿金专委会副秘书长。

主讲课程：高级微观经济学、国际贸易学、电子商务。

洪水峰，副教授，硕士生导师。2005年毕业于中国地质大学（武汉）矿产普查与勘探专业，获博士学位；2015—2016年，在美国佛罗里达州立大学从事访问学者研究；2002年至今，在中国地质大学（武汉）经济管理学院从事资源环境经济与管理领域的教学与科研工作。

主要研究方向：资源开发与区域经济发展。

主要社会与学术兼职：全国经济地理学会常务理事；湖北省区域经济学会副秘书长。
主讲课程：国际贸易理论与实务、资源经济学、国际投资学。

李金滟，副教授，硕士生导师。2008年毕业于华中科技大学西方经济学专业，获博士学位；2008年至今，在中国地质大学（武汉）经济管理学院从事区域与城市经济领域的教学与科研工作。

主要研究方向：区域与城市经济。

主要社会与学术兼职：中国区域经济学会区域创新专业委员会秘书长；湖北省区域创新能力监测与分析软科学研究基地副主任。

主讲课程：宏观经济学。

肖建忠，教授，博士生导师。2003年毕业于华中科技大学经济学院发展经济学专业，获博士学位；2004—2007年在中国社科院经济研究所从事理论经济学专业博士后研究工作；2007—2008年在澳大利亚莫纳什大学做访问学者；1999年至今，在中国地质大学（武汉）经济管理学院主要从事产业组织与能源经济学方面的教学和研究工作。

主要研究方向：产业组织理论、中小企业创业，能源产业经济。

主要社会与学术兼职：湖北省外国经济学说研究会会员；武汉系统工程学会理事；湖北省工业经济学会常务理事；湖北省经济学会理事；中国"双法"研究会经济管理研究专业委员会理事。

主讲课程：高级宏观经济学、国际技术贸易、研究方法与论文写作。

杨树旺，教授，博士生导师。2003年毕业于华中农业大学农林经济管理专业，获管理学博士学位；2004—2005年在澳大利亚国立大学做访问学者；2005—2007年在武汉大学经济与管理学院做博士后；2008年至今在中国地质大学（武汉）经济管理学院从事教学科研工作。

主要研究方向：资源环境经济和产业经济。

主要社会与学术兼职：中国区域科学协会学理事；中国区域科学协会生态文明专业委员会副主任；湖北省工业经济学会副理事长；湖北省生态经济学会副理事长和湖北省区域经济学会常务理事。

主讲课程：产业经济学、微观经济学。

易明,教授,博士生导师。2010年毕业于华中科技大学西方经济学专业,获博士学位;2010—2013年,清华大学博士后;2018—2019年,The University of Auckland访问学者;2010年至今在中国地质大学(武汉)经济管理学院从事教学科研工作。

主要研究方向:创新管理与政策、科技金融、区域可持续发展。

主要社会与学术兼职:中国区域经济学会理事;中国区域科学协会理事;中国科学学与科技政策研究会会员。

主讲课程:国际结算、产业经济学专题(硕士研究生)、国际经济学(留学生)、应用经济学前沿(博士生)、科技金融与创新创业(通识选修课)。

张伟,教授,博士生导师。2005年毕业于中国海洋大学环境科学专业,获博士学位;2007年在美国内布拉斯加大学做访问学者;2019年至今,在中国地质大学(武汉)经济管理学院从事经济金融领域的教学与科研工作。

主要研究方向:绿色金融与生态经济。

主要社会与学术兼职:中国绿色金融研究联盟理事长;中国绿色金融年会主席;中国软科学研究会常务理事;湖北省环境科学学会绿色金融专业委员会主任委员。

主讲课程:政治经济学、产业金融、绿色金融。

第二节 科研项目简介

项目名称:长江经济带新型城镇化质量测度与模式研究(国家社会科学基金项目)
项目负责人:邓宏兵
执行时间:2014—2016
主要内容、重要结果及社会影响力:

(1)对长江经济带新型城镇化质量测度和发展模式的背景研究和研究进展进行分析,探讨了在新型城镇化背景下对长江经济带新型城镇化质量进行测度与发展模式进行探究的必要性,并对相关文献进行了梳理分析。通过文献分析,对相关概念进行综述,厘清"新型城镇化质量"和"新型城镇化发展模式"的内涵与本质,并对比分析新旧城镇化的不同之处。

(2)建立长江经济带新型城镇化质量指标测度体系,并对综合测度的结果进行分析。从人口、产业、土地以及生态城镇化质量4个角度选择26个基础指标来构建长江经济带新型城镇化质量测度体系,并对本研究的基础指标进行解释。确定每个指标的权重,再用 Stata14.0 处理搜集到的所有数据,选用主成分分析法综合测度长江经济带 2006—2015 年共 10 年的新型城镇化质量。对人口城镇化、产业城镇化、土地城镇化、生态城镇化 4 个方面的质量指数进行聚类分析,便于深入分析影响因子与分析新型城镇化质量在空间格局上的区域差异性与集聚性。

(3)分维度对长江经济带新型城镇化质量进行分析。分别从人口城镇化、产业城镇化、土地城镇化和生态城镇化 4 个维度测度分析长江经济带主要城市新型城镇化质量。在此基础上,选择自然断裂法,借助 Arcgis 软件研究长江经济带新型城镇化质量在单个维度上的空间格局及其演变趋势,并阐述了每个维度上新型城镇化质量发展类型。

(4)对长江经济带新型城镇化质量空间格局及其发展趋势进行分析。在综合测度长江经济带总体新型城镇化质量的基础上,首先对长江流域经济带的新型城镇化质量差距进行一个基本分析,然后引入变异系数、泰尔指数和基尼系数等指数来进一步测度整体与东、中、西部新型城镇化质量的空间差异性,接着运用 ESDA 法分别对长江经济带新型城镇化质量的全域和局域空间关联性进行分析,构建空间计量模型来检验长江经济带新型城镇化质量发展的空间收敛性质,最后探讨长江经济带新型城镇化质量空间演化特征和机理。

(5)从质量视角探讨长江经济带新型城镇化发展模式。分析了新型城镇化模式对于其质量的影响,从人口、土地、产业和生态 4 个方面阐述了长江经济带城市新型城镇化经典模式的具体案例,并对一些成功的范式进行总结,在此基础上针对长江经济带不同区域情况提出相应的新型城镇化发展模式建议。

课题成果主要包括研究报告 1 篇、学术论文 20 篇、长江经济带高质量发展研究丛书一套,依托该项目培养研究生 10 名。

研究报告《长江经济带新型城镇化质量测度与模式研究》包括文献综述及理论基础、研究对象及数据来源与研究方法、长江经济带新型城镇化质量测度、长江经济带新型城镇化质量分维度分析、长江经济带新型城镇化质量空间格局及发展趋势分析、基于质量视角的长江经济带新型城镇化发展模式等内容。出版《长江经济带新型城镇化质量测度与模式研究》专著一部。

项目组还承办了"第十七届全国经济地理研究会年会暨城乡发展一体化与生态文明建设学术研讨会(2014)""2014 中国区域科学协会年会暨'推动长江经济带建设为核心——创新、集聚与区域发展'主题研讨会""湖北省区域经济学会 2014 年年会暨长江经济带建设学术研讨会""长江经济带绿色与创新发展高端论坛:'十九大'后长江经济发展路径与战略(2017)"等会议,项目组成员参与相关学术会议 20 多次。

项目名称:"一带一路"背景下中国对外矿业投资安全风险测度及效益评价研究(教育部人文社科研究项目)

项目负责人:洪水峰

执行时间:2019—2022

主要内容、重要结果及社会影响力:

从全球矿产资源配置的战略思维出发,对 2013—2017 年间中国对外矿业投资的安全和效益进行评判。在完成相关文献和数据收集的基础上,合理判定"一带一路"沿线国家矿业投资格局和发展趋势;识别对外矿业投资安全的关键因素,分别构建针对不同区域、企业和矿种的对外投资安全评价指标体系和模型,量化投资风险;同时从经济效益和地理辐射效应两个维度,对投资效益进行综合评判;在结构性权利理论的支撑下,从安全、生产、金融和知识结构等维度,提出"一带一路"背景下中国对外矿业投资安全效益保障体系;最后,借鉴发达国家的海外投资经验,提出差异化的对外矿业投资模式,通过全流程、体系化的风险管理理念和方法管控相关风险,推动境外矿业投资的可持续发展。

充分考虑到对外矿业投资在区域、主体、矿种方面的差异性,丰富我国对外矿业投资理论中的风险评价相关内容,应树立"不为所有,但为所用"对外投资理念。"一带一路"背景下中国企业对外进行资源投资的核心不应是控制、占有资源,应更多地关注于投资安全和效益,建立一个互通共赢的投资机制,创造良好的经济社会效益,促进互惠互利、合作共赢。突破由美国学界所主导的国际关系理论,借鉴斯特兰奇结构性权力思想,从安全、生产、金融和知识结构 4 个维度,构建新时代对外矿业投资安全和效益保障体系,合理把握境外投资重点和节奏,提升企业境外投资安全风险防范能力。

项目名称:城市集聚与经济增长——新经济地理理论模型与中国经验证据(国家自然科学基金-青年科学基金项目)

项目负责人:李金滟

执行时间:2011—2013

主要内容、重要结果及社会影响力:

本项目在新经济地理理论框架下,借助数理建模和空间计量技术手段,从单个城市和城市系统两个层面研究城市集聚与经济增长的内在联系,并以中国城市数据作为经验支撑,以武汉城市圈和长株潭城市群作为案例佐证。项目主要研究内容包括:通过综合城市模型和中心-外围模型特征构建新的理论模型,对城市集聚空间形态和微观经济主体区位选择联动过程提供解释;通过细分集聚经济来源中的资金外部性、技术外部性和交流外部性,对城市集聚效应和经济增长互动机制做出分析;通过评估城市集聚所产生的资源消耗、环境污染和社会问题等负面效应,对城市集聚成本和城市治理因果联系进行考察。

这一研究对于理解城市集聚在经济增长中起到的储存器和乘数器双重作用,认识城市集聚产生的集聚经济和集聚不经济两种效应具有重要的理论意义,对于我国当前积极稳妥推进城镇化,提升城镇发展质量和水平也有重大的现实意义。

项目名称:中国天然气市场价格扭曲的关键因素识别与纠偏路径选择研究(国家自然科学基金-面上项目)

项目负责人:肖建忠

执行时间:2017—2020

主要内容、重要结果及社会影响力：

该研究基于中国天然气市场产业层面的考察，从产业链"产、运、销、储、用"等市场主体混合互补问题（MCP）的视角出发，综合运用能源经济学理论、价格形成理论、资源耗竭理论、垄断竞争理论、规制理论、交易成本理论等，采用天然气市场混合建模手段，探索天然气市场价格信号在网络中的传递过程，分析天然气价值链"产、运、销、储、用"主体的利益冲突/博弈，模拟天然气市场均衡。在此基础上对纠正价格扭曲的路径进行情景分析，为中国天然气市场化改革提供理论指导和政策借鉴，具体成果如下。

一是分析建立了中国天然气市场主体的关系图。天然气产业链是由"产、供、储、销、用"等众多市场主体构成的一个复杂系统，在市场机制作用下，这些主体相互博弈形成市场均衡，推动天然气价值在产业链上流动与价值增值，从而实现资源优化配置。为了清晰描述中国天然气市场主体博弈机理，研究给出了基于资源可耗竭的市场均衡分析框架。

二是构建了天然气全产业链市场均衡模型。从产业链"产、运、销、储、用"等市场主体混合互补问题（MCP）的视角出发，课题构建研究中国天然气市场非线性均衡模型（CNGAS-MOD），探索天然气市场价格信号在网络中的传递过程，分析天然气价值链"产、运、销、储、用"主体的利益冲突/博弈，模拟天然气市场均衡。

三是天然气价格扭曲测度。测度了中国天然气价格扭曲的程度，识别了引发价格扭曲的主要因素，重点分析了政府规制和国际天然气价格传导机制对中国天然气价格的影响，并从价格扭曲的视角分析了中国天然气价格交叉补贴现象的产生以及价格扭曲导致的社会福利变化。

四是以山东天然气市场为案例分析了管网拥挤价格的形成及疏解。在前述互补均衡模型的基础上，运用GAMS建模技术，以山东天然气市场为案例首次分析了省级管网拥挤价格的形成。

五是基于中国情景分析了规制影响天然气价格扭曲的效应。该课题解析政府规制对不同部门天然气价格扭曲的影响效果，进而为中国天然气定价机制改革的精准施策提供参考。

六是能源价格扭曲的宏观表现形式与疏解路径。该课题将能源价格扭曲的成因、影响和改进方案置于宏观背景下进行了深入研究。考虑到能源利用效率降低是能源价格不合理扭曲的直接结果，进一步拓展讨论了不同偏向的技术进步导致能源投资对能源效率的差异化影响，同时探究了环境治理政策影响能源开发效率的主要路径，以及价格机制在其中发挥的作用。

尝试用动态面板数据模型，从居民视角实证性探索我国天然气的价格规制效应，识别出提高民用天然气公共福利的关键因素，为进一步深化天然气市场化改革提供经验依据。目前关于居民用气定价，国家发改委已经提出了居民用气实施超额累进加价的基本原则，然而对于阶梯定价能否进一步改进还需进一步论证，定价比例及结构还需进一步厘清。研究的主要发现是：价格规制对公共福利指标并没有显示一致的正向作用，政府实施的天然气市场低气价政策没有显著提高居民用户的公共福利水平；城市化、天然气管网的建设有助于提升居民公共福利水平。当前居民用气阶梯定价方式一定程度上减少了居民用户天然气的浪费，但相比于国家发改委制定的阶梯定价方案,存在更兼顾公共福利与市场效率的阶梯定价结构。

项目组成员发表论文多篇,其中《中国液化天然气现货价格的传导机制》发表于《天然气工业》。该文发表后,时值国家管网公司即将成立,受到上海石油天然气交易中心关注。中国金融信息中心在陆家嘴金融网、财富网、雪球新媒体、新浪财经头条等媒体推送,如财富网,两周内该文的浏览量超过了3000次。团队师生受邀参加2019年第七期陆家嘴"能源+金融"讲坛,聚焦"市场化条件下如何保障天然气供应安全"的议题。

项目名称:青海南部地区矿产资源勘查开发与生态环境保护相容性研究(国家软科学项目)
项目负责人:杨树旺
执行时间:2013—2015
主要内容、重要结果及社会影响力:

项目在生态文明建设的大背景下,立足于中国矿业企业的特殊性,运用利益相关者理论与资源依赖理论对矿业企业社会责任的对象进行识别与分类,这不仅为矿业企业社会责任评价系统的搭建奠定了基础,更为利益相关者理论更好地与不同行业进行有机结合做出了有益尝试。发表论文《资源开发利益共享模式研究及启示》,形成著作《生态文明视角下矿业企业社会责任:评价、影响因素及经济后果》。

项目名称:面向经济高质量发展的区域创新资源配置研究(国家社会科学基金项目)
项目负责人:易明
执行时间:2019—2022
主要内容、重要结果及社会影响力:

本研究主要探讨区域创新资源配置影响经济高质量发展的微观机理和宏观效应。项目从中国经济高质量发展与区域创新资源配置的基本现实着眼,构建区域创新资源配置影响经济高质量发展的基本理论分析框架;总体上分析评估区域创新资源配置的效率及其对经济高质量发展的影响效应;进一步揭示研发资源、创新人才资源和科技金融资源等不同类型创新资源的配置状况及其对经济高质量发展影响的时空异质性;提出优化区域创新资源配置推进经济高质量发展的实现路径和政策建议。

在一定程度上丰富了区域创新管理与政策研究的知识体系,为科技扶贫机制的完善、科技金融系统的构建提供了针对性的解决方案。在国家自然科学基金委管理学A类重要期刊《科学学研究》发表的文章,测算了我国创新系统R&D资金和人员的配置扭曲状况,探究了R&D资源配置扭曲对全要素生产率的影响,以及人力资本在R&D资源配置扭曲中发挥纠偏作用的门槛效应,进而提出要建立完善以市场导向配置R&D资源的长效机制,推进以"人力资本红利"代替"人口红利"的结论。在国内权威报刊《光明日报(理论版)》发表的论文,提出要探索建立科技助力精准扶贫的长效机制,构建产业技术支撑体系支持产业扶贫、建立科技人才支撑体系促进智力扶贫、完善创新创业服务体系助力创业扶贫、创新科技扶贫工作机制推进协同扶贫。在科学出版社出版的著作以及在《经济日报(理论版)》发表的论文,提出要构建由金融、科技、管理等多重要素,科技金融产业、现代科技服务业等多个领域以及人才、政策、平台、机制等共同作用的多维度、多层次科技金融生态系统。

项目名称:我国自然资源产业高质量发展的精准、高效、可持续金融支持研究(国家社会科学基金项目)

项目负责人:张伟

执行时间:2020—2023

主要内容、重要结果及社会影响力:

通过本课题的研究,厘清我国自然资源产业高质量发展与金融发展的内在联系,评估我国自然资源产业高质量发展金融支持的重要作用,寻找存在问题,提出新时代我国自然资源产业高质量发展精准、高效和可持续金融支持的实现策略。

该项目目前在研,已经分别在《光明日报(理论版)》和《中国社会科学报(经济学版)》各发表 1 篇理论文章,分别在《中国土地科学》(CSSCI)和 *Environ Geochem Health*(SCI)各发表 1 篇论文,在 *Environmental Science and Pollution Research*(SCI)发表 2 篇论文。项目负责人在《光明日报(理论版)》发表《资源领域绿色金融的实践意义和学术价值》,得到全国重要网站的转载,产生了较大反响;应邀在国家级、省市级学术或实务论坛(会议)上发表与本项目相关的演讲 5 次,演讲得到来自政府部门、金融机构及企业代表的好评。

第三节　代表性论文简况

代表性论文 1

论文标题:Growth pattern changes in China's energy consumption

发表期刊:Environmental Science and Pollution Research,2020

作者简介:光峰涛(第一作者、通讯作者),中国地质大学(武汉)经济学院副教授。

论文简介及创新点:实现能源消费与经济增长的脱钩是可持续发展的关键。本文基于能源投入产出分析与结构分解模型探究了中国能源消费在2005—2015年期间增长模式的变迁。研究结果发现，能源消费增长在2005—2007年期间是以出口为核心驱动的，在2007—2010年期间是以投资为核心驱动的，在2010—2015年期间是以消费为核心驱动的。此外还发现消费量是驱动能源消费增长的第一大因素，而能源强度是限制能源消费增长的第一大因素。依据研究结论，本文提出了推动中国能源高质量增长的政策建议。

代表性论文2

论文标题：长三角地区生态环境治理一体化的创新路径探索

发表期刊：环境保护，2020

作者简介：光峰涛（第一作者、通讯作者），中国地质大学（武汉）经济学院副教授。

论文简介及创新点：长三角地区作为"长江大保护"的核心地区，所辖省（市）时空一体、山水相连，生态环境休戚相关。2019年12月1日，中共中央、国务院联合印发了《长江三角洲区域一体化发展规划纲要》，该纲要将强化长三角地区生态环境共保联治摆在了突出地位和重要地位，明确指出各行政区域要共同加强生态保护，积极推动生态环境协同共治和协同监管。建立长三角生态环境保护共同体，实现长三角生态环境治理一体化是深入落实长三角一体化发展国家战略的重要内容，也是构建国家生态环境安全型社会极其关键的一环。在共促长三角地区生态环境一体化的发展格局下，沪苏浙皖三省一市（以下简称"三省一市"）在区域大气污染联防联控、区域水污染综合防治、区域固废危废环境管理等方面开展了一系列富有成效的协同工作，但是整体而言，长三角生态环境协同治理的广度和深度还远远不够，未来仍有较大的提升空间。因此，本文梳理了长三角地区在推进生态环境治理一体化进程中遇到的主要问题，分析其制约因素，并有针对性地提出对策和建议，以探索长三角地区生态环境治理一体化的创新路径。

代表性论文3

论文标题：基于结构性权力理论的海外矿业投资风险评价

发表期刊：中国矿业，2021

作者简介：洪水峰（第一作者），中国地质大学（武汉）经济学院副教授。

论文简介及创新点：本文采用文献调查法对矿业海外投资风险的影响因素进行梳理，依据结构性权力理论，构建海外矿业投资风险指标体系。其中，以安全结构、生产结构、金融结构和知识结构为准则层，以政治因素、社会因素、经济因素、基础设施、市场环境、自然环境、财务因素、汇利率因素、文化传统、知识教育、法律政策11个因素为子准则层，具体指标24个，详见表6-1。

表 6-1 海外矿业投资风险评价指标体系

目标层	准则层	子准则层	指标层	指标说明
对外矿业投资风险	安全结构	政治因素	政局稳定	东道国政局的稳定性
			外交关系	与中国外交关系状态
		社会因素	社会稳定	社会治安状况、工会罢工发生的情况
			文化冲突	与中华民族、宗教信仰、官方语言的差异
	生产结构	经济因素	经济发展程度	东道国 GDP 增长率的标准差系数
			投资吸引力水平	世界经济论坛《全球竞争力报告》排名
			投资依存度	中国和其他国家间的双边投资占比
			劳动力工资水平	年平均收入排名
		基础设施	交通便利性	世界主要国家或地区全球竞争力指数排名基础设施
			水、电覆盖程度	东道国水电覆盖率
			网络信息覆盖程度	东道国网络覆盖率
		市场环境	矿产品价格波动	矿产品价格的标准差基数
			产品市场潜力	市场潜力评估
		自然环境	资源禀赋	加拿大 Fraser 研究所全球各国/地区矿产潜力
			资源品位	矿产资源平均品位
	金融结构	财务因素	融资便利性	世界银行《全球营商环境报告》中信贷融资便利程度
			投资回收效率	矿业投资项目投资回收期平均年限
		汇利率因素	汇率波动情况	人民币兑换美元官方汇率的标准差基数
			利率波动情况	东道国官方利率的标准差基数
	知识结构	文化传统	贸易开放程度	货物和服务进口占 GDP 比重
		知识教育	劳动力受教育水平	劳动力平均受教育年限
		法律政策	法律完善水平	矿业法的完善成熟等程度
			环境保护制度	东道国环保标准的高低
			政策完善水平	世界主要国家或地区矿业投资政策潜力

依据中国对"一带一路"沿线国家矿业投资的多少,本文选取了 21 个国家作为分析样本,以 2018 年为分析基准年。通过构建的灰色关联投资风险评价模型,以非能源矿产金属矿作为分析矿种,本文对 21 个中国海外矿业投资主要流向国家开展实证分析,测算了海外矿业投资风险系数,并对风险级别进行界定,计算结果见表 6-2。

表 6-2 "一带一路"沿线主要国家矿业投资风险

国家	地区	灰色关联贴近度	风险系数	风险级别
伊朗	西亚	0.403 487	0.596 513	高
菲律宾	东南亚	0.408 237	0.591 763	
越南	东南亚	0.410 734	0.589 266	
波兰	欧洲	0.414 877	0.585 123	
乌克兰	欧洲	0.422 879	0.577 121	较高
肯尼亚	非洲	0.426 381	0.573 619	
沙特阿拉伯	西亚	0.427 199	0.572 801	
西班牙	欧洲	0.429 813	0.570 187	
泰国	东南亚	0.430 499	0.569 501	
希腊	欧洲	0.441 960	0.558 040	
印度	南亚	0.443 617	0.556 383	
马来西亚	东南亚	0.450 527	0.549 473	较低
老挝	东南亚	0.452 911	0.547 089	
乌兹别克斯坦	中亚	0.457 748	0.542 252	
吉尔吉斯斯坦	中亚	0.463 600	0.536 400	
缅甸	东南亚	0.468 308	0.531 692	
土耳其	欧洲	0.469 369	0.530 631	
蒙古国	东亚	0.471 566	0.528 434	低
哈萨克斯坦	中亚	0.473 596	0.526 404	
印度尼西亚	东南亚	0.497 154	0.502 846	
俄罗斯	欧洲	0.547 274	0.452 726	

提出相关政策建议如下。

(1)安全结构方面,应强化风险的防范与控制,实施科学的决策与管理,在投资方案实施前,要全面进行政治、社会、经济等全方位的信息收集和科学评估,对各种可能产生的突发问题做好预案,强化风险预案管理;加强与东道国的友好交流,与相关国家建立良好的双边关系或多边关系,谋求共同发展。

(2)生产结构方面,对投资风险影响最大的是自然因素。在项目立项前应做好市场调研,考察资源品位、储量、开采便利性等重要信息。项目立项后也要对各方面要素进行把控,综合防控自然因素带来的风险;政府也要引导企业在投资前做好市场调研和行业分析,对未来市场供需情况进行科学研判;企业要认真学习研究东道国的市场准入法则,做好投资前期准备;

要注重基础设施建设,发挥中国基建强国的优势,加强基建项目的拓展,为矿业海外投资提供基础保障。

(3)金融结构方面,可创新利用开放性的金融模式,积极带动更多民营企业走出去。政府可以增加融资优待鼓励对外矿业投资,发挥国家政策性金融融资的作用;针对利率与汇率波动的风险,企业内部应加强资金管理,提高项目管理人员的风险意识、判断能力、操作水平;企业外部应加强金融运作,通过金融机构交叉持股和购买对冲基金等创新模式,减少金融投资风险。

(4)知识结构方面,要加强具有矿业相关知识背景的专业队伍建设,深入了解"一带一路"沿线国家政治、经济、社会、文化、风俗习惯,为投资项目提供人力支撑。此外,要从法律角度防范对外矿业投资风险,完善关于境外矿业投资的相关规定;同时国内也要加强关于对外矿业投资的规定,对自身投资行为加以规范,有效避免境外从法律上对中国海外投资的限制。

代表性论文 4

论文标题:城市绿色创新效率实证研究——来自长江中游城市群的证据

发表期刊:江西财经大学学报,2016

作者简介:李金滟(第一作者),中国地质大学(武汉)经济管理学院副教授。

论文简介及创新点:粗放的城市发展模式必须朝着更高效率的城市发展模式转变,城市走向创新型的发展道路是城市转型升级的必由之路。但是单纯地追求技术的更替和产出的增加,忽略城市自身资源环境享赋和发展环境协调并不是真正的高效转型。本文运用2007—2014年长江中游城市群28个地级市面板数据,从静态和动态两方面对城市绿色创新效率进行分析,并通过空间视角探讨其影响因素,具体结论如下。

(1)通过对3个静态DEA模型进行对比,绿色创新效率大体可以分为3种类型。一是在3个模型中均保持较高效率值的城市,说明城市本身就拥有较好的绿色基础,并根据自身环境基础发展科技创新能力;二是在3个模型中效率值产生波动的城市,表明其拥有较好的绿色基础,但是在发展科技的过程中已经产生了对环境的破坏;三是效率值持续下降的城市,表现为城市绿色基础较差,但是却又不顾及城市环境的变化盲目创新。

(2)通过ML指数可以看出,多数城市技术效率跟不上技术进步,表现出城市缺乏长远的规划,过于集中于技术的进步而忽视了城市在现有资源享赋下对于技术的利用等问题。结合静态分析结果,江西长江中游城市整体正处于创新红利期,湖南部分长江中游城市出现边际效率递减,湖北大部分长江中游城市存在边际效率递减的情况。

(3)空间相关性检验结果显示,长江中游城市群由于建立时间太短,还不存在全局相关性,但是具有局部自相关。通过空间误差模型,发现城市交通通达程度、政府支持、城市文化水平、第三产业发展程度在空间上对城市绿色创新发展具有促进作用;城市信息化水平的提升能够促进城市一般创新,但单纯追求信息化量的提升并不有助于城市的绿色发展。因此,城市绿色创新发展还有赖于绿色信息化的发展。

代表性论文 5

论文标题：The impact of China's 'Atmosphere Ten Articles' policy on total factor productivity of energy exploitation: Empirical evidence using synthetic control methods

发表期刊：Resources Policy，2020

作者简介：肖建忠（通讯作者），中国地质大学（武汉）经济管理学院教授。

论文简介及创新点：化石燃料的生产是整体气候战略的一部分，对国家能源安全至关重要，而化石能源的开发也可能导致环境污染。随着中国经济快速增长，空气污染问题已经引起了人们的广泛关注。2013年9月，国务院颁布《大气污染防治行动计划》（简称"大气十条"政策），提出大气污染防治十项措施。为落实国务院"大气十条"政策，各地相继出台区域大气污染防治行动计划。然而，目前中央政府和地方政府推行的大气政策将如何影响能源开发尚不清楚，不同地区对顶层设计政策的响应也有待明确。文章研究了"大气十条"政策的制定和实施是否提高了化石能源开采和富集地区的发电全要素生产率（TFP），并考察了其对不同地区的影响是否具有一致性。这些推论有助于优化不同区域大气政策响应的能源节约政策和能源开发结构。

文章利用SCM模拟并比较了2007—2016年能源开发富集区的TFP变化路径。首先，利用观测到的事实数据和决策单元构建"反事实"单元。其次，对比大气政策实施前后的数据值来评估其影响。SCM的具体原则是：假设能源利用TFP可以观察到，C+1代表对象（省或市）。一是受"大气十条"政策影响的时区能源开发大省作为目标处理区域。另一个将各省定义为控制对象，上述各省均可观察到T时段能源提取TFP增长情况。结果表明，在SCM方法下，山东、安徽和山西3省的能源提取TFP增长主要受大气政策的影响。但与此同时，大多数地区大气政策的影响不明显，而甘肃、陕西、辽宁等地大气政策滞后效应明显。

在此基础上，提出了3种作用机制，并利用面板Tobit模型对其进行检验，以期对大气政策如何影响能源开发TFP提供更深入的见解。文章认为，大气政策主要通过技术创新和成本内部化来影响能源开发TFP，解决或降低能源开发过程的成本，优化能源开发，促进能源开发TFP增长。技术创新和成本内部化主要通过区域经济联系的示范效应、产业分工、能源市场的协调3种机制发挥作用。检验结果表明，2007—2016年，大气政策的实施并没有提高TFP。然而，模型估计结果表明，"大气十条"和技术创新更有利于提高能源开发TFP，但产业分工和能源市场价格机制难以促进能源开发TFP的提高；大气政策在不同地区的影响各不相同。大气政策对东北和东部地区能源开发TFP有显著地促进作用，而中部和西部地区与能源开发TFP呈负相关关系。

代表性论文 6

论文标题：Energy industry investment influences total factor productivity of energy exploitation: A biased technical change analysis

发表期刊：Journal of Cleaner Production，2019

作者简介：肖建忠（通讯作者），中国地质大学（武汉）经济管理学院教授。

论文简介及创新点：能源开发的 Malmquist 全要素生产率指数（MI）是指能源开发过程中资本和劳动等全要素投入与能源生产产出的比值，它是衡量能源开发单位效率的重要指标。在能源密集型投资不可持续的情况下，如何评估能源产业投资对能源开发 MI 的影响至关重要。本文在已有文献的基础上，创造性地提出了考虑非期望产出的能源提取全要素生产率评价方法，并利用主成分因子分析进行稳健性检验。文章进一步运用面板阈值模型分析了能源投资与 MI 之间的非线性关系，并估算了以往能源产业投资对能源开发全要素生产率的影响。

具体来说，文章首先使用 Malmquist-Luenberger 指数法（ML），基于投入产出视角，构建了将能源开发造成的土地破坏和环境污染作为不良产出的 MI 评价指标体系，测量了中国 30 个省（市）2006—2016 年的 MI。其次，根据 MI 评价指标体系，对 MI 与指标值进行分解分析，识别和描述了能源开发部门技术进步的偏向。不同省份产出偏置的技术变革（OBTC）、投入偏置的技术变革（IBTC）和量级变化（MATC）的时空变化为制定有效的能源政策提供了有用信息。再次在偏向型技术进步理论和实证研究的基础上，提出了一个面板阈值模型，研究了能源产业投资对 MI 的非线性影响关系。又次将技术变革进一步分为 OBTC、IBTC 和 MATC。在 OBTC、IBTC 和 MATC 3 种指标下，评估了能源产业投资对 MI 的影响。最后，通过阈值效应讨论了能源产业投资与 MI 之间非线性关系的鲁棒性。

研究发现 MI 为 1.019 2，说明中国的 MI 总体上 DEA 有效，增长率为 1.92%。同样，EC 和 TC 两个分解指数的平均值分别为 1.006 3 和 1.015 9，说明 EC 和 TC 均为 DEA 有效，增长率分别为 0.63% 和 1.59%。这一证据表明，MI 的增加主要归因于技术变化。OBTC、IBTC 和 MATC 的平均值分别为 1.044 3、1.006 6 和 0.972 3，增长率分别为 4.43%、0.66% 和 2.77%。这些结果表明，OBTC 对 TC 的贡献最为显著，反映了技术变革对不同比例的能源开发产出的正向影响。IBTC 的增长率远低于 OBTC，说明投入变化引起的技术变化偏差小于产出变化引起的技术变化偏差。这反映了技术变革引起的不同投入要素边际替代率的变化。相比之下，MATC 阻碍了技术变革。通过对能源产业投资影响的阈值估计，单阈值模型的统计结果比双阈值和三阈值模型的统计结果更令人满意。当 OBTC、IBTC 和 MATC 值大于对应的第一个阈值时，能源行业投资对 MI 的影响显著。从能源产业投资 MI 的可接受性来看，OBTC、IBTC 和 MATC 在中国各省能源开发中的 DEA 有效较高。能源产业固定资产投资的系数在 0.000 1 具有统计学意义，说明能源产业投资每增加 1 亿元，MI 增加 0.000 1。

代表性论文 7

论文标题：中国天然气市场均衡价格分析——基于变分不等式转换的古诺模型研究

发表期刊：资源科学，2015

作者简介：肖建忠（通讯作者），中国地质大学（武汉）经济管理学院教授。

论文简介及创新点：资源定价改革是今后改革的重点突破领域。天然气作为一种重要的资源,其定价方式变革将推动中国天然气市场发展路径和走向,是整个天然气市场改革至关重要的一环。本文在经典的古诺模型基础上,通过变分不等式转换揭示了生产商、销售商与消费者这3个市场主体在天然气网络市场中的相互作用机制,并由此建立了天然气市场均衡模型;进而探讨了在成本异质性、多气源竞争以及政府限价3种不同情景下均衡价格与社会福利水平的变化;最后以上海市为例进行了实证分析。

研究表明:①从社会福利最大化的角度看,中国天然气均衡价格受到上游竞争程度、管输成本、生产成本等因素的影响,推动上游企业降低成本并不能有利于全社会福利水平的改善,政府限价的长期均衡结果导致需求的膨胀,进一步加剧了短缺;②定价方式的改革对于天然气均衡价格和均衡量影响程度不一,自由竞争的定价方式将驱离成本最高的气源,而中国当前采取的净回值定价改革发挥了需求函数的作用,有利于天然气产业链上下游的平稳发展;③天然气净回值法定价与市场自由竞争定价的效果相等,说明在目前天然气供需存在缺口、市场发育不完全的情况下,净回值法是一种有效的价格改革的过渡方式,过渡的条件是天然气管网的互联互通,形成区域节点价格。

代表性论文 8

论文标题:Impacts of government R&D subsidies on venture capital and renewable energy investment-an empirical study in China

发表期刊:Resources Policy,2020

作者简介:杨树旺(通讯作者),中国地质大学(武汉)经济管理学院教授。

论文简介及创新点:可再生能源投资(REI)对绿色发展的实现具有重要意义,党的十九大报告提出,要推进能源生产和消费革命,建设清洁、低碳、安全、高效的能源体系,这标志着可再生能源在中国长远发展中的战略地位。然而可再生能源投资严重依赖政府补贴,容易导致资金约束和市场效率缺失,从而阻碍其可持续发展。

本文试图研究在中国背景下,如何利用市场机制投资可再生能源,评估政府研发(R&D)补贴对REI的影响。它包括两个方面:一是政府R&D补贴是否增加了REI,以及其对不同所有权属性的影响是否不同;二是政府R&D补贴如何在吸引风险资本(VC)并最终提高REI方面发挥信号作用。选择VC作为资本市场的外部基金,主要是因为其市场投资策略目标符合REI的特点(即高风险、大投资和长期回报)。

本研究采用传统的普通最小二乘法(OLS)方法和倾向评分匹配法(PSM)来估计政府R&D补贴、VC和REI之间相关性的直接效应和信号效应,以及其各自对不同所有权属性的影响。研究结果表明,政府研发补贴能够有效促进REI,同时考虑所有制差异,这一效应仅对国有企业有显著正向影响,这一结论与之前的研究截然不同,之前的研究认为R&D补贴在国有企业中不如在私营企业中有效,因为决策者与国有企业之间存在更密切的联系。最后,R&D补贴是吸引风险投资和提高REI的信号效应。这一结果传达了以下信息:政府R&D补贴给外部投资者(即VC)带来了光环效应,VC可以消除样本选择偏差的影响,将REI提高到1.086 0亿元人民币。风险投资公司在作出投资决策时不关心公司的所有权性质,这表明对可持续发展重要性的认识，自觉履行环境责任。三是可以通过对金融机构履行环境责任进行评价，编制金融机构环境责任指数，来激励银行家培养绿色情怀；或者通过表彰优秀绿色银行家的方式激励银行家向优秀绿色银行家看齐。四是借鉴美国经验，立法明确金融机构对于支持环境污染项目应当承担的连带责任，通过法律约束银行家重视发展绿色金融。五是借鉴国外金融机构的经验，设立分管环境融资的副总裁（副行长），并成立环境融资办公室，协助副总裁（副行长）开展工作，为培育银行家的绿色情怀提供组织保障。

再次，建立健全绿色银行家的激励约束机制。一是参照企业家薪酬制度，完善包括年薪制、股票期权制在内的银行家薪酬制度，使绿色银行家对环境保护和金融机构的贡献能够通过薪酬反映出来。二是建立非经济手段激励机制。可以考虑采用非经济手段对绿色银行家进行激励。例如授予其劳动模范、环境功勋等荣誉，选举其为人大代表或政协委员等。三是通过建立健全相关制度对绿色银行家进行约束。

最后，营造一个有利于绿色银行家发展的外部环境。一是逐步确立银行家在金融机构的中心地位。二是让银行家成为金融机构职业经营者，应当让银行家从国家干部阶层中分离出来，取消其行政级别，变"行政型银行家"为职业银行家。三是需要建立鼓励合法追求财富、容忍失败、激励创新的文化氛围，形成有利于绿色银行家健康成长的土壤。四是需要创造完善的法律和政策环境，不断建立健全相关法律体系，保障银行家的绿色金融行为，处罚或禁止银行家的反绿色金融行为。

第七章

旅游管理系

CHAPTER 7

第一节　教师简介

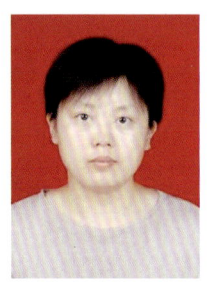

柴海燕，副教授，硕士生导师。2011年毕业于武汉大学市场营销专业，获博士学位；2000年至今，在中国地质大学（武汉）经济管理学院从事旅游管理领域的教学与科研工作。

主要研究方向：旅游网络营销和旅游文化研究。

主讲课程：旅游美学。

代姗姗，教授，博士生导师。2011年毕业于中山大学旅游管理专业，获博士学位；2011—2014年，在澳门科技大学酒店与旅游管理学院工作；2015—2021年，在中山大学旅游学院工作；2021年至今，在中国地质大学（武汉）经济管理学院从事旅游危机管理领域的教学与科研工作。

主要研究方向：旅游危机管理、韧性能力、可持续发展。

主讲课程：商务统计、旅游危机管理。

黄珂，讲师。2017年毕业于华中农业大学土地资源管理专业（硕博连读），获博士学位；2017年入职中国地质大学（武汉）经济管理学院旅游管理系。

主要研究方向：土地资源经济、旅游土地。

主讲课程：乡村旅游、会展旅游、乡村旅游与美丽中国。

李会琴，副教授，硕士生导师。2008年毕业于中国地质大学地图制图学与地理信息工程专业，获博士学位；2013—2014年在加拿大卡尔加里大学做访问学者；2012—2016年在中国地质大学（武汉）从事资源管理博士后研究工作；2003年至今，在中国地质大学（武汉）经济管理学院从事旅游管理领域的教学与科研工作。

主要研究方向：乡村旅游、旅游可持续减贫与乡村振兴、旅游地理信息系统。

主要社会与学术兼职：湖北省旅游管理本科教学指导委员会委员；教育部高校旅游扶贫联盟专家。

主讲课程：旅游学概论、旅游地理信息系统、现代酒店管理、文化和旅游。

李江敏，副教授，硕士生导师。2011年毕业于中国地质大学（武汉）管理科学与工程专业，获博士学位；2014—2015年在美国佛罗里达州立大学做访问学者；2002年至今，在中国地质大学（武汉）旅游管理系从事旅游管理领域的教学与科研工作。

主要研究方向：遗产旅游和市场研究。

主要社会与学术兼职：文化和旅游部专家；湖北省旅游发展决策咨询专家；湖北省旅游学会副会长。

主讲课程：文化遗产与自然遗产、旅游目的地管理、世界遗产管理、导游理论与实务。

梁玥琳，副教授，硕士生导师。2008年毕业于南京大学自然地理专业，获博士学位；2011—2012年在加拿大滑铁卢大学做访问学者；2001年至今，在中国地质大学（武汉）经济管理学院从事旅游管理领域教学与科研工作。

主要研究方向：旅游消费者行为。

主讲课程：旅游消费者行为、旅游英语、旅游发展前沿专题。

刘晶晶，副教授，硕士生导师。2017年毕业于厦门大学管理学院旅游管理专业，获管理学博士学位，期间赴荷兰阿姆斯特丹自由大学进行联合培养；2017年12月至今，在中国地质大学（武汉）经济管理学院从事旅游经济、旅游消费者行为等领域教学与科研工作。

主要研究方向：旅游经济、旅游目的地可持续发展、旅游消费者行为。

主讲课程：旅游接待业、旅游市场营销策划、酒店规划与筹建管理。

肖拥军,副教授,硕士生导师。2009毕业于中国地质大学(武汉)管理科学与工程专业,获管理学博士学位(武汉理工大学联合培养);1997年至今在中国地质大学(武汉)经济管理学院从事旅游管理领域的教学与研究工作。

主要研究方向:旅游产业发展与管理、旅游规划与旅游资源开发。

主要社会与学术兼职:湖北省礼仪学会理事。

主讲课程:本科生课程旅游经济学、旅游企业人力资源管理、饭店运行实务、导游业务,硕士生课程旅游发展前沿专题(与其他教师共同讲授)、旅游产业经济分析。

鄢志武,教授,硕士生导师。1987年毕业于中国地质大学(武汉)地貌学与第四纪地质学专业,获硕士学位;1987年8月至今,在中国地质大学(武汉)从事教学及研究工作。1994年7月晋升副教授;2005年6月晋升教授。2018年1月,被学校评为"中国地质大学(武汉)师德师风道德模范"。

主要研究方向:景观地貌与旅游资源评价、规划及应用。

主要社会与学术兼职:国家地质公园、矿山公园评审专家;中国旅游景区协会专家委员会专家;中国地质学会旅游地学与地质公园研究分会委员;湖北省人民政府咨询委员会特聘专家;湖北省旅游发展决策咨询专家;湖北省自然保护地专家委员会、评审委员会委员,兼任地质与自然遗产组副组长。

主讲课程:旅游地学、海外客源国概论、旅游资源学、导游基础、旅游地学原理及研究方法。

周玲,副教授,硕士生导师。2008年毕业于中山大学旅游规划与管理专业,获管理学博士学位;1999年至今,在中国地质大学(武汉)旅游管理系从事教学与科研工作;2015—2016年获国家留学基金委资助,到澳大利亚格里菲斯大学(Griffith University)访学。

主要研究方向:旅游资源开发与旅游地管理。

主讲课程:旅游学概论、生态旅游、文化与旅游。

第二节 科研项目简介

项目名称：城市群农地非农化与经济集聚互馈机理研究：基于非市场价值和非意愿产出（国家自然科学基金-青年科学基金项目）

项目负责人：黄珂

执行时间：2020—2022

主要内容、重要结果及社会影响力：

经济社会双重转型背景下，生产要素向经济密度高的城市群区域集聚。城市群作为经济增长极的同时也成为国家新型城镇化的推进主体，其空间蔓延以城市建设用地扩张为基础，需不断占用农地资源。当前主要问题为农地非农化过度，粮食安全受到威胁、生态环境遭到不可逆转的破坏。本项目以长江中游城市群为研究对象；从土地资源配置和利用两个视角出发，探寻农地非农化配置与经济集聚的匹配关系，测度包含了要素投入、农地非市场价值（non-market value）与经济产出、环境污染〔非意愿产出（undesirable output）〕的农地非农化效率；设计农地非农化与经济集聚协同机制；提出城市群农地非农化与经济协调发展的制度安排与政策建议。力求使社会经济产出最大化的同时降低生态环境负效应，为城市群合理有效地进行农地非农化管控提供科学依据，并为经济社会有序转型提供政策方向。

本研究自2020年1月开始。到目前为止，按照研究进度安排开展了文献回顾、理论分析、实证资料收集和分析工作。基于城市群极化发展及农地非农化配置和利用效率等相关领域的现有框架，进一步挖掘和提升本研究的潜在理论贡献，已完成农地非农化配置与城市群经济集聚协调关联程度以及非农化土地要素参与社会经济生产利用效率的研究架构。结合本研究理论问题探索的需要以及实际可操作性，对长江中游城市群相关统计资料和数据进行整理汇编。在理论分析和数据搜集的基础上，完成了两方面的实证分析工作。

（1）利用1999—2018年各地级市经济发展及土地利用等相关数据，借助基尼指数模型衡量城市群内各城市之间农地非农化指标配置的均衡程度；借助极化指数模型衡量城市群地域空间的经济集聚程度；利用耦合模型测度农地非农化配置与经济集聚的耦合作用强度并判定二者协调关系。

（2）利用SE-SBM数据包络模型构建基于非市场价值和非意愿产出的农地非农化效率模型；将社会经济投入、资源投入与经济产出、环境污染纳入农地非农化效率测度体系，完成农地非农化效率测度工作；论证农地非农化效率产生影响的因素，根据长江中游城市群所含不同市、县的自然、经济、社会环境情况构建影响因子体系，完成描述性分析。

目前为止,上述研究结果已经形成了 5 篇学术性文章。其中两篇分别于 2021 年 2 月(第一作者)和 7 月(第二作者)在 SCI 收录的英文国际杂志 *Sustainability* 上发表,有 2 篇论文投往中文核心期刊,有 1 篇英文论文在撰写中。另外正在进行 2 名硕士生培养计划;参加 1 次学术会议。

项目名称:黄土高原生态敏感区旅游扶贫效率及影响因素研究(国家自然科学基金-青年科学基金项目)

项目负责人:李会琴

执行时间:2013—2015

主要内容、重要结果及社会影响力:

基于 GIS 对黄土高原生态敏感区旅游扶贫的适应性进行评价,并基于农户调研,获取一手数据,评价旅游扶贫的效果。基于 DEA 评价方法对黄土高原旅游扶贫效率,包括生态效率、经济效率进行了评价。

论文《国外旅游扶贫研究进展》发表于期刊《人文地理》,下载量为 15 000 余次,被引量达 246 次。另一篇论文《农户参与视角的旅游扶贫生态效率研究——基于陕西省延安市 4 村 89 户的调研》发表于期刊《陕西师范大学学报(自然科学版)》。出版专著《黄土高原旅游扶贫研究》。

项目名称:环城游憩体验价值的多层结构体系对游客行为意向的影响机制研究(国家自然科学基金-青年科学基金项目)

项目负责人:李江敏

执行时间:2014—2016

主要内容、重要结果及社会影响力:

国民旅游休闲需求增长和我国休假制度实施促使人们的旅游结构发生重大变化。环城游憩迅速发展,在国内旅游中占据重要地位,城市周边休闲农庄、主题公园及户外运动营等各类型游憩地数量快速增长。但在开发中普遍存在产品经营粗放、名牌精品欠缺、价格竞争激烈、游客回头率低及投资效益低等问题。在体验经济时代背景下,提升游客体验价值以增强游后行为意向是环城游憩地提升竞争优势的有力途径,环城游憩体验价值的结构体系及其对游客行为意向的影响机制是亟须研究的理论问题。

课题以环城游憩游客为研究对象,在游客访谈、网络评论挖掘以及两次大规模问卷调查基础上进行研究。研究进展主要有:①分析环城游憩发展背景,构建由游客、当地居民、政府和旅游企业四大主体,需求、供给、支持、中介和生态五大子系统共同组成的发展动力系统;②通过文献分析和对环城游憩游客的深度访谈,全面提炼体验价值指标,采用网络文本分析方法,进行环城游憩体验价值感知探索,选择了 50 个环城游憩地,用 Rost Content Mining 软件对游憩地评论进行分词和词频统计,初步探索出环城游憩体验价值的感知特征和构成指标;

③在网络文本分析、文献研究及游客访谈基础上,设计环城游憩体验价值感受问卷进行调研,采用探索性因子分析区分维度,并进行属性划分,确立环城游憩体验价值由功利类体验价值和情绪类体验价值两大类构成,涵盖功能价值、经济价值、情境价值、情感价值及认知价值5个维度26个指标;④基于理论分析,提出体验价值不同属性间的层次关系,构建环城游憩体验价值各维度与行为意向及其中介变量游客满意度关系的TEVSB模型,通过问卷调查获取数据,进行信度效度检验、结构方程适配检验及中介效应检验,验证环城游憩体验价值多层结构体系并揭示其对行为意向的影响机制;⑤对体验价值维度进行聚类分析,归纳体验价值水平类型,分析不同体验价值水平在各消费类型上的分布特征,发现体验价值较高的行为特征,为环城游憩科学开发管理提供理论指导。

项目名称:基于休闲者视角的城市休闲空间质量评价指标体系研究(教育部人文社会科学研究项目)

项目负责人:梁玥琳

执行时间:2010—2012

主要内容、重要结果及社会影响力:

在城市居民休闲空间选择偏好问卷调查的基础上,总结城市居民近二十年间对于休闲空间的选择偏好及其变化趋势;运用 Arcgis 空间分析技术,将城市居民休闲行为空间、休闲意象空间和城市地理空间进行叠加,根据这3种空间的相互吻合程度,分析城市居民休闲意象空间和休闲行为空间选择影响因子及其相互作用机制;构建基于休闲者视角的城市休闲空间质量评价指标体系,为城市休闲空间规划与布局提供现实依据。

项目结题成果发表文章5篇:《城市居民休闲生活质量提升研究》《环城游憩体验价值的多层结构体系对游客行为意向的影响机制研究》《武汉市旅游空间系统结构分析》《城市居民游憩地方依恋特征分析》和 *Study on Perception Characteristics and Influencing Factors of Urban Waterfront Visitor:Based on the Survey of Wuhan City Waterfront,China*。题为《基于休闲者视角的城市休闲空间质量评价指标体系研究》的研究咨询报告被武汉市规划研究院采纳。

项目名称:有效游憩资源供给视角下旅游发展对城市宜居性的异质化作用和差异化协调机制研究(国家自然科学基金-青年科学基金项目)

项目负责人:刘晶晶

执行时间:2019—2021

项目内容:

聚焦旅游发展对城市宜居性的复杂作用,创新性提出有效游憩资源视角,关注旅游目的地城市可持续发展。综合运用定性定量分析方法,探讨旅游发展给目的地城市带来的游憩资源增加与挤出效应,运用大样本验证课题所提出的理论假设,并基于研究结论提出相应管理建议。

项目名称:跨行政区旅游地治理组织演化及其形式选择研究:组织经济学视角(国家自然科学基金-青年科学基金项目)

项目负责人:周玲

执行时间:2011—2013

主要内容、重要结果及社会影响力:

中国旅游经济发展深受"行政区经济"运行的影响和制约,亟须进行跨界协调和治理。研究在新制度经济学的组织理论框架下,采取案例研究策略,探求中国现行政治经济制度背景下跨行政区旅游地治理组织的适应性变迁及其形式选择的理论,以期能为旅游经济的跨界治理实践提供参考。

在厘清跨行政区旅游地问题的根源、定义跨行政区旅游地治理的本质为区域公共事务治理的基础上,研究将跨界治理组织视为治理利益主体间关系的一种结构安排,首先以"环境-结构-激励-绩效"解释模型建立分析其演化变迁与形式选择的分析框架;然后选取典型案例地,实地调查政府、企业、非营利组织等部门中各类跨界治理组织孕育演化的过程与背景,组织的类型及其内在结构安排与治理绩效等,在事件-过程还原分析的基础上,运用比较研究和制度分析,总结提炼出跨行政区旅游地治理组织的类型、内在机理、演化机制、职能界限等理论认识;最后,基于研究发现提出治理组织设计的对策建议。

第三节 代表性论文简况

代表性论文 1

论文标题:国外旅游网络口碑研究进展述评:2004—2011

发表期刊:旅游科学,2013

作者简介:柴海燕(第一作者),中国地质大学(武汉)经济管理学院副教授。

论文简介及创新点:旅游产品具有无形性、异地消费等特点,多数旅游产品购买都属于首次交易,因此旅游者很难在旅行体验之前对其进行有效的质量评估。在面临购买风险的前提下,绝大部分的旅游者会通过加大外在信息的搜寻来增加决策的正确性,减少购买疑虑。其中,来自亲朋的口碑推荐是旅游者最信任和最有影响力的信息来源。尽管旅游企业已经意识到了口碑推荐的重要,但由于传统面对面的人际间的口碑传播具有影响范围小、传播速度慢、难以监测等特点,所以学术研究和实践应用都十分有限。

互联网,尤其是Web 2.0技术的广泛推广,将以口头语言为载体的口碑传播转变为以文字、图片、视频等为载体的具有综合表现力的多媒体电子口碑或网络口碑。通过其他人讲故事的形式,配以展现目的地吸引物和风情的图片或视频,为潜在旅游者提供了虚拟的"旅游者凝视"。旅游网络口碑的永久保存、可复制等特点,为学者和企业利用内容分析和网络调查方法分析口碑信息内容提供了方便。因此,近年来旅游网络口碑成为旅游学界和实业界关注的热点,如何利用旅游网络口碑进行营销沟通、顾客管理、竞争情况分析、目的地形象建设等成为讨论的重点。

无论是线下口碑,还是线上口碑,作为一种人群中的信息传播方式,也应遵循一般的传播规律和原则。美国学者拉斯维尔在1948年提出了传播过程的"五W"模式或"拉斯维尔模式"(图7-1)。本文基于"五W"模式的分析框架,从5个方面梳理国外旅游网络口碑研究的脉络及存在的不足。

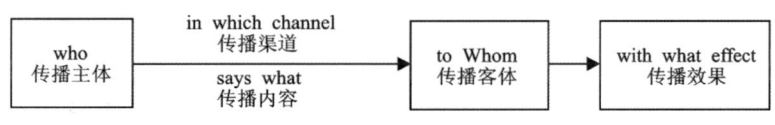

图7-1 传播过程中的"五W"模式

研究内容从以下方面展开:旅游网络口碑发布者及其动机——who;旅游网络口碑内容偏好——says what;旅游网络口碑传播渠——in which channel;旅游网络口碑受众及其接受动机——to whom;旅游网络口碑传播效——with what effect。

后续的研究可能从以下方面展开:基于不同动机的旅游者网络口碑发布和浏览行为研究;旅游者网络口碑选择行为的研究;旅游网络口碑跨文化研究;基于旅游组织视角的旅游网络口碑营销战略研究。

代表性论文2

论文标题:基于UGC文本数据分析的黑色旅游目的地形象感知研究

发表期刊:国土资源科技管理,2020

作者简介:柴海燕(第一作者),中国地质大学(武汉)经济管理学院副教授。

论文简介及创新点:目的地形象是衡量某旅游地营销发展成功与否的重要指标之一,良好的目的地形象对游客满意度、重游度具有显著的正向影响,同时,个性鲜明、具有地方标识的旅游目的地感知形象也是潜在游客重要的吸引力来源。由于网络虚拟社区自由、开放和共享的特征,产生自其中的网络文本能够较充分、真实地反映游客关于某地的旅游感受。纵观过往成果,研究者多以"大众类"旅游资源为研究对象,而针对那些较为"异类"旅游资源的研究却有所欠缺,黑色旅游便是这类"小众"旅游的典型代表。黑色旅游目的地形象是否同大多数旅游目的地的形象一般无二?黑色旅游目的地感知形象的特征是什么?以及在Web2.0情境下,在由用户生成内容的UGC文本数据中,黑色旅游目的地形象感知的形成机理和特征又是怎样的?本研究选取侵华日军七三一部队罪证陈列馆为案例地,通过游客在各大旅游网发布的点评文本为数据基础，应用文本分析和扎根理论相结合的研究方法，致力于构建黑色旅游目的地形象感知模型。

本文采取文本分析与扎根理论相结合的方式对黑色旅游目的地感知形象的特征与形成机制进行探索性分析，在内容分析时借助武汉大学沈阳教授开发的 Rost Content Ming 软件，通过对点评文本的高频词、旅游形象的共现词表以及社会语义网络图的分析来研究黑色旅游目的地感知形象的特征，随后应用扎根理论进一步探究黑色旅游目的地感知形象的形成过程。本研究建立的黑色旅游目的地形象包括 9 个一级类目和 30 个二级类目，如图 7-2 所示。

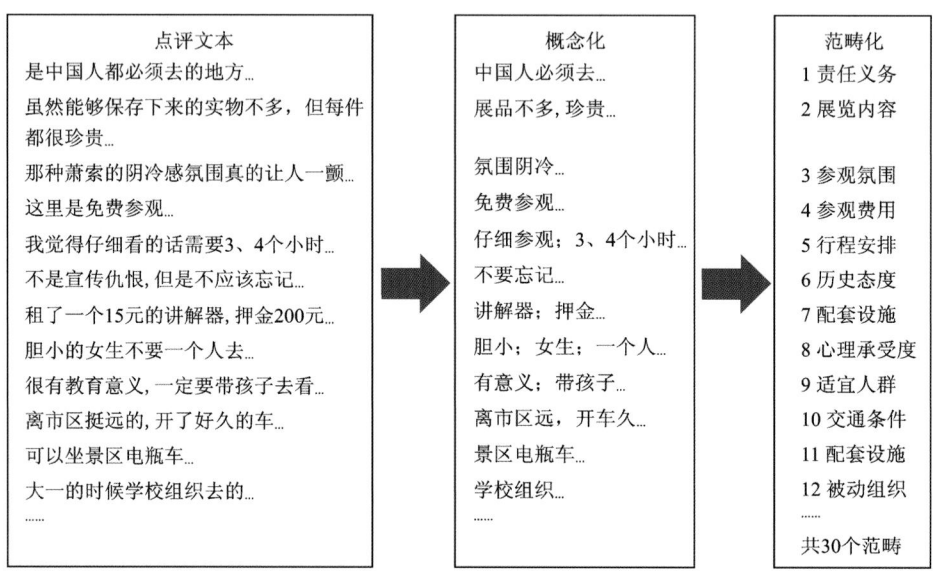

图 7-2　分析类目构建过程示例

通过对高频词的整理和统计可以发现，在列出的前 99 个高频词中，名词最多，有 66 个，形容词次之，有 18 个，动词最少，有 15 个，这 3 种词性在总数中所占的比重分别是 66.6%、18.2%、15.2%。名词作为出现数频次最多的词性，主要是到访者游前、游中对目的地认知形象的感知，包括参观动机、交通状况、展览内容、历史事件、参观费用等多个方面；形容词集中于描述到访者的情绪感知，这些情绪大多是为黑色旅游所特有的，不同于一般旅游形式的消极情绪，如沉重、残忍、阴森、伤心、憎恶等；动词主要是游览过程中的建议动作，如勿忘国耻、珍惜和平的历史态度和家国情怀。

处于整个网络核心位置的节点主要是与该目的地历史相关的词汇，包括"侵华日军""日本""七三一部队陈列馆"，这些词彼此之间的共现强度都很大，集中说明了七三一陈列馆的历史渊源，这是为到访者所熟知的，也是很多人之所以选择来此地参观的重要原因，网络中的其他词汇多与这些核心节点之间存在共现关系，说明历史事件在形成游客的感知形象中发挥着重要的作用。"哈尔滨""平房区"与"七三一部队陈列馆"的连线表明七三一陈列馆的地理位置；与"参观"节点共现的词揭示了参观的费用（"身份证""免费"）、交通方式（"公交"）、心理状态（"沉重""震撼"）、意义和价值（"爱国主义教育""值得"）等；"国耻"是游客在参观之后被激发出来的家国情怀和历史态度；"遗址"表明该目的地的存在状态，是在遗址发掘基础上形成的博物馆;网络外围的其他节点集中表达了到访者的游后反思及反馈,要牢记历史,勿忘国耻,提出适合带孩子过来的建议。

代表性论文 3

论文标题:Does Economic Agglomeration Lead to Efficient Rural to Urban Land Conversion? An Examination of China's Metropolitan Area Development Strategy

发表期刊:Sustainability,2021

作者简介:黄珂(第一作者),中国地质大学(武汉)经济管理学院讲师。

论文简介及创新点:目前的中国,已经进入经济结构调整和社会发展方式转型的关键阶段,经济社会双重转型是体制与发展的重叠与交叉转型。在此转型关键时期,新型城镇化成为了中国经济发展的引擎,城市群凭借其人口、产业集聚和经济辐射能力,已成为承载城镇化进程的主要地域单元,它对促进区域经济持续增长、提升中国在全球经济格局中地位起到重要作用。城市群的形成与发展是以城市扩张和产业集聚为基础的,而城市扩张需不断占用农地资源,当前问题主要表现为城市建设用地供给矛盾与用地粗放利用现象并存,农地城市流转过度,粮食安全受到威胁、生态环境遭到不可逆转的破坏。作为重要生产要素的土地资源,其农业和非农用途之间配置的矛盾在城市群内显得尤为突出。农地城市流转作为土地用途转换主要方式之一,是区域社会经济发展在土地资源配置方面的必然表现。

本文以中国城市群为研究对象,从新的研究视角出发,尝试测度农地城市流转配置与经济发展的协调程度,及农村土地流转成城市用地后参与社会经济生产的资源利用合理程度,力求找到中国城市群农地城市流转与经济发展关系的一般规律,从而为城市群的建设及区域经济发展提供政策建议和决策参考。

中国城市群农地城市流转与经济发展协调性较高,其中武汉、成渝、关中、兰州—西宁城市群协调性程度等级为高,农地城市流转配置较为合理;哈长、皖江、海峡西岸和山东半岛城市群协调程度较低,农地城市流转配置与经济发展匹配度不高。中国城市群农地城市流转配置不均衡程度普遍高于经济聚集程度,各城市群内不同城市对农地城市流转控制力度差别较大。

中国城市群农地经流转成为城市用地后,参与社会经济生产的效率总体较高,综合效率接近最优效率水平的80%,但城市群间差距较大;形成较早和拥有先进技术的城市群技术效率较高,技术创新是城市群综合效率的进一步提升的限制因素;城市群农地城市流转规模效率普遍高于纯技术效率,乌鲁木齐、兰州—西宁、滇中、北部湾城市群规模集聚能力有待提升。

1999—2011年,中国城市群农地城市流转与经济发展的关系随着经济政策、土地政策的不断变化及城市群发展战略的实施也在不断变化,其中影响较大的事件是2003年土地政策开始参与宏观调控和2008年国际金融危机。我国城市群农地城市流转生产效率空间分布状况,呈现出与中国东、中、西区域经济格局相似的特征。东部城市群均为发展较成熟和正处于快速发展阶段的城市群,较中西部多数处于发展初级阶段的城市群,其农地城市流转生产效率较高,农地城市流转与经济发展较为协调。对于发展较为成熟的、拥有优越地理位置条件的东部城市群应防止单一中心城市用地面积过度扩张,以致威胁粮食安全和破坏生态环境;对于发展还不够成熟但潜力巨大的中西部城市群,应利用自身独特的资源禀赋条件,寻求多样化和差异化的发展路径,采取农地城市流转差别化管理政策,引导城市群农地城市流转供给与产业发展用地需求更好地匹配,充分发挥城市群集聚和辐射的经济效应。

代表性论文 4

论文标题:中国城市群农地城市流转全要素生产率研究——非期望产出视角的分析
发表期刊:中国人口·资源与环境,2018
作者简介:黄珂(第一作者),中国地质大学(武汉)经济管理学院讲师。
论文简介及创新点:对我国最具发展潜力及最受政策关注的城市群而言,在农地城市流转参与社会经济生产的过程中,经济增长源泉是单纯的土地、资本和劳动力等资源要素的共同作用,还是生产率的提高,亦或是技术进步?将环境污染纳入衡量体系与否,对分析经济增长及其源泉是否会产生影响?哪些城市群在农地城市流转参与社会经济生产的过程中对提升经济增长发挥了引领和带动作用?这些问题都可归于农地城市流转全要素生产率(total factor productivity,TFP)的研究范畴。

本文基于经济和社会双重转型背景,考虑农地城市流转及经济发展所带来的环境污染,以承载新型城镇化和带动经济发展的地域单元——城市群为研究对象,利用1999—2013共15年的面板数据,使用DEA方法,对农地城市流转参与社会经济生产过程之中的农地城市流转TFP加以分析,力求以最小的资源投入达到最大的经济产出和最小的环境破坏,为我国城市群合理有效地进行农地城市流转配置和利用提供科学依据,并为促进经济和社会可持续发展提供政策方向。

考虑非期望产出与否对中国城市群农地城市流转TFP变化的测度结果影响重大,通过对比考虑非期望产出与否的测度结果的差异,得到中国城市群在利用包括农地城市流转资源在内的生产要素进行社会经济生产的过程中,生产经历了由不环保到环保,再由环保到不环保的历程(图7-3)。

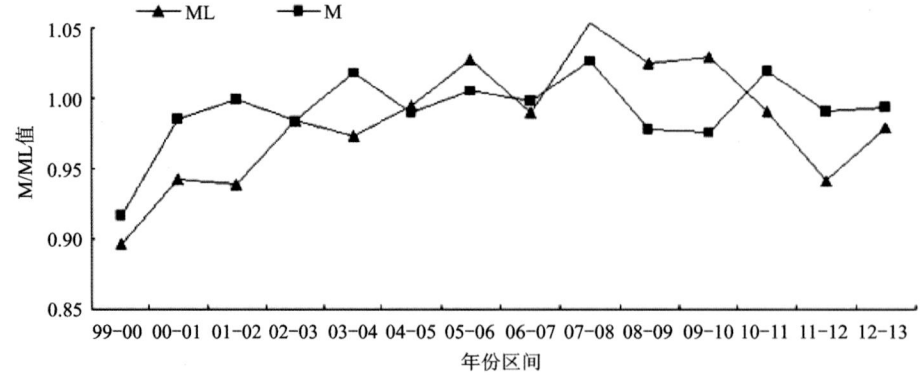

图7-3 考虑非期望产出与否的1999—2013年TFP变动指数

值、活态价值5个维度组成。经济价值涵盖时间精力、出行成本、花费合理、服务感知4个方面,突出展示产品或服务的经济成本和便利程度,其中,服务感知与前人研究的收益感知相比,更突出服务在非遗活动中的重要性,尤其是非遗传承人的精神态度;认知价值涵盖学习技能、了解文化、鉴赏艺术3个方面,参与者在非遗项目中求知需求明显;情境价值涵盖感官享受、氛围浓郁、环境适宜3方面,表明参与者需要合适的环境氛围并关注感官感受。

第二,在理论上界定了新的体验价值,突破体验价值理论在旅游领域的研究。非遗活态传承体验价值包含传承价值、活态价值2个新维度。传承价值是指参与者积极关注非遗所具有的时代传承价值,呼吁保护性开发,涵盖文化自信、青年关注、生产保护3个方面。活态价值扩展了非遗活态传承,在共同参与体验非遗文化中,实现自我认同和归属感,注重人与自然和谐可持续发展。活态价值涵盖共同参与、自我认同、生态和谐3个方面,进一步说明非遗在商品化生产过程可能出现资源破坏问题,要注重非遗资源可持续旅游开发。目前对体验价值的旅游研究集中在工业旅游、古村落博物馆等实体资源,而关于非实体资源研究较少。本研究发现传承价值、活态价值是非遗体验所特有的。

第三,开发了一整套量表(图7-4)适用于测量非遗活态传承的体验价值,为非遗体验提供科学测量可识别以体验为核心的非实体遗产价值,为非遗开发提供借鉴,满足参与者对非遗活态传承需求,提升旅游服务水平。

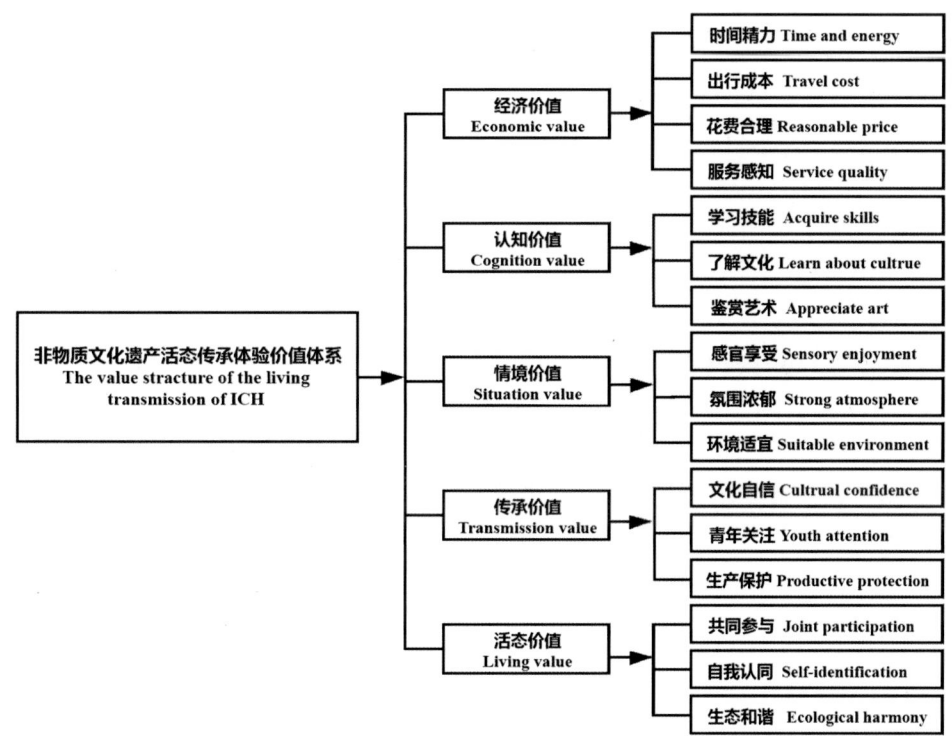

图7-4 非遗活态传承体验价值体系

代表性论文 8

论文标题：生态文明视角下环城游憩带发展动力系统研究
发表期刊：湖北大学学报(哲学社会科学版),2016
作者简介：李江敏(第一作者),中国地质大学(武汉)经济学院副教授。
论文简介及创新点：生态文明建设是当下实行新型工业化战略的必然选择,是促进城乡和谐发展的科学理念。环城游憩带作为城市后花园,生态发展是关键。把生态文明建设融入到环城游憩带的发展中,能有效地促进环城游憩带科学建设,更能推动城乡和谐发展,无论对眼前还是长远,都具有重要意义。

环城游憩带(ReBAM)发展动力系统中 5 个子系统相互作用,其驱动机制如图 7-5 所示。

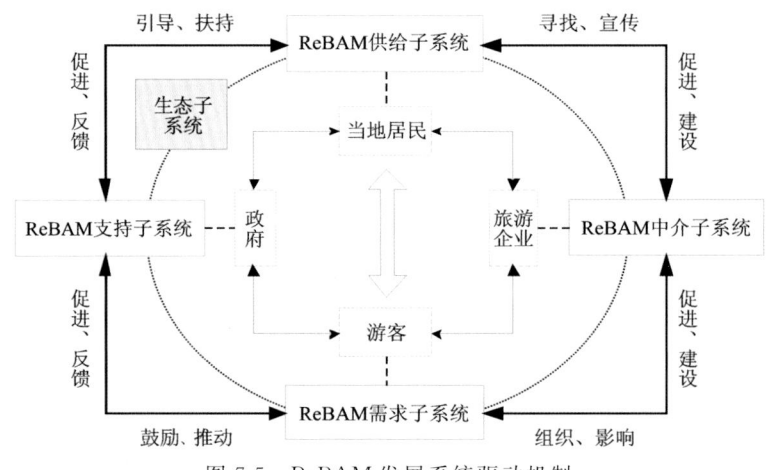

图 7-5 ReBAM 发展系统驱动机制

供给子系统和需求子系统是整个系统的两大基础,起决定作用。两者之间,需求子系统直接推动着供给子系统的运作和发展,而供给子系统则能够吸引和引导需求子系统的形成方向。游客产生对生态休闲旅游产品的需求后,由于休闲时间、资金等影响因素,更倾向于选择环城游憩活动。于是,当地居民接收到需求信号时,为了增加收益,会保护自己的居住环境和独特的风俗习惯等以吸引游客,同时不断推陈出新,引导游客的消费意向。环城游憩带在供给子系统和需求子系统的相互作用机制下按照市场规律发展。

中介子系统是连接供给子系统和需求子系统的桥梁和纽带,以提供服务来获取利益的方式实现供需双方的价值,旅游企业通过对游客这种短途生态游憩活动的需求进行分析后,寻找环境优美、适合进行环城游憩活动的景区并对它进行宣传,来影响游客的出行选择,组织游客进行环城游憩活动,间接促使环城游憩带向着某个方向改变和发展。而与此同时,旅游企业会根据游客及当地居民的反馈信息,不断地改善产品和服务,选择更好的生态旅游产品。

支持子系统支撑着供给子系统和需求子系统的实现,三者之间是一种双向互动的关系。一方面,政府通过出台政策、制度等引导着游客消费,并为环城游憩活动创造条件,间接推动环城游憩带发展;另一方面,需求和供给又反作用于支持子系统,从市场需求角度促进着支持子系统的改善和发展。供给子系统促进并引导着需求子系统的生长和形成,中介系统从中起着推动作用,支持子系统对供给系统和需求子系统起着辅助作用。

生态子系统处于核心地位,对需求子系统、供给子系统、中介子系统和支持子系统都产生着作用和影响。游客、当地居民、旅游企业和政府的生态行为,为环城游憩带营造一个良好、优美的发展环境,而这样一个生态环境又为他们开展各种活动提供了条件。相互之间的不断循环,使得环城游憩带发展总处于一个相对稳定的生态环境中。

代表性论文 9

论文标题:宁波市宁海县旅游流网络空间结构及其效应研究
发表期刊:华中师范大学学报(自然科学版),2018
作者简介:梁玥琳(第一作者、通讯作者),中国地质大学(武汉)经济学院副教授。
论文简介及创新点:本文使用社会网络分析法,结合 GIS 空间可视化分析,尝试更直观地呈现旅游流移动带来的网络空间结构变化,更准确地评估旅游流网络结构中各节点的发育状况。同时,本文尝试在微观尺度旅游流移动的空间行为模式基础上,进一步揭示其带来的空间集聚、空间扩散以及空间联动效应,丰富微观尺度旅游流研究的理论体系。

旅游流对旅游目的地的空间效应,其实质是旅游流及旅游相关流对其流经或涉及的目的地空间所产生的一系列直接或间接的作用和影响。依据圈层结构理论、核心—边缘理论和空间扩散理论等旅游流空间模式基础理论,结合宁海县旅游流网络空间结构特征分析,归纳得出宁海县旅游流空间效应的 3 种基本模式,即空间集聚、空间扩散和空间联动效应。

基于宁海县旅游流网络空间结构的分析及其空间效应解析,为宁海县全域化旅游空间结构布局提出几点建议。

第一,构建全域化旅游网络空间新格局。为了更好地发挥旅游流的空间集聚与扩散效应,必须要构建全域化的旅游网络空间新格局。首先要充分发挥县城中心旅游节点的集聚中心地位;其次要构建不同等级的旅游功能空间系统;最后要统筹全局,努力挖掘目前旅游流空间效应发挥尚不显著区域中的旅游资源,培育新的旅游节点,改变宁海县旅游断层的发展现象,推动宁海县全域旅游的发展。

第二,打造特色鲜明的多目的地旅游精品线路。根据宁海县旅游者流动的空间偏好,可以看出旅游者较偏好于文娱休闲类旅游空间,其空间流动过程中表现出流动距离较短,流动所经节点较少,流动空间类型较为单一的特征。精品旅游线路的打造,一方面要整合不同功能的旅游节点,设计多目的地旅游精品线路;另一方面要重视培育具有不同属性及多种功能的旅游功能区。可以充分利用宁海县的旅游资源优势,重点开发城市文旅生活旅游产品、山海休闲运动产品、森林温泉度假产品、山乡古镇养生产品以及滨海农渔风光产品等。

第三,构建多元化旅游交通网络新体系。必须健全多元化宁海县旅游交通网络新体系,构建一个以交通为纽带,功能协调,资源互补,等级特色鲜明的旅游网络空间。首先要加强路网建设,优化交通网络体系,推动交通沿线各旅游节点的开发,充分发挥旅游流的空间联动效应;其次要构建完善的旅游交通服务体系,完善旅游交通标识系统、交通配套服务系统,以及自驾游服务系统等的建设;最后可以依托县域内五大溪流以及东部港湾等水上运输的优势,打造海上游艇、观光轮渡以及游艇航线等现代特色的水上交通,为游客提供多样化的交通体验。

代表性论文 10

论文标题:基于供需对比的旅游目的地涉外形象建构特征及提升策略——以安徽省黄山市为例

发表期刊:华中师范大学学报(自然科学版),2018

作者简介:梁玥琳(通讯作者),中国地质大学(武汉)经济学院副教授。

论文简介及创新点:本文以黄山市的涉外旅游形象为例,通过对图 7-6、图 7-7、图 7-8 的分析以及对供给双方情感形象的比较,发现旅游目的地的投射形象与海外游客的感知形象在对接的过程中存在一定偏差,因此在分析问题的基础上,为我国自然文化类旅游目的地的涉外形象营销提出如下建议。

第一,迎合海外游客的旅游偏好。由于旅游目的地和海外游客的视角不同,立场不同、目的不同以及受到文化差异的影响,造成目的地形象在对接过程中出现严重错位,因此旅游目的地在进行涉外形象推广之前,一定要加强市场调研,以满足不同国家和地区客的需求。首先网站的设计风格和内容要符合海外游客的思维方式和旅游偏好;其次海外游客对我国人文类旅游资源更感兴趣,因此可以根据海外游客的旅游偏好,以海外游客感兴趣的呈现方式展示文化旅游景观;最后海外游客对我国世界遗产类高级别的景点更感兴趣,因此目的地要有针对性地介绍当地的旅游吸引物,将最有代表性和最具特色的景点介绍给海外游客,以迎合海外游客的需求。

第二,实现文化旅游的再生产。目前在涉外形象营销的过程中,虽然一些旅游目的地已经在一定程度上宣传了文化旅游资源,但是由于其自身静态的缺陷和文化差异造成呈现方式不同,使得我国文化旅游资源并没有真正发挥其作用,因此目的地必须改变文化类旅游景点的营销方式,将我国传统的文化旅游资源活化,实现旅游文化的再生产。一方面旅游目的地可以改变文化旅游资源的呈现方式,将无形的文化资源与具体的旅游项目结合,创新文化旅游的产业形式,使无形文化资源有形化,增强文化资源的观赏趣味性和参与体验性;另一方面传统文化也要与时俱进,将现代科技、当代文化以及适当的海外文化融入传统的文化旅游中,在文化传承中实现文化旅游的再生产,以增强海外游客的吸引力。

第三,加强涉外旅游情感形象的构建。情感形象对游客的旅游行为和目的地的发展都产生重要的作用。但是我国大部分旅游目的地在涉外形象构建过程中忽视了对游客情感形象的构建。因此目的地在进行涉外形象构建时,要采取必要的措施来塑造情感形象以加深海外游客的情感体验,进而提高涉外旅游的整体形象。例如旅游供给方可以在其网站内设置专门的板块,以展示外国游客的游记、攻略和点评,即通过现实海外旅游者的经历和体验向潜在旅游者渲染一种令人兴奋的、愉悦的情感形象;同时旅游供给方还可以通过建立客史档案等公共关系的营销方式,以便为其提供个性化的服务,从而构建良好的情感形象。

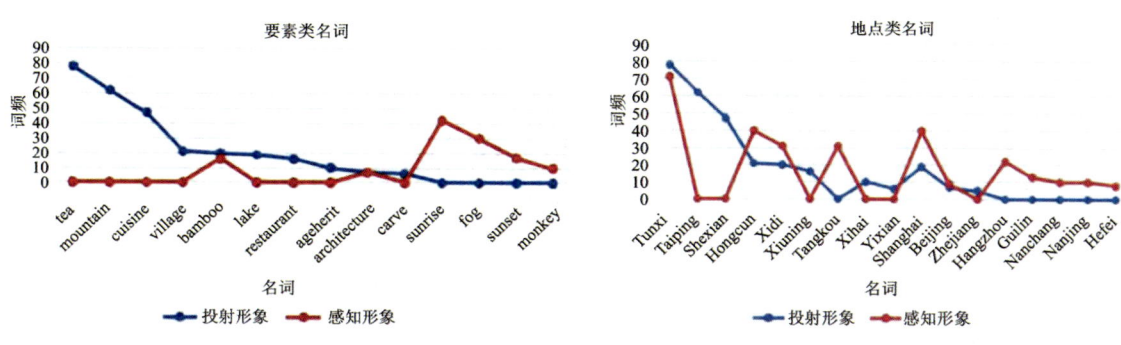

图 7-6　投射形象与感知形象中要素类名词比较　　图 7-7　投射形象与感知形象中地名类名词比较

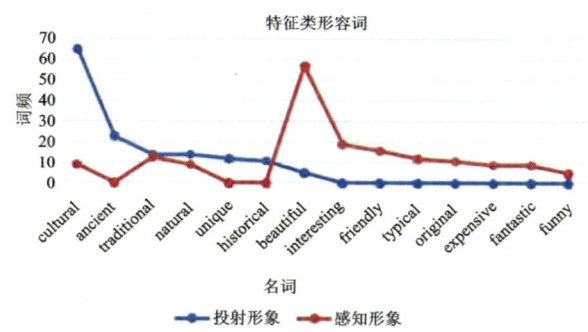

图 7-8　投射形象与感知形象中特征类形容词比较

代表性论文 11

论文标题：Inbound tourism as a driving force for regional innovation: a spatial impact study on China

发表期刊：Journal of Travel Research, 2019

作者简介：刘晶晶（第一作者、通讯作者），中国地质大学（武汉）经济学院副教授。

论文简介及创新点：全球化和信息经济时代，国家和区域的创新体系的综合性和开放性不断增强。相比国内学习，新兴经济体的国际学习是其创新能力提升的重要途径。研究表明，区域间的知识溢出效应在文化多样化地区更显著，而主客之间的社会关联可以有效降低文化距离。作为连接目的地和外界资源的纽带，入境旅游能够有效打破空间障碍，为目的地区域创新系统输入多种社会资源。

作为由异质化主体和多样化活动构成的服务密集型综合产业，国际旅游伴随着大量的信息流动和思想交流。入境旅游带来的国际流动性和国际贸易能够使区域社会资本受益，进而为区域创新资本赋能。同时，不同文化背景下消费者的异质性需求也能够促进商业创新，进而带来更多的创业活动，并有可能催生更友好的创新支持政策。入境旅游可以通过提升目的地吸收能力，进而提升目的地区域创新能力。可以推断，入境旅游具有推动区域创新能力提升的潜能。而尽管很多研究探讨了旅游行业内部的创新行为或现象，但很少有研究提及入境旅游对目的地区域创新的作用。入境旅游对区域创新活动的影响机制是复杂的,并且会在不同的条件下表现出差异性。因此,本文聚焦以下问题展开探索:①入境旅游对区域创新的影响机制是怎样的?吸收能量在其中扮演怎样的角色?②入境旅游对不同创新类型的作用是否存在差异性?③在不同的旅游市场结构下,上述效果会表现出显著差异吗?④在不同发展水平或对外开放水平的旅游目的地,入境旅游的作用效果会不同吗?

本文的主要贡献有以下几点:①本研究基于区域旅游市场结构、创新类型和区域基础条件(经济发展水平和对外开放水平)展开的入境旅游对区域创新作用的异质性探讨,能够激发更多关于旅游发展与创新互动的研究,并且能够启发更多关于旅游发展影响问题的深入探讨。②本研究对于移民、文化距离和创新之间互动关系的研究,尤其是发展中国家情境下的互动关系探讨具有一定的补充作用;现有研究关于移民对创新作用的探讨往往忽略知识交换的动态性,以及缺乏在经济开放性、产品多样化和消费外部性等的前提下讨论资本流动;而这些要素恰恰是入境旅游作用于区域创新活动的重要路径。③相比移民,入境旅游是一个探讨发展中经济体文化多元化对创新影响的有效视角。本研究因此致力于分析中国入境旅游对区域创新的影响。

代表性论文 12

论文标题:Urban-rural imbalance and Tourism-Led Growth in China
发表期刊:Annals of Tourism Research,2017
作者简介:刘晶晶(第一作者、通讯作者),中国地质大学(武汉)经济学院副教授。
论文简介及创新点:全球化时代,国际间人员流动越发频繁,旅游经济也因此在各国经济中占有重要地位;二十世纪后半叶,逐渐有学者开始关注其对外汇、创造就业、基础设施建设等方面的影响。围绕该议题,旅游专业化、区域经济整合、外贸驱动增长等话题得到诸多讨论,旅游促进经济增长假说相关研究体系也逐渐成长和壮大起来。总体而言,不同经济发展水平的目的地国家,旅游发展的经济效益展现出差异性;而相关研究结论却因研究区域、方法等展现出一定的不一致性。一些研究甚至指出旅游不一定是一个长效经济增长促进要素。市场结构、产业地位、基础设施水平等区域因素等都会影响旅游发展对区域经济的作用。特殊的社会历史背景下,中国面临的城乡二元性经济特征正在深刻地影响着相关区域的社会人文和经济发展。而作为举足轻重的发展中经济体,中国面临的城乡二元经济问题也对旅游发展的最终经济作用具有一定的影响。

本文探讨了城乡差距与旅游经济之间的辩证关系,通过理论分析和实证检验,较为严谨地论述了旅游发展对降低区域内部城乡差距的积极作用,以及区域内城乡发展不平衡对旅游经济拉动作用的削弱效应。本文不仅通过相关理论对上述关系进行深入的理论推演,借助数理模型推演对理论假设进行初步验证,并借助空间面板分析等计量方法,通过 GMM 分析对来自我国 31 个省级行政区相关统计数据的空间面板数据分析对理论假设进行系统性验证;所得结论具有较高的稳健性,能够成为理论发展和管理实践的有力支撑。

本文强调了区域经济结构性因素对旅游经济带动作用的重要影响,为客观认识和深入分析旅游发展在新兴经济体中的综合效应提供重要的理论指导,并为审视旅游经济的外部性提供了崭新的思路。同时,本研究对区域内城乡不平衡与旅游经济效益互动关系的理论分析对我国精细化旅游扶贫政策的制定和修正具有重要的现实意义。

代表性论文 13

论文标题:民族地区农村居民对旅游扶贫政策满意度研究——基于湖北五峰栗子坪村的旅游精准扶贫调查

发表期刊:湖北农业科学,2018

作者简介:肖拥军(第一作者),中国地质大学(武汉)经济学院副教授。

论文简介及创新点:农村居民对乡村旅游精准扶贫政策的满意度是衡量和评价乡村旅游精准扶贫效果的重要指标,政策满意度是政策实施情况及效果通过农村居民心理加工后的主观反映。本研究在美国 ACSI 模型基础上,构建了旅游精准扶贫政策满意度的研究模型,如图 7-9 所示。

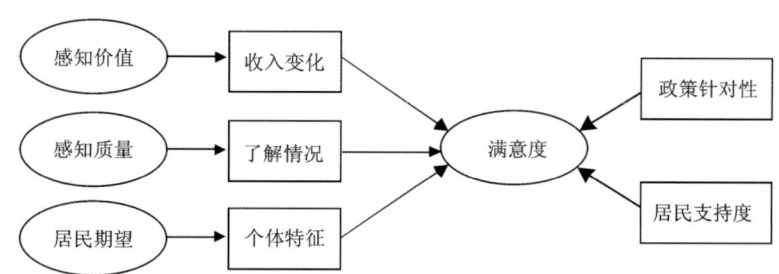

图 7-9 旅游精准扶贫政策满意度的研究模型

结合本文研究内容,居民期望是指农村居民对乡村旅游精准扶贫政策的期望,具体表现为居民对政策的期望越高,则满意度可能也越高,而年龄、职业、文化程度、贫困程度等个体特征因素影响着居民期望。感知质量是指农村居民对扶贫政策实施之后的实际感受,具体表现为对扶贫政策的了解情况。感知价值是指农村居民在扶贫政策实施后对自身所得利益的主观感受,最直接反映在收入变化上,即政策实施后收入增长越明显则满意度可能越高。居民支持度是指农村居民对扶贫政策执行者的支持程度,支持度越高满意度则可能越高。政策针对性是指扶贫政策对于民族地区特殊性的针对程度,即针对性越强则满意度可能越高。

据此,提出了以下相关假设。

H1:农村居民的个体特征影响扶贫政策的满意度。年龄越大、家庭劳动力比例越低的居民对扶贫政策的期望越高,一定程度的满足则可能带来更高的评价,满意度可能越高,反之则满意度不高。

H2:农村居民对扶贫政策的了解情况影响旅游精准扶贫政策的满意度。农村居民对扶贫政策越了解,则可能对扶贫政策的满意度越高。

H3：扶贫政策实施前后收入变化影响农村居民对扶贫政策满意度。收入增加越明显，则可能对扶贫政策的满意度越高。

H4：农村居民对扶贫政策执行者的支持度，影响农村居民对扶贫政策的满意度。支持度越高，则可能满意度越高。

H5：扶贫政策对于民族地区的针对性，影响农村居民对扶贫政策的满意度，针对性越强，则可能满意度越高。

栗子坪村位于五峰采花乡东南部，辖11个村民小组，267户，总人口950人，其中土家族人数占全村总人数的98%，是一个典型的少数民族乡村。在响应国家和地方旅游扶贫政策下，栗子坪村形成了以"春季赏花、夏季避暑、秋季采摘、冬季修心"为特色的产品链，发展成为首批中国乡村旅游模范村之一。

考虑到农村居民的文化程度和网络问卷的局限，本文运用了实地调研的方法。调查方式以问卷调查为主、访谈法为辅。调查内容包括农村居民个体特征、扶贫政策的了解情况、扶贫政策实施后收入变化、对扶贫政策执行者支持度、政策针对性及对扶贫政策满意度情况。调查问卷共发放120份，收回有效问卷112份，问卷有效率为93.3%。采用SPSS20.0统计软件对数据进行了整理和分析，问卷信度为0.714，可信度较好。

农村居民对旅游扶贫政策满意度的高低反映了扶贫政策制定的科学性和政策实施的有效性。年龄、受教育年限、劳动力比例、政策了解程度、收入变化、政策针对性这6个要素对政策满意度的影响显著，这是因为前4个要素强烈影响着居民的对扶贫政策实施的参与程度和参与能力，后2个要素强烈影响居民对政策实施效果的感知程度。性别、职业、贫困特征、了解渠道和居民支持度这5个要素对满意度的影响不显著，这是因为农旅结合的扶贫政策对居民的这些特征具有较强的普适性，政策满意度并不随这些要素的不同而发生显著变化。

代表性论文 14

论文标题：新冠疫情对武汉乡村旅游购买决策的影响机制——基于乡村旅游地形象感知视角

发表期刊：国土资源科技管理，2020

作者简介：肖拥军（第一作者），中国地质大学（武汉）经济学院副教授。

论文简介及创新点：本研究以新冠肺炎疫情为背景，基于认知理论及"刺激-认知-反应"模型，从乡村旅游地形象感知视角，分析潜在旅游者危机感知对武汉乡村旅游购买决策的影响机制，以期通过这一实例研究，发现危机感知、旅游地形象感知和潜在旅游者购买决策三者间的具体关联，并为疫情后的武汉乡村旅游发展提供决策参考。

本研究建立了如图7-10所示的研究模型，该模型将武汉乡村旅游地形象感知作为中间变量，探讨新冠肺炎疫情危机对潜在旅游者的旅游购买决策的影响机制。本研究采用线上问卷工具"问卷星"生成电子问卷形式，于2020年4月在微信群、朋友圈、微博等网络社交圈中进行投放和扩散。由于武汉的区位交通优势，乡村旅游的客源市场主要覆盖省内外，且乡村旅游有短途周边游的特征，因此取样范围以本省及周边外省为主，并结合武汉乡村旅游客源市场特征进行合理取样。调查共收到问卷 451 份,剔除无效问卷后,最终得到 423 份有效问卷,问卷有效率为 93.79%。

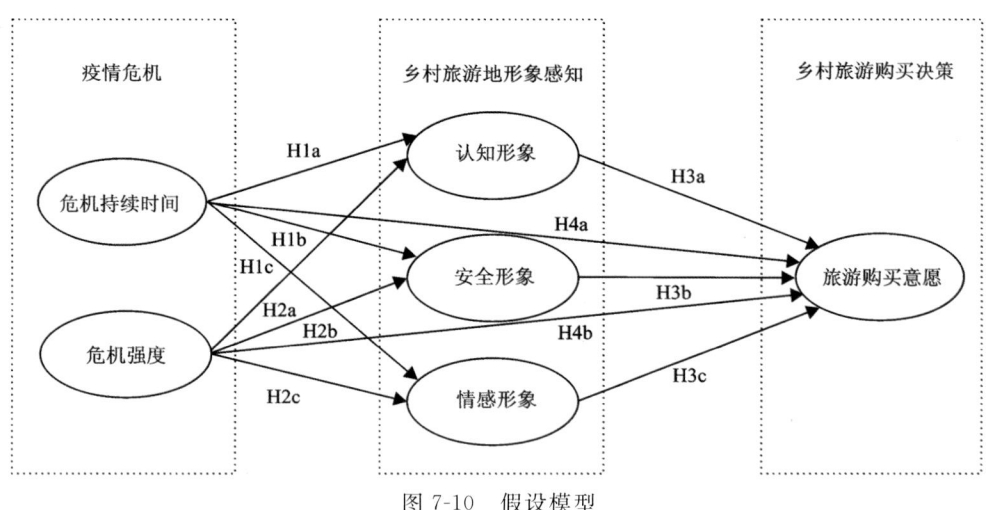

图 7-10 假设模型

本文首先采用 SPSS 25.0 进行问卷的信度检验和探索性因子分析,其次在 AMOS 26.0 中进行验证性因子分析、模型拟合度检验(表 7-4)和中介效应检验(表 7-5)以验证本文各项假设。

表 7-4 结构方程模型的路径检验结果

假设序号	路径关系	参数估计值	标准误差	标准化路径系数	C.R.	P 值	验证结果
H1a	危机持续时间→认知形象	−0.348	0.077	−0.311	−4.500	***	成立
H1b	危机持续时间→安全形象	−0.308	0.080	−0.261	−3.856	***	成立
H1c	危机持续时间→情感形象	−0.257	0.080	−0.225	−3.221	0.001	成立
H2a	危机强度→认知形象	−0.065	0.077	−0.054	−0.845	0.398	不成立
H2b	危机强度→安全形象	−0.237	0.082	−0.185	−2.910	0.004	成立
H2c	危机强度→情感形象	−0.033	0.081	−0.026	−0.401	0.688	不成立
H3a	认知形象→旅游购买意愿	0.194	0.055	0.168	3.565	***	成立
H3b	安全形象→旅游购买意愿	0.293	0.054	0.267	5.413	***	成立
H3c	情感形象→旅游购买意愿	0.256	0.052	0.226	4.921	***	成立
H4a	危机持续时间→旅游购买意愿	−0.257	0.083	−0.199	−3.090	0.002	成立
H4b	危机强度→旅游购买意愿	−0.281	0.078	−0.200	−3.613	***	成立

注:"***"符号表示 P 值<0.001,表明参数估计值达 0.001 显著水平。

表 7-5　中介效应检验

路径关系	点估计值	Bootstrapping Bias-corrected 95%CI		显著性
		Loer	Upper	
直接效应				
危机持续时间→旅游购买意愿	−0.257	−0.467	−0.079	显著
危机强度→旅游购买意愿	−0.281	−0.453	−0.126	显著
间接效应				
危机持续时间→认知形象→旅游购买意愿	−0.068	−0.133	−0.027	显著
危机持续时间→安全形象→旅游购买意愿	−0.090	−0.199	−0.030	显著
危机持续时间→情感形象→旅游购买意愿	−0.066	−0.142	−0.016	显著
危机强度→认知形象→旅游购买意愿	−0.013	−0.061	0.020	不显著
危机强度→安全形象→旅游购买意愿	−0.070	−0.156	−0.009	显著
危机强度→情感形象→旅游购买意愿	−0.008	−0.065	0.042	不显著
总效应				
危机持续时间→旅游购买意愿	−0.481	−0.736	−0.271	显著
危机强度→旅游购买意愿	−0.372	−0.593	−0.141	显著

新冠疫情危机会对潜在旅游者的乡村旅游购买决策产生显著负向影响。潜在旅游者感知到的疫情持续时间长，以及感知到的疫情强度越大，感知到的危机冲击度即越大，越会加剧其心理焦虑与恐惧，影响旅游信心和需求，因此购买意愿随之下降。同时，这一显著的负向关系也说明，购买决策取决于人们对疫情持续时间、强度及冲击度的主观感知，一旦这种感知下降，购买欲望与行为将会显著增加。因此旅游活动复苏的关键，在于保证安全的前提下，采取系列措施降低人们对疫情持续时间、强度的主观感知。

疫情危机对乡村旅游地形象感知的负向影响的显著性各有不同。潜在旅游者对疫情持续时间感知越长、强度感知越强烈，则对目的地安全形象感知越低，从而产生负面印象。然而，疫情危机强度对认知形象及情感形象的显著负向影响未得到验证，可能由于此次重大疫情事件虽然给旅游目的地带来了巨大冲击，但并未对目的地的旅游资源及设施等造成破坏，所以潜在旅游者对目的地认知形象中旅游要素的感知基于事物的客观性而未发生显著变化。这与自然灾害危机、社会安全危机和事故灾难危机等所造成的影响有所不同。此外，情感形象与潜在旅游者个人差异有关，带有较多的主观感情判断，因此，感知到疫情危机强度高的潜在旅游者不一定会降低对武汉乡村旅游地情感形象的感知。

在武汉乡村旅游地形象感知中，安全形象对购买决策的影响最大，情感形象影响次之，认知形象影响最小。安全需求是人们的基本层次需求，在无法满足基本需求的情况下，人们难以产生更高层次的需求。对安全形象的感知将取决于新冠肺炎疫情持续时间、强度，以及社会对疫情的认知与判断。疫情持续时间及强度必将是明确的,而对疫情影响的认知则会受舆情导向及其他社会心理因素影响,从而具有不确定性。

代表性论文 15

论文标题：长江经济带旅游经济的时空演化及影响因子分析
发表期刊：国土资源科技管理,2020
作者简介：鄢志武(第一作者),中国地质大学(武汉)经济管理学院教授。
论文简介及创新点：国外学者对于区域旅游经济演化的研究始于20世纪60年代中后期,倾向于从区域旅游流、出入境旅游等方面着手,运用数理统计分析面板数据,探究旅游市场的时空结构、演变趋势及其影响因素。国内对于区域经济演化的研究集中在时空差异问题上。总体来看,在研究区域上全国、区域、省域3个层面均有涉及,近年多为省域层面的研究;在研究方法上初期多采用数理分析,如今探索性空间数据分析及与前者相结合的方法开始得到应用;在研究对象上长期集中于入境旅游收入。但近年来国内旅游快速发展,入境旅游收入已经不能全方位反映区域旅游经济发展的真实态势。在影响因素的探究上,初期多为定性分析,现多采用相关系数、多元回归、面板数据等定量分析的方法,用一到两个指标表示一个维度进行分析比较。在长江经济带旅游业的研究中,目前尚无人使用灰色关联分析法。基于此,本文以长江经济带国内旅游经济和入境旅游经济为研究对象,从时间、空间两个维度围绕长江经济带的整体演化和地区差异展开分析,并通过灰色关联法分析长江经济带旅游经济影响因子,以期客观认识长江经济带旅游经济的发展现状,为决策制定和后续研究提供参考。

结果表明：①从旅游业的整体发展上看,长江经济带旅游收入呈逐年上升态势,国内旅游收入和入境旅游收入分别增长28.97倍和9.33倍,旅游收入的绝对差异增速放缓,相对差异逐渐缩小,入境旅游更易受到特殊事件的影响,现阶段旅游经济重心向西南方向移动;②从旅游业的地区差异上看,长江经济带旅游收入的地区差异下降明显,西部内差异和东部内差异分别是现阶段造成长江经济带国内和入境旅游差异的主要原因;③长江经济带国内旅游呈现南部优于北部,东西部优于中部的局面,上海的优势地位正逐渐丧失,江苏成为新的领军者,中西部入境旅游呈现三阶梯式差距,东部的主导地位无法撼动;④经济基础、交通可达性和旅游资源禀赋是影响长江经济带国内旅游的重要因子,交通可达性、接待设施水平和经济基础由强至弱影响着长江经济带的入境旅游。

代表性论文 16

论文标题：基于MEC理论的乡村旅游动机研究
发表期刊：国土资源科技管理,2020
作者简介：鄢志武(第一作者),中国地质大学(武汉)经济管理学院教授。
论文简介及创新点：
随着乡村旅游的不断发展,乡村旅游的竞争日益激烈。旅游动机直接影响旅游行为,其影响是切近的、强势的、定向的和即时的。乡村旅游地及其经营者有必要深入了解乡村旅游者的旅游动机和旅游诉求，以规划、设计和开发适应市场需求的乡村旅游产品，或针对细分市场开展精准营销。了解乡村旅游者的动机和需求，根本上是要了解在众多的旅游产品中，旅游者为何选择乡村旅游而不是其他类型的旅游产品，即乡村旅游对消费者的独特、不可替代的价值所在。

对于乡村旅游动机的研究，从深度上看，国内外研究多是将旅游动机进行基础的分类，主要采用因子分析、聚类分析等定量研究方法分析旅游者的动机类型，缺乏对动机的深入探寻；从理论上看，国内外在理论研究方面较为薄弱，理论基础主要是需求层次理论、推拉理论和逃避-寻求理论。有学者建议，对于旅游动机的研究，应该结合不同学科的理论，寻找新的研究方法，强化理论研究。因此，本文以心理学的理论——手段目的链为理论基础，将旅游者的属性动机、结果动机和价值动机相联系，弥补其他学者单一层面研究的不足，在旅游地的客观属性与旅游者的感知价值之间建立直观联系，为乡村旅游业的发展和乡村旅游地的建设提供参考。

MEC理论在旅游者行为和动机研究中具有分析力和深层解析力，通过属性层到结果层最后深入到价值层的分析，能深刻揭示旅游者的深层次的需要，而了解旅游者是乡村旅游地发展运营的工作重点，深层次了解乡村旅游动机对乡村旅游产品开发、市场定位和营销策略的制订都具有重大意义。

第八章

统计学系

CHAPTER 8

第一节 教师简介

程胜,教授,博士生导师。2009 年毕业于华中农业大学农业经济管理专业,获博士学位;2009—2010 年在加拿大约克大学做访问学者,并任加拿大 CERIS 研究中心研究员;2015—2016 年在康涅狄格大学资源环境工程研究中心做访问学者;2001 年至今,在中国地质大学(武汉)经济管理学院从事教学与科研工作。

主要研究方向:能源转型、能源金融与数量经济。

主要社会与学术兼职:国家自然科学基金通讯评审人;加拿大 CERIS 研究中心研究员;联合国 IFAD 项目评估专家;中国管理现代化研究会复杂性专业分会会员、中国商业经济学会理事;湖北省统计学会理事;中国现场统计研究会资源与环境统计分会理事;九三学社湖北省委资源环境委员会委员。

主讲课程:应用时间序列分析、计量经济学、复杂数据统计分析。

石跃勇,副教授,硕士生导师。2013 年毕业于武汉大学概率论与数理统计专业,获博士学位;2014 年至今,在中国地质大学(武汉)经济管理学院从事统计学领域的教学与科研工作。

主要研究方向:统计计算。

主讲课程:多元统计分析,统计计算与软件。

唐鹏程,特任副教授,硕士生导师。2018 年毕业于中国地质大学(武汉)应用经济学专业,获博士学位;2017—2018 年在梅西商学院联合培养一年;2019 年至今,在中国地质大学(武汉)经济管理学院从事教学与科研工作。

主要研究方向:环境政策管理与微观企业行为。

主要社会与学术兼职:中国自然资源学会、美国管理学年会和湖北省经济学会会员。

主讲课程：计量经济学、现代经济计量。

王德运，副教授，博士生导师。2012年毕业于法国国立贝尔福-蒙贝利亚技术大学自动化专业，获博士学位；2012年至今，在中国地质大学（武汉）经济管理学院从事系统模拟与优化领域的教学与科研工作。

主要研究方向：供应链协同调度、能源-环境系统建模、组合优化及智能算法。

主要社会与学术兼职：中国系统工程学会决策科学专业委员会委员；中国系统工程学会应急管理专业委员会委员；自然资源学会资源大数据分会委员；湖北省系统工程学会理事。

主讲课程：应用统计学、非参数统计、运筹学。

徐德义，教授，博士生导师。2001年毕业于中国地质大学（武汉）地球化学专业，获博士学位；2001—2003年在中国地质大学（武汉）从事博士后研究工作；2005—2007年在加拿大约克大学做访问学者；2015—2016年在加拿大约克大学做高级访问学者；2003年至今，在中国地质大学（武汉）经济管理学院从事资源环境经济和应用统计领域的教学与科研工作。

主要研究方向：地球科学与矿产资源经济与管理及应用统计方面的交叉研究。

主要社会与学术兼职：中国自然资源学会会员、中国地质学会会员；中国工业统计教学研究会学会理事、中国现场统计学会资源环境分会常务理事、中国现场统计学会金融与大数据分会理事；湖北省数量经济学会副会长；国际数学地球科学协会终身会员；中国地质大学（武汉）矿产资源战略与政策研究中心研究人员及专业方向负责人、中国地质大学（武汉）资源环境经济研究中心研究人员及专业方向负责人；地质过程与矿产资源国家重点实验室流动研究人员。

主讲课程：概率论、统计学（专业）导论、空间统计、应用统计行业前沿。

第二节 科研项目简介

项目名称：基于习惯形成视角的农户生活用能行为变动机制及环境效应研究（国家自然科学基金-面上项目）

项目负责人：程胜

执行时间：2014—2017

主要内容、重要结果及社会影响力：

第一，习惯与农户生活用能行为的理论分析及实证。按照能源梯度理论，农户随着收入的增加、能源公共设施改善等会摒弃低质能源（秸秆、薪柴等），转向采用高质能源。但实证研究发现农户的能源转换行为并没有沿着能源阶梯模型变动，人们采用高质能源的同时仍然大量消费秸秆、薪柴等低质能源。本项目通过大量文献研究，通过分层次、多学科交叉的文献梳理，首先依据能源梯度理论，归纳整理影响农户能源消费行为的关键因素；其次结合研究主题，基于可获得的宏观数据（中国农村能源数据主要涉及国家统计局和农业部两个部门，1990年以后国家统计局开展的农村住户调查开始包含农村能源信息，但2000年以后，该调查不再包含生物质使用总量的信息，这部分数据主要采用农业部报送的统计数据；农业部自1991年以后，开始通过国家统计局及其自身所掌握的数据，编制和报告中国农村能源的统计数据，目前可以收集到1979、1980、1984、1985、1987、1990—2008等年份数据），将内部习惯定义为年人均用能量对上一期的依赖程度，将外部习惯定义为城市居民年人均用能量，构建空间面板模型，揭示习惯变量的作用强度，并采用变参数面板建模思路，揭示习惯变量在时间上变异情况。

通过建立面板模型，课题组发现，无论是内部习惯还是外部习惯都对农村居民能源消耗产生较强影响，其中经济发达、城市化水平较高的东部地区更为明显，而西部，尤其是北方地区，内部习惯的效应比外部习惯效应要大得多，在中部则表现出外部习惯效应大于内部习惯的特征。需要说明的是，为了考虑内部习惯和外部习惯的交叉（或交互）作用，模型设定了二者的乘积项作为内生变量，但是并不显著，这说明一方面内外部习惯交互不同步，或者有时序的滞后，另一方面其交互作用并没有发生作用，比如家庭中有成员长期在外打工，受城市居民生活用能行为的影响较大，并有改变其家庭效能的意愿和行动，但由于该家庭成员不是大部分时间待在农村的家里，故内部习惯行为的改变并没有发生。另外，成员较多的家庭，由于成员之间的用能行为可能不一致造成节能效果或能源转移可能发生了抵消作用。通过建立变参数面板模型，课题组发现，内部习惯效应存在明显倒"U"形特征，随着时间的变化，内部习惯对用能行为的影响先增强后减少,且减少的速度快于增加的速度,说明内部习惯在不积极干预的情况下,将很快回到原来的用能行为轨道上;而外部习惯的时间延展是逐渐减弱的,这是因为其他区域用能行为在被家庭某个成员接受并付诸行动后,在其预期目标达到后,那么家庭成员行为的努力程度会减弱,甚至不努力,从而导致外部习惯效应在时间上呈现逐渐减弱的特征。根据面板模型和变参数面板模型的结果,课题组认为要进行合理的干预家庭用能行为,一是不能采取一刀切的政策,各个地方政府要从地方特征、文化特征、经济发展水平以及能源的供给性程度高低制定适宜的措施,而不能要求从国家层面出台统一的经济手段、奖励措施或惩罚机制;二是从内外部习惯效应的角度出发,客观地、准确地评估本地区内外部习惯的影响程度,设计合理的工作措施;三是从不同能源类型而言,也需要重新评估习惯对于特定能源消耗的影响。另外,课题组选择湖北省洪湖市、黄冈市及荆门市作为典型区域,按照农户用能结构(煤炭、成品油、电力、天然气、秸秆、薪柴和沼气)及相关温室气体计算方法,评估了农户用能行为引起的环境效应。

第二,空间邻接矩阵的构建方法。我国农村地区地理条件、气候条件、经济水平、能源禀赋条件、替代能源供给稳定性、文化习俗等千差万别,仅仅从宏观上设计面板模型刻画习惯与用能行为之间的关系,便必然考虑强烈的空间异质性,而显然无论面板模型的估计方法是OLS、GMM还是极大似然,或者其他方法,都无法从模型构建基础上解释清楚,从而得到的结论也是没有考虑空间分异的,使得研究结论概括性意义大于实际衍生政策或措施的可能性。为虑及空间差异,课题组研究并提出了包括空间距离、经济距离、文化距离、制度距离等多种距离函数在空间上的叠加,并运用网格搜索的方法寻找最小距离单元,基于此建立空间计量模型的空间邻接矩阵。该方法不仅解决了依靠单一指标的空间邻接矩阵计量模型结果不好解释或者混淆的缺陷,也很好地考虑多种属性、变量在空间上的差异,更加准确地捕获空间异质问题,从而有效地将农村能源消费的空间差异充分内生到模型中,保证OLS估计的有限性,科学地探寻习惯变量对用能行为转变的作用机制和作用强度。

第三,习惯形成与农户生活用能行为变动理论模型的微观实证检验。基于理论分析及空间邻接矩阵的构建方法,拟用持久性收入替代财富预期值对Naikand Moore消费习惯模型进行改进,模型既考虑了内部习惯,即锁定效应或聚集效应,也考虑了外部习惯,即示范效应。同时模型考虑了多种变量空间距离矩阵,并依据我们提出的叠加方,构建基于最小距离单元的空间邻接矩阵,从而构建空间面板模型,揭示控制异质性条件下农村居民用能行为的内外部习惯影响程度及机制。

第四,农村居民生活用能数据库的建立。课题组于2013年下半年开始着手调研工作的设计和安排。一是设计了涉及农户家庭属性、收入、能源市场、就业性质(打工为主,农业为主,半工半农)、居住地(地理特征)、教育、能源公共设施、种植或养殖情况、能源消费品种、能源消费量、室内外空气、环境污染、河流污染等较大体量的问卷;设计了涉及能源知识培训、贫困、村级平均收入、村级总体务农比例、村级公路、村级土地、土壤情况等村级机构访谈问卷。二是开展了两种形式的预调研,一种是基于课题组网络资源,利用QQ开展了选择性、典型性的预调研;另一种是利用寒假农村大量务工人员返乡的时机,建立了全国性的以大学生为小组的访谈和问卷调查。根据预调研的数据,采用探索性因素分析和信度效度检验方法评价问卷,结果发现,调查问卷的信度在置信度为 0.01 的情况下,效度系数为 0.633、0.567,说明问卷具有较好的信效度,表明课题组设计的问卷可作为项目研究的测评工具。三是课题组深入湖北省洪湖市、罗田县、浠水县、秭归县、宜昌市,湖南省益阳市、长沙市望城区、吉首市、张家界市,山东省东明县、郓城县、甄城县、莱芜市及沂水县,四川成都市、泸州市、绵阳市、内江市等地收集数据和深度访谈调查,并在湖北省洪湖市、山东郓城县及湖南益阳市各建立了 20 户(共计 60 户)为期一年的定点观测对象,建立了家庭能源账户。

课题组已经收集农户个体有效问卷 1344 份,村级机构问卷 36 份,有效问卷 1126 份。另外,由于农户生活用能占家庭支出比重不高,农户敏感性及关注度不是太强,加之大部分农户没有记录能源支出的习惯造成调研过程中数据失真。在回访的过程中,我们发现很有一部分家庭对于两次或多次访问得到的情况大相径庭,因此如何实现数据和事实的尽可能匹配是课题组需要解决的问题。课题组根据有效问卷的整理和分析,2016 年课题组对调研数据当中存在的不一致性进行了大量入户回访工作,对家庭能源账户的建立和完善构建了相关关键点设计以避免农户因随意性和不参与态度进行了一定控制,课题组经过回访对已有调研数据开展了大量校正工作,校正的原则以回访的基本情况为主,对前期调研数据进行了部分修正,且充分考虑了农村目前空心化的客观事实,对因生产和节假日能耗相对集中情况进行了数据调整(调整是基于回访的事实情况)。课题组反复挖掘和访谈村委相关工作人员,对数据严重失真的家庭进行了甄别,不能实现修正的作为废弃问卷处理。

基于两轮的调研、回访、能源账户的观测,课题组对部分数据不匹配的情况进行了校正,建立了我国农村能源消费基本数据库,该数据库基于 ACCESS 架构,具有基本的 ODBC 接口,可完成基础数据的查询和简单分析功能,目前正与有关技术部门协商将数据库升级成网络架构,另外计划与部分国内研究机构联合组成数据库联盟,开放给有关研究者或机构。

项目名称:基于广义牛顿算法的高维稀疏学习:收敛性分析与统计推断(国家自然科学基金-青年科学基金项目)

项目负责人:石跃勇

执行时间:2019—2021

主要内容、重要结果及社会影响力:

本项目研究高维稀疏学习中的二阶牛顿型算法,建立算法的收敛性,探讨算法中数据驱动的调节参数选择方法,分析算法在非渐近情形下的估计误差,并将研究所得应用于高维数据的建模与分析。项目设计牛顿型算法求解高维 LASSO 凸模型和 SCAD、MCP、SICA 非凸模型,研究成果已发表于相应领域主流国际 SCI 期刊上。

项目名称:地方政府环境治理对企业环境责任履行的影响研究:价值效应与提升策略(国家自然科学基金-青年科学基金项目)

项目负责人:唐鹏程

执行时间：2021—2023

主要内容、重要结果及社会影响力：

项目在整合环境治理力度与环境治理难度的基础上，将企业环境责任履行的前因、后果与对策进行集成研究。主要内容包括：①剖析不同环境治理力度与环境治理难度下企业环境责任履行的差异性；②探究不同情境下企业环境责任履行对企业价值的影响；③基于企业面临的环境治理压力，从政府、企业和其他利益相关者3个维度制订环境责任履行提升方案。该项目已完成文献分析整理与相关数据收集等工作，并在 ABS 三星期刊 *Ecological Economics* 上发表题为 *One-vote veto：The threshold effect of environmental pollution in China's economic promotion tournament* 的研究论文1篇；另一篇 *Reexamining the effect of environmental regulations on green innovation when considering the heterogeneity of firm capabilities* 正在 ABS 三星刊物 *Technological Forecasting and Social Change* 上外审；向2021中国技术经济论坛年会提交会议论文1篇并进行报告。该项目的开展既丰富了宏观环境政策与微观企业行为的交叉研究，又为构建现代环境治理体系提供了理论支撑。

项目名称：供应链中生产、存储与运输的协同调度建模与优化研究（国家自然科学基金青年基金-青年科学基金项目）

项目负责人：王德运

执行时间：2014—2016

主要内容、重要结果及社会影响力：

项目组围绕着该课题主要开展了如下4部分工作。

(1)划分了常见的产品交货期种类，并进行了相应的形式化描述；定义了各级库存成本的求解方法；在上述研究基础上，针对单级供应链中串联和并联处理机环境下的多种供应链中生产、存储与运输的协同调度问题展开研究，构建了相应的协同调度模型，从数学理论或数值实验角度证明了问题的难解程度，并给出了高效的求解算法；基于多种下界生成方法给出了上述问题的下界，并在此基础上展开仿真实验评价了所构建模型和算法的有效性。

(2)在上述研究基础上，通过构建工件交货期冲突处理机制，将单级供应链协同调度模型扩展至多级供应链；证明了模型的复杂度；在此基础上给出了高效的求解算法；基于拉格朗日松弛算法给出了问题的下界，并在此基础上展开仿真实验评价了所构建模型和算法的有效性。

(3)针对多生产商和多客户环境下存在的路径选择问题，进行了运输路径的优化，并给出了高效的求解算法。

(4)构建了基于时间序列预测法的供应链中物资需求预测模型，提出了用于降低数据序列非平稳性的二次分解技术，设计了多种基于人工智能方法的分量预测器，并通过空气质量指数数据和电力价格数据验证了模型的有效性。

本项目研究按照项目申请书中原定的研究计划和目标开展工作，并在此基础上有所扩展，已经完成项目既定任务。在该项目资助下，取得了如下成果：项目组成员共在国内外学术期刊上公开发表相关学术论文 18 篇（其中，被 SCI/SSCI/EI 检索 15 篇，被 CSSCI 检索 2 篇，ESI 高被引论文 2 篇）；在 IEEE 举办的国际会议上公开发表学术论文 1 篇（被 EI 检索）；申请国家发明专利 3 项；在国内外相关会议上作分组报告 6 次；参加相关国际会议 4 次；赴法国 Université de Bourgogne Franche-Comté 大学与 Olivier Grunder 教授和 Abdellah EL Moudni 教授开展科研合作与交流 1 次（持续时间 1 个月）；依托本项目培养硕士生 8 名（其中 2 名同学的毕业论文被评为中国地质大学校级优秀硕士学位论文）、博士生 1 名，项目主持人王德运入选湖北省"楚天学子"人才支持计划。该项目在 2018 年国家自然科学基金委组织的后评估中获评"优秀"。

项目名称：闪锌矿成矿过程的 Fe-Ca-Zn 三元耦合系统（国家自然科学基金-面上项目）

项目负责人：徐德义

执行时间：2013—2016

主要内容、重要结果及社会影响力：

本项目涉及地球化学动力学、微分动力学、复杂性科学等学科，涉及化学实验技术、计算机技术、建模及模拟技术等，是多学科融合、多技术综合利用的理论基础性研究工作。通过野外采样、样品加工、样品测试以获得原始分析数据，设计实验、仪器调试、试验观察获得化学动力学、热力学数据，反反复复对比原始观察数据和试验数据，设计模拟过程、进行模拟实验，获得理论数据，并在此基础上确定闪锌矿成矿过程的地球化学过程、耦合动力学过程，将二元动力学方程推广到三元体系中。模拟与观测系统临界状态的复杂现象，用 CNN 模拟动力学过程，用 DLA 模拟结晶-沉淀-成核及分形增长过程，确定临界状态可能出现的参数空间及初始条件，并演绎为成矿环境因素。从试验的角度证明了闪锌矿成矿的 Fe-Ca-Zn 三元耦合体系存在的合理性。

在理论和方法上，提出了闪锌矿可能是热液交代六方晶系方解石形成的新成矿模式，创建了 Hexagonal CNN 模型；通过实验进一步发现闪锌矿成矿过程中分形振荡、分岔及形成斑图等复杂现象；构造了 ALCa 变换并在实验中发现 Ca 在闪锌矿成矿过程中起分形反馈作用；构建了闪锌矿成矿过程的 Fe-Ca-Zn 三元耦合体系框架，推断 $H+$ 耗尽时系统达到临界状态。整个研究工作和取得的成绩具有深远的研究意义和很好的研究前景。在国际会议和国内外学术期刊上发表学术论文、论文摘要共 23 篇，其中 SCI/SSCI、EI 检索 10 篇；参加国际学术会议 8 人次，作口头报告 5 人次，编写程序 5 万余条语句；试验数据 2 万余个；培养博士生 4 人，硕士生 10 人，本科生 8 人。试验数据是今后相关研究的宝贵资源，该项目的实施开辟了一些新的研究方向，培养了一批优秀人才。

项目名称：矿源地球化学元素在黄土覆盖层中纵向长程迁移研究（国家自然科学基金-面上项目）

项目负责人：徐德义

执行时间：2016—2019

主要内容、重要结果及社会影响力：

项目进行了充分的野外勘察、研究区地质背景研究，定位采样 131 个，将每个样本筛成 4 个粒级，对每个粒级的样品测试了 Mn、Cu、Zn、As、Mo、Pb、S、K 等 40 种元素的含量，得到 131×4×40 顺序含量数据库。用非参数 Kendall-τ 方法研究了覆盖层纵向剖面 40 种元素与埋深的非线性相关关系，发现 18 种主要成矿元素存在明显的迁移趋势。用 HP 滤波法提取 18 种元素的迁移趋势，用函数聚类法对其进行了模式分类。用多种多重分形谱分解的方法分解元素和元素组合的含量序列，反演驱动矿源地球化学元素在黄土介质中长程迁移的不同尺度机制的特征和多尺度机制的耦合特征，发现单一成矿元素或成矿因子在纵向上呈不同单分形分布，而多种成矿元素单分形在空间上扭结形成多重分形，是多尺度耦合、叠加过程形成的串级过程结果，也是覆盖层表层的地球化学弱缓异常形成的原因。用机器学习的方法研究纵向剖面矿源地球化学元素地球物理和地球化学性质，发现与矿化相关性前 10 强频段的反射强度以方差贡献率为权重的线性组合对矿化的识别程度高。以上成果可以作为发展覆盖区地球化学弱缓异常识别方法的依据。课题组将研究范围延拓到与成矿过程相关的矿产资源领域，吸收了大量的新兴研究方法，取得了丰富的研究成果。

在 *Journal of Geophysical Research*，*Renewable and Sustainable Energy Reviews*，*Energy*，*Minerals*，*Natural Resources Research*，*Geophysical Research Letters*，*Resources Policy*，*International Journal of Environmental Research and Public Health* 以及《资源科学》等期刊发表论文 24 篇，其中 SCI 或 SSCI 检索 18 篇；会议论文 4 篇；国际会议论文摘要 5 篇。参加国际地质大会 IGC，国际数学地球科学学会年会 IAMG，国际能源经济大会 IAEE 等 8 人次。培养硕士研究生 8 人，博士研究生 6 人，2 人获得国家奖学金，2 人获得国家留学基金委资助在国外知名大学联合培养。项目执行期间项目组两名年轻学者获得国家自然科学基金资助并晋升为副教授。

项目名称： 共伴生关键矿产多尺度峰值预测及预警研究（国家自然科学基金-面上项目）
项目负责人： 徐德义
执行时间：2021—2024

主要内容、重要结果及社会影响力：

全球各大经济体在新一轮技术革命和产业革命中的激烈竞争将关键矿产资源的争夺推向高潮，关键矿产的供给能力成为研究热点。然而关键矿产绝大多数是伴生的小宗矿产，传统模型的不确定性和数据的稀缺使得亟待解决的关键矿产峰值研究成为科学难题。本课题拟在我们已经取得的成果基础上，以共伴生性定量表达为突破口，从矿山、国家、全球 3 个实用尺度展开关键矿产峰值研究。尝试用多源数据补充现有数据库，探索结合机器学习方法识别 3 个尺度上的相关性要素；结合成本收益法和时序分析法，测度随矿床经济性和矿石品位变化的最终可采储量；通过相关分析构建刻画不同尺度共伴生矿产相关性的 M-Copula 函数，用变系数面板回归法估计模型参数，构建不同尺度共伴生关键矿产 Copula-Hubbert 峰值模型;在 3 个尺度上对稀土、钴、铟等典型关键矿产做峰值预测并预警。本课题将对峰值理论和方法进行创新,也将为国家关键矿产战略的制定提供科学依据。

在 *Resources Policy*、*Energy*、*Energy and Buildings*、*Resources Conservation and Recycling*、*Journal of Environmental Management*、*Environmental Research*、*Environmental Science and Pollution Research* 等期刊发表论文 10 篇,其中 SCI 或 SSCI 检索 9 篇。

第三节 代表性论文简况

代表性论文 1

论文标题:On the relation between global food and crude oil prices:An empirical investigation in a nonlinear framework

发表期刊:Energy Economics,2019

作者简介:程胜(第一作者、通讯作者),中国地质大学(武汉)经济管理学院教授。

论文简介及创新点:国际粮食价格和原油价格间的关系备受关注,综合前人研究,我们发现由于缺乏系统完整的实证分析框架,不论是从线性角度还是非线性角度,学者得出的研究结论均不一致。为深入研究并量化二者间的联动关系,本文建立了一套系统的分析框架,全面运用单变量和多变量非线性检验以及非线性格兰杰因果检验,并结合 TVAR 和 TVECM 模型重新考察了二者之间的非线性关系。

本文数据来自国际货币基金组织(IMF)数据库和联合国粮食及农业组织(FAO)。平稳性检验和协整分析表明,从长期来看,原油与粮食价格之间存在确定的均衡关系,这表明二者之间至少存在一个方向的格兰杰因果关系。然而,表 8-1 显示,二者在 5% 的显著性水平下不存在线性格兰杰因果关系。这一结果与 Engle 和 Granger 的协整理论相矛盾,这可能是由原油和粮食市场中存在的非线性结构引起。

表 8-1 线性格兰杰因果检验

滞后长度	food_1→oil_1	oil_1→food_1
2	1.632 89(0.197 0)	2.203 85(0.112 0)

进一步的单变量和多变量非线性检验提供了两个变量间呈现非线性关系的有力证据。通过 Hiemstra 和 Jones 提出的 H-J 检验，我们发现原油和粮食之间存在显著的双向非线性格兰杰因果关系（表 8-2）。

表 8-2 非线性格兰杰因果检验

滞后长度	H-J 检验 P 值	
k＝q	oil→food	food→oil
1	0.095 0	0
2	0.101 1	$1.601\ 4\times10^{-4}$
3	0.058 9	0.007 1
4	0.050 9	0.009 5
5	0.033 9	0.010 0
6	0.024 8	0.005 5
7	0.024 7	0.005 9
8	0.018 5	0.004 1

在确认了变量间存在双向非线性关系后，我们接下来研究了二者间的非线性影响。LR 检验结果发现一阈值 TVAR 模型表现最优。图 8-1 的格点搜索得到，门槛值为 4.610 357 时，SSR 最小。

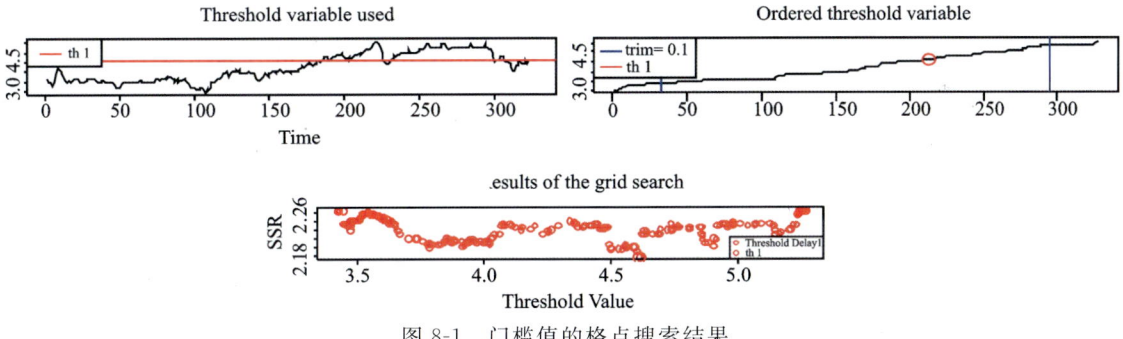

图 8-1 门槛值的格点搜索结果

根据 TVAR 结果（表 8-3），在低油价区制下，油价的主要影响来自自回归部分。但反过来，在 10% 的显著性水平下，油价对粮食价格具有系数为 0.029 3 的正面影响。在高油价区制下，我们不仅能够检测到油价的自回归部分的影响，还检测到粮食价格滞后一期和二期对其的显著影响。然而，原油对粮食价格没有表现出显著的溢出效应。

表 8-3 TVAR 结果

	区制 1(oil≤4.610 357)		区制 2(oil>4.610 357)	
	Food	Oil	Food	Oil
C	−0.109 2	−0.016 3	−0.065 4	0.094 1
Oil_{t-1}	1.210 0	0.029 3	1.442 5	0.027 0
$Food_{t-1}$	−0.411 3	1.176 0	0.815 1	1.547 4
Oil_{t-2}	−0.215 5	−0.018 2	−0.447 1	−0.020 3
$Food_{t-2}$	0.440 6	−0.181 2	−0.800 7	−0.572 1
样本量占比	64.6%		35.4%	

考虑到原油和粮食价格本身的非线性特征,且原油-粮食间关联也表现为非线性。原油和粮食价格调整至均衡状态的过程可能是不对称的。Sup-LM 检验结果支持了当原油价格被视为内生变量时,二者间线性协整的零假设被强烈拒绝。根据表 8-4,在极端情况下,当原油和粮食价格偏离均衡状态时,误差修正不能使它们调整至系统均衡状态,而在典型区制下,误差修正项在粮价方程中的调整能使它们达到协整均衡的状态。这表明在典型区制中存在从油价到粮价的单向因果关系,意味着油价的上涨会通过生物燃料或其他共同因素如增长,货币扩张以及汇率波动的渠道导致粮价上涨。这项研究确定了原油和粮食价格的协同运动具有区制依赖性。

表 8-4 阈值协整的向量误差修正模型

	区制 2($W_t>\gamma$)		区制 1($W_t\leq\gamma$)	
	Oil	Food	Oil	Food
C	0.005 1(0.225 3)	−0.017 0(0.289 1)	0.005 4(0.052 0)	0.010 2(0.331 5)
ECT	0.010 1(0.246 5)	−0.009 3(0.779 6)	−0.009 6(0.027 6)	−0.001 1(0.947 2)
Oil_{t-1}	0.026 7(0.276 8)	0.310 3(0.001 0)	0.017 9(0.300 0)	0.245 0(0.000 2)
$Food_{t-1}$	0.542 1(6.9×10^{-13})	1.017 3(0.000 3)	0.179 9(0.020 2)	−0.587 5(0.045 6)
区制	极端状态		典型状态	
样本量占比	43.6%		56.4%	

代表性论文 2

论文标题: A primal dual active set with continuation algorithm for high dimensional nonconvex SICA-penalized regression

发表期刊：Journal of Statistical Computation and Simulation，2019

作者简介：石跃勇（第一作者），中国地质大学（武汉）经济管理学院副教授。

论文简介及创新点：基于原始变量和对偶变量设计一种连续化原始对偶有效集算法求解非凸 SICA 惩罚回归。该算法用原始变量和对偶变量同时定义有效集，然后只在有效集上进行变量更新。配合连续化策略的使用，提出的算法可以有良好的收敛表现。模拟研究和实证分析表明，相较于常用的坐标下降算法，提出的算法既不需要求解一元三次方程的根也不需要作局部线性逼近，在计算速度和精度两方面都有较为明显的优势，适合带稀疏结构的高维数据的变量选择（降维）分析。

代表性论文 3

论文标题：A semismooth Newton algorithm for high-dimensional nonconvex sparse learning

发表期刊：IEEE Transactions on Neural Networks and Learning Systems，2020

作者简介：石跃勇（第一作者），中国地质大学（武汉）经济管理学院副教授。

论文简介及创新点：本文设计一种快速算法求解 SCAD 和 MCP 惩罚学习问题。首先，我们证明了两个模型的全局极小值都是非光滑方程的根。然后，采用半光滑牛顿（SSN）算法求解方程组。我们证明了 SSN 算法局部和超线性收敛于 Karush-Kuhn-Tucker（KKT）点。计算复杂度分析表明，SSN 算法每次迭代的代价为 $O(np)$。结合热启动技术，SSN 算法非常有效和准确。仿真研究和实际数据示例表明，我们的 SSN 算法具有与坐标下降（CD）算法和凸差近似牛顿（DCPN）算法相当的求解精度，但计算效率要更高。

代表性论文 4

论文标题：企业社会责任投资模式研究：基于价值的判断标准

发表期刊：中国工业经济，2016

作者简介：唐鹏程（第一作者），中国地质大学（武汉）经济管理学院特任副教授；杨树旺（通讯作者），中国地质大学（武汉）经济管理学院教授。

论文简介及创新点：较于以往，中国的公司在承担企业社会责任方面呈现明显增长态势。监管机构的硬性要求往往导致企业以应规披露为主，且企业社会责任投资既缺少足够的连贯性也表现出一定的盲目与混乱。企业社会责任履行及其程度能否作为衡量企业价值的重要参数仍存在分歧。本文旨在设计出利益相关者与企业自身共赢的投资模式以激励企业主动履行社会责任，采用基于集合论的定性比较分析法，以 2013—2014 年中国 479 个上市公司为研究样本，从企业社会责任多维度的交互入手，纳入地理位置与产权性质作为情景变量来对企业社会责任投资模式展开分析。研究发现：企业社会责任提升企业价值与否的关键在于如何在各对象间合理配置资源，集中式的组合投入策略是实现企业价值提升的关键；企业社会责任在中国整体水平偏低,对于一般企业,应以投资者及供应商和客户关系为基础,辅以雇员关系管理或环境保护;在纳入地理位置与产权性质作为情境因素后,投资者关系管理的优先性被进一步凸显。在此背景下,本文提出研究启示:在利益相关者管理过程中,企业履行社会责任应遵循投资者＞供应商及客户＞雇员＞环境及社区的顺序;企业社会责任投资的关键在于选取符合组合且集中的最优投资策略;中心地区的民营企业可以保持更灵活的策略选择,偏远地区则要更重视社区回馈作用,而中心地区的国有企业相较于偏远地区则享受到了制度环境优化释放的红利,其投资模式更应该强化投资者的地位。截至2021年11月12日,中国知网显示该文章被下载4187次,被引用91次。

代表性论文 5

论文标题:环境保护与企业发展真的不可兼得吗?

发表期刊:管理评论,2018

作者简介:唐鹏程(第一作者),中国地质大学(武汉)经济管理学院特任副教授;杨树旺(通讯作者),中国地质大学(武汉)经济管理学院教授。

论文简介及创新点:近年来,随着越来越多的环境问题受到关注,环境规制水平也逐步提升,引起的成本收益不匹配问题严重制约了企业环境保护的动力。现有研究对环境保护和企业发展展开详细讨论,但结论存在争议。为探究环境保护与经济发展兼得的可能性,本文从微观视角切入,选取模糊定性比较分析法对2013—2014年中国204个重污染上市公司进行探究。研究结果表明:环境保护能否实现波特效应并不单纯依赖于环境责任本身,以组合的形式投入才能实现环境保护与企业发展的双赢;利益相关者的层次性及资源的稀缺性决定了环境保护效应该以首要利益相关者为优先情境条件;环境保护与企业发展的共赢模式具有较强的异质性,应"因企制宜"展开讨论,尽管价值模式的实现具有等效性,但不代表其存在唯一解;国有企业的上市过程在一定程度上削弱了其社会性目标,其模式也逐步趋向市场化,但仍然不如民营企业的模式多样。截至2021年11月12日,中国知网显示该文章被下载1690次,被引用27次。

代表性论文 6

论文标题:Ownership and corporate social performance in China: Why geographic remoteness matters

发表期刊:Journal of Cleaner Production,2018

作者简介:唐鹏程(第一作者),中国地质大学(武汉)经济管理学院特任副教授;杨树旺(通讯作者),中国地质大学(武汉)经济管理学院教授。

论文简介及创新点:在重新审视企业所有权和企业社会责任间关系这一问题时,文章引入了易被广泛忽视的地理距离(位置)这一要素,探究企业所有权与地理位置如何共同影响企业社会责任,试图弥合现有关于所有权与企业社会绩效的研究分歧。文章采用8920家中国A股上市公司2010—2014年的年观察数据作为样本。实证结果表明,国有企业和非国有企业根据其地理位置采用不同的企业社会责任履行策略。基于实证结果得到以下启示:管理者和公共政策制定者应该兼顾所有权和地理位置的双重影响,避免"一刀切"的企业社会责任政策;政府作为国有企业的第一大股东,应提高信息透明度,提供激励措施,提高偏远地区国有企业社会责任水平;此外,政府应注重解决偏远地区非国有企业的资源获取渠道问题。截至2021年11月12日,谷歌学术显示该文章被引用37次。该文章已被收录于第78届美国管理学年会最佳会议论文(Top 10%)。

代表性论文 7

论文标题:Single-item production-delivery scheduling problem with stage-dependent inventory costs and due-date considerations

发表期刊:International Journal of Production Research,2013

作者简介:王德运(第一作者),中国地质大学(武汉)经济管理学院副教授。

论文简介及创新点:由于在大多数产品供应链中,生产和运输环节都不是直接相连的,而是通过中间库存衔接在一起的。在这类供应链中,中间库存不仅是保证企业正常生产经营的措施(存储功能),还是协调生产与运输计划、平衡整个供应链系统的重要机制(平衡功能)。由于中间库存的调节作用,生产调度方案确定的工件加工顺序和生产批次等决策在中间库存内将被依据运输阶段的约束条件和客户的需求信息实时地做出调整以实现系统特定目标,如总成本最低。此外,在供应链中,除了具有平衡作用的中间库存外,库存还以原材料、再制品、半成品或成品等多种形式存在于供应链的各个环节,如图8-2所示。

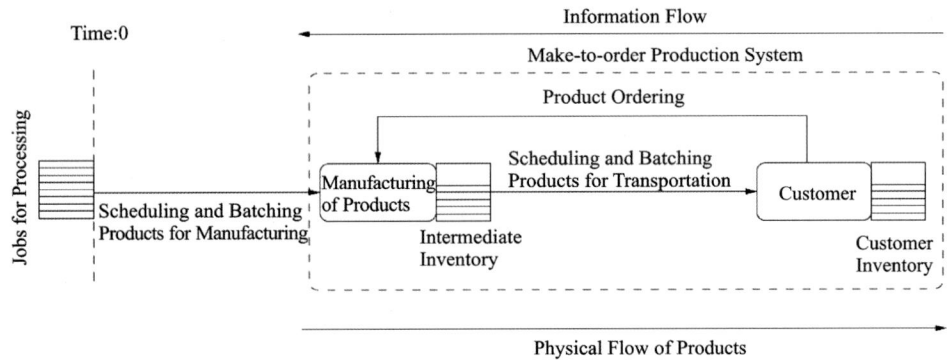

图 8-2 供应链结构图

因此,我们围绕上述协同问题完成了如下工作:首先,在考虑多级存储(在制品存储和具有平衡作用的中间存储和客户端存储)成本的基础上,针对串联型批处理机上生产与运输的协同调度问题,利用混合整数规划方法建立了生产计划、多级存储和运输过程的协同调度模型,并从数值实验的角度说明了问题的难解特性;其次,根据问题自身特点和难解特性,构建了高效的启发式算法;最后,分别基于分支定界算法和拉格朗日松弛算法给出了小规模问题的最优解和大规模问题的下界,并阐明了所提出的启发式算法在时间效率和解的质量方面的优越性。

代表性论文 8

论文标题:Lot sizing and scheduling problem for production-delivery system with job volume and due date considerations to minimize the total cost while guaranteeing a certain customer service level

发表期刊:International Journal of Manufacturing Research,2014

作者简介:王德运(第一作者、通讯作者),中国地质大学(武汉)经济管理学院副教授。

论文简介及创新点:在考虑工件体积、离散交货期以及客户端存储成本约束的基础上,围绕并行批处理机上多产品生产与运输的协同调度问题(integrated lot sizing and scheduling problem,ILSSP)完成了如下工作。

(1)针对单级供应链平行机(parallel batching machine)协同调度问题(平行机是指一台批处理机一次可以同时加工多个工件,每批工件有相同的开工和完工时间,加工时间等于其中最长工件的加工时间),在保证一定客户服务水平条件下,通过刻画各级库存成本,以供应链总成本最小为目标对具有体积和多种离散交货期约束的工件批处理问题构建了协同调度模型。

(2)通过将该问题约简为已存在且被证明为 NP-hard 问题的装箱问题(bin-packing 问题),从数学理论角度证明了该模型的复杂程度为 NP-hard。

(3)为了求解所构建的模型,针对小规模问题实例,首先,证明了部分解和整体解之间存在占优关系,然后,在此基础上提出了基于占优关系的动态规划解法,针对大规模问题,提出了基于改进禁忌搜索方法的求解策略。

(4)根据不同产品供应链的交货期之间呈现出的明显区别和特征,我们提取了相应产品交货期的特点并将其归纳为两种形式,第一种是工件交货期在合理范围内服从随机分布,用 DT1 表示;第二种是工件交货期的分布形式呈现"簇"的形式,用 DT2 表示,即所有工件的交货期的分布呈现若干个"簇"的形式,"簇"与"簇"之间间隔了一定的时间,而工件的交货期在每个"簇"内是服从随机分布的。

(5)在数值实验阶段,为验证所建模型和求解方法的有效性,在 Martello and Toth 提出的 bin-packing 问题解法的基础上提出了该协同调度问题的下界,实验结果表明,所建立的协同调度模型和求解方法可以有效解决具有均匀分布特征交货期和簇分布特征交货期的工件协同调度问题。

代表性论文 9

论文标题：Multi-step ahead electricity price forecasting using a hybrid model based on two-layer decomposition technique and BP neural network optimized by firefly algorithm

发表期刊：Applied Energy，2017

作者简介：王德运（第一作者、通讯作者），中国地质大学（武汉）经济管理学院副教授。

论文简介及创新点：在市场竞争环境下，传统的电网垄断被打破，发电企业开始独立经营，再加上电力行业的固有特点，使得电力市场环境复杂多变，不确定性大幅增加。电能不同于一般商品，不能大规模有效地储存，并且要求供需双方瞬时平衡，由于供需双方的突变不能通过储量来平衡，电力市场均衡价格呈现强烈的易变性，即使在较为成熟的电力市场中也经常出现价格尖峰，电价波动也非常大，而这种电价的剧烈波动将会给消费、投资、生产和国民经济的健康发展带来诸多不利影响，使得各个市场参与者都面临着巨大的利益损失风险。因此，越来越多的市场参与者认识到提前对电力价格进行准确预测可以帮助其采取适当的风险管理措施来规避或控制由于电力价格剧烈波动所带来的风险。

从已有研究来看，有关电力价格的预测模型大致可分为两类：第一类是因素预测模型，指的是通过寻找电力价格及其众多影响因素之间的非线性关系建立的预测模型；第二类是基于时间序列的预测模型，指的是通过寻找历史电力价格数据序列内隐藏的演化规律而建立的预测模型。由于影响电力价格变动的因素过于繁杂，如天气、产业结构、产业集中度、人口规模、发电成本等，使得因素预测模型难以对电力价格进行准确的预测，因此，越来越多的学者开始使用基于时间序列的预测模型对电力价格开展预测研究。然而，电力价格序列本身固有的高度非线性、随机性和非平稳性特征使得对其准确预测成为了一项极具挑战性的工作。随着时频分析和人工智能技术的不断发展，基于两者的组合模型已被广泛地应用到电力价格预测研究中，但是已有多位学者证明了由于单一时频分析技术本身存在的模态混叠等缺陷，使得其分解后的高频分量依然具有较强的非线性、非平稳性和随机性特征，造成模型整体预测精度难以大幅提升。

本文将时频分析方法和人工智能方法相结合针对超前多步电力价格预测问题进行了研究。本文通过快速集合经验模态分解（FEEMD）和变分模态分解（VMD）两种时频分析方法的"有机"嵌套构建了一种二层时频分解技术，在该技术中，首先使用 FEEMD 方法对电力价格数据序列进行分解，得到若干频率不同的经验模态分量，为解决高频经验模态分量依然存在较强非线性、非平稳性和随机性特征的问题，在识别出高频分量的基础上，使用 VMD 方法对高频分量进行再次分解，得到若干变分模态分量。该二层时频分解技术实现了对高频分量的再次降频，从而大幅提高了模型整体的预测性能。

代表性论文 10

论文标题：A Copula-Hubbert Model for Co(By)-Product Minerals
发表期刊：Natural Resources Research，2020
作者简介：徐德义（第一作者），中国地质大学（武汉）经济管理学院教授；朱永光（通讯作者），中国地质大学（武汉）经济管理学院副教授。

论文简介及创新点：为了实现《巴黎气候协定》的目标，向可再生和清洁能源过渡是21世纪世界各国的行动指南。在能源转型过程中，清洁和绿色技术将需要充足的原材料供应，特别是关键或技术矿物。大多数国家，如美国、欧盟、日本和中国，已经颁布了关键矿物目录。关键或技术矿物通常与一些主要矿物共生，如稀土元素、钴、铟等。与主要矿物相比，关键或技术矿物更可能集中在较少的国家。在采掘和冶炼行业，环境和生态问题更为严重。能否保证关键矿物的可持续供应是一个全球性问题。对未来关键矿物的产量和可供性进行估计对决策者来说是很重要的。

现有的相关研究多预测单一矿物种。然而，在地质成矿过程中，矿产资源往往是相互关联的。关键或技术矿物资源经常与主要矿物或多种矿物联系在一起。因此，许多关键矿产的生产总是依赖于某些主要矿产的生产，通常称为联合生产。主产矿物和副产矿物也有区别，根据矿床中元素的等级来划分。副产矿物通常是某些主要矿物加工过程中产生的次要矿物。主产矿物通常是开采和加工过程中产生的主要矿物。因此，在不同的矿产资源中，供应链与资源空间分布之间存在一定的耦合关系。本文选择锌和铟作为案例研究，提出了一个Copula-Hubbert模型来估计矿产产量。

代表性论文 11

论文标题：Hexagonal CNN and its applications in sphalerite banding texture simulation
发表期刊：Computers & Geosciences，2010
作者简介：徐德义（第一作者），中国地质大学（武汉）经济管理学院教授；成秋明（通讯作者），中国地质大学（武汉）地质过程与矿产资源国家重点实验室。

论文简介及创新点：细胞神经网络（CNN）是任何局部耦合胞元的空间排列，其中每个胞元都是一个动态系统，它有输入、输出和根据某些规定的动力学定律演化的状态。CNN经常被用来探索动态系统的复杂性。CNN的数学定义可以通过每个细胞的动力学和细胞之间的耦合规律获得。通过离散状态变量的空间坐标，将反应扩散偏微分方程（PDE）转化为反应扩散CNN，时间既可以离散也可以连续。CNN已经被用于许多领域的复杂系统探索，包括地球科学。现有的CNN通常被构造为直角坐标系或径向坐标系。

CNN优势的代表可能是所谓的CNN通用机，这是一种可编程的模拟逻辑阵列计算机，能够通过简单地编程模板或模板序列来求解不同类型的PDE。许多具有适当有限差分近似的重要偏微分方程可以由 CNN 有效地求解。CNN 比其他数字解法,如有限元法、复合网格法和格-气法要快得多,因为它利用了可编程模拟动力学的能力,并以大规模并行的方式使用。由于结构简单,CNN 是非常理想的大规模集成(VLSI)实现,这是使用其他方法一直面临的巨大挑战。此外,交互的可编程性允许灵活地处理具有一系列不同边界条件的各种问题。

本文提出了一种新的六边形坐标系的 CNN。这个新的 CNN 可以用来描述一个六边形的矿物系统,为了强调定义 CNN 的系统空间的几何性质,我们称其为六边形 CNN(图 8-3)。

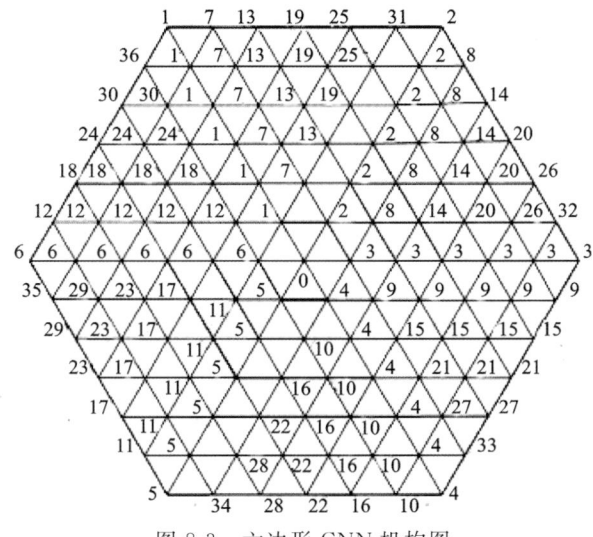

图 8-3 六边形 CNN 机构图

代表性论文 12

论文标题:A hybrid assessment model for mineral resource availability potentials
发表期刊:Resources Policy,2021
作者简介:朱永光(第一作者),中国地质大学(武汉)经济管理学院副教授;徐德义(通讯作者),中国地质大学(武汉)经济管理学院教授。

论文简介及创新点:可利用的矿产资源通常是指可开发的资源总量。矿产资源的开发通常受到地质条件、开采技术、资本投资等因素的制约。长期以来,经济学家和地质学家对这一问题十分关注,并提出了一些理论和方法对其加以解释。在经济学中,人们通常认为资源是稀缺的。根据传统的资源经济学理论,随着经济的增长,不可再生资源的数量会逐渐减少,如金属、石油等,这些资源的价格会上升。但是,通过对不可再生资源价格数据的总结,发现近 300 年来矿产资源价格呈下降趋势,其中能源矿产资源和非能源矿产资源的开采量随着全球经济的增长而增加。无论是矿石开采数量逐年增加,还是矿产资源价格逐年下降,都与传统市场经济中不可再生资源的定义相违背。Nordhaus 曾对这一问题进行过描述,指出未来资源消耗水平越高,矿石品位越低,如果技术水平不变,则会导致资源与劳动力价格比持续上升。当技术进步带来的成本降低超过低品位矿石成本的增加时,这个价格比就会下降。在 Hotelling 模型中,价格是开采的重要决策指标,不可再生资源的开采成本和价格随着开采时间的增加而逐渐增加。Rademeyer 等指出资源开采成本会逐渐增加,但采矿技术的进步也会逐渐降低成本,成本曲线是"U"形的。因此,用价格作为评价可供性的指标往往存在一些不足。经济学家和地质学家都从一个特定的维度来解释矿产资源的可供性,即一个静态和刚性的指数,而未来的变化很少被提及。但是,可获得的矿物资源往往随技术和市场价格的变化而变化。此外,现有矿物资源的状况并不代表未来的潜力。因此,从技术和市场的角度分析矿产资源可利用潜力具有重要意义。

矿产资源可供性评价是一个涉及物质机制和市场机制的多维科学问题,无论考虑的是物理机制还是市场机制,可供性的评估往往更严格。同时,矿石的低品位特征是评价矿产资源可供性的一个重要方面,这与传统的散装矿物有很大的不同。本文的研究目的是探讨如何构建一个包括物理机制和市场机制的综合评价模型,定性地讨论和解释这些机制之间的关系。

代表性论文 13

论文标题:Energy consumption and economic growth nexus:new evidence from Pakistan using asymmetric analysis

发表期刊:Energy,2019

作者简介:徐德义(通讯作者),中国地质大学(武汉)经济管理学院教授。

论文简介及创新点:本研究对巴基斯坦能源消费、农业、资本和经济增长之间关系进行了研究。我们使用 1971—2014 年的时间序列数据,并采用非线性自回归分布滞后(NARDL)模型对上述关系进行检验。NARDL 检验结果证实了变量之间存在非对称协整关系。能源消费正向冲击与经济增长之间存在从能源消费向经济增长的非对称因果关系。农业与经济增长之间存在正向的反馈效应。无论是正冲击还是负冲击,资本与经济增长之间都存在单向关联。同样,格兰杰因果检验的结果表明,能源消费、农业、资本和经济增长之间存在对称的因果关系。这项研究表明,决策者应该通过吸引外国投资者建造新的水电大坝来重新审视他们在农业和能源部门的政策,以确认工业部门的能源可用性,并控制水资源的短缺。

第九章

展　望

CHAPTER 9

大学之道，在明明德，在亲民，在止于至善。经济管理学院笃持学校"艰苦朴素、求真务实"的校训精神，在创业之路上激情吟唱校歌，胸怀"无限的希望"，用"火焰般的热情"，把"无穷的智慧"播撒在祖国的教育舞台上，为万名雏鹰插上了服务社会、建设祖国所需的道德与知识的强健双翼。

30多年来，经济管理学院不忘初心、牢记使命，一直将教育质量视为生命线，致力于内涵式发展，形成了以管理科学与工程、应用经济学两个一级学科博士点为龙头的学科建设体系，形成了经济学、统计学、国际经济与贸易、工商管理、市场营销、会计学、旅游管理、信息管理与信息系统、工程管理九大专业体系。目前，经济管理学院的发展呈现出一片欣欣向荣的局面，办学规模和师资结构合理，教学和科研水平逐年进步，办学质量稳步提升。

胸怀祖国，放眼世界，经济管理学院在新时代将继续秉承校训和"宽信敏公、经国济民"的院训，以"传播思想道德文化的高地、推动经济发展的学术智库、促进管理变革的科技引擎、培育经国济民的社会栋梁、引领社会风气的鲜明旗帜"为使命，以"建设特色鲜明的高水平研究型学院"为愿景，积极构建"卓越、和谐、幸福"的院风，潜心营造道德升华、经济发展、管理变革、知识创新的育人沃土，为培养德智体美劳全面发展的社会主义事业建设者和接班人而不懈奋斗！为培养学界标兵、政界楷模、商界精英而不懈奋斗！